金诚同达30周年——创始合伙人寄语

乘风奋楫，笃志超越！——

1992年邓小平南方谈话开启了“春天的故事”，那年我们创办律所。30年，须臾之间，我们也将成为律所发展史中的过客。然而，留下的“金诚同达”（JT&N）律所名称、制度、文化，将伴随律所“做久、做强、做大、做出品牌”，直到永远……

——

我一直坚信，人有双手，可取亦可予。从孤独前行到浩浩荡荡，从筚路蓝缕到广大海内，30载朝乾夕惕，半甲子参赞化育，成就了今天的金诚同达。我们在这里奋斗、奉献，也在这里收获、成长。愿以我们这30年的梯山航海，化作一代代金诚同达人英特迈往的灯火航标。最后我想对金诚同达说：浮世三千，吾爱有三，日月与卿，日为朝，月为暮，卿为朝朝暮暮……

——

祝贺文集出版！感谢改革开放，给了法律人凭心做事、实现自我并且服务社会的机会。30年，很开心与各位金诚同达人相伴同行。祝福金诚同达！

——

祝贺金诚同达30年！百尺竿头更进一步！——

11位创始合伙人30年不离不弃的坚守，铸就了金诚同达今日的辉煌，也成就了律师业界一段传奇佳话。感恩30年风雨同舟的同仁，感恩改革开放的伟大时代，感恩30年一路同行、共同成长的“衣食父母”！祝愿金诚同达明天会更好！

——[illegible]

30年前，11位创始合伙人中的大部分人是大学老师；在邓小平南方谈话精神的鼓舞下，大家认为法律的更大价值在于实施，中国未来不缺大学教授，缺的是优秀律师，从而投身于律师行业。30年来，身为法律人，我们一只手擎着客户的信任委托，为维护客户权益和增进客户利益殚精竭虑，另一只手托着宪法法律，为法治中国建设不遗余力。未来日子里，希望金诚同达人仍然保持谦逊谨慎、不骄不躁的优良传统，尊崇“进取、合作、诚信、包容、创新”的核心价值观，永远有担当，永远去争先，永远都靠谱！

——庞正忠

30年前，我们顺应时代召唤，放弃“铁饭碗”投身律师行业，以钻木取火之心寻安身立命之处。30年弹指一挥间，得益于众同仁拾柴添薪，得益于志同道合，当年的星星之火已呈燎原之势。希冀30年后，金诚同达能成为更多法律人愿意“以身相许”，共同砥砺前行的一座永不熄灭的灯塔。

——郑[illegible]

30年恍如瞬间，但它是我们最好的青春创业的30年。有赖于不离不弃的11位创始合伙人和诸位同仁戮力工作，金诚同达持续发展壮大；看到年轻同仁的专业著述、重大案例不断涌现，倍感欣慰。祝愿金诚同达行稳致远！

——[illegible]

三十年过往，如歌，未忘……

卅年后启程，既往，奋扬！

——梁明

JT&N is not only 30 years old, we are also 30 years stronger, better!

We will be even better and stronger in the next 30 years!

——Lan Lan

JT&N 金诚同达

金诚同达30周年文集

企业重生之路

破产、和解与重组

孟博 孙琦 马思慧◎编著

THE ROAD TO ENTERPRISE REBIRTH:
BANKRUPCY, SETTLEMENT
AND
REORGANIZATION

法律出版社 LAW PRESS · CHINA | 北京

图书在版编目(CIP)数据

企业重生之路:破产、和解与重组 / 孟博,孙琦,
马思慧编著. -- 北京:法律出版社,2024
ISBN 978-7-5197-7608-4

Ⅰ.①企… Ⅱ.①孟… ②孙… ③马… Ⅲ.①破产法
-研究-中国 Ⅳ.①D922.291.924

中国国家版本馆 CIP 数据核字(2023)第 030946 号

企业重生之路
——破产、和解与重组
QIYE CHONGSHENG ZHILU
—POCHAN、HEJIE YU CHONGZU

孟 博 孙 琦
马思慧 编著

策划编辑 周 洁 林 蕊
责任编辑 周 洁 林 蕊
装帧设计 汪奇峰

出版发行 法律出版社
编辑统筹 司法实务出版分社
责任校对 晁明慧
责任印制 胡晓雅
经 销 新华书店

开本 710 毫米×1000 毫米 1/16
印张 17.25 **字数** 245 千
版本 2024 年 5 月第 1 版
印次 2024 年 5 月第 1 次印刷
印刷 三河市龙大印装有限公司

地址:北京市丰台区莲花池西里 7 号(100073)
网址:www.lawpress.com.cn
投稿邮箱:info@lawpress.com.cn
举报盗版邮箱:jbwq@lawpress.com.cn

销售电话:010-83938349
客服电话:010-83938350
咨询电话:010-63939796

书号:ISBN 978-7-5197-7608-4
定价:68.00 元
凡购买本社图书,如有印装错误,我社负责退换。电话:010-83938349

作者简介

孟博，北京金诚同达律师事务所高级合伙人，北京大学EMBA。第十届、第十一届北京市律师协会商事犯罪预防与辩护委员会副主任。北京市律师协会面试考核考官，北交所入库专家，第四届朝阳区律师协会惩戒与调处委员会委员，中国商业经济学会理事。带领的团队多年以来深耕企业重整与清算业务，具有解决重大、复杂、疑难企业重整与清算案件的经验，是金诚同达最大的破产重组业务律师团队之一，团队牵头并参与了数十家公司的破产、重组及债务重组案件。

1992-2022
JT&N 30th ANNIVERSARY

作者简介

孙琦，北京金诚同达律师事务所律师，毕业于中国社会科学院研究生院。专业领域为企业破产重整与清算、疑难复杂类民商事争议、金融企业不良资产的处置与清收等。承办数十件破产重整、破产清算、破产和解项目，主办的破产重整项目获评“2022年度上海破产法庭十大经典案例”。擅长处理损害债务人利益纠纷、撤销权诉讼、追缴股东出资纠纷等商事争议，亦曾为金融机构、国有上市公司等提供专项争议解决法律服务。

马思慧，北京金诚同达律师事务所律师，本科毕业于西南政法大学，研究生毕业于吉林大学。专注于企业重整与清算、不良资产处置清收、民商事争议解决等领域，参与、承办多宗企业破产重整、破产清算、破产和解项目，也为多家大型企事业单位、上市公司、行政部门等提供常年/专项法律服务。

1992-2022
JT&N 30th ANNIVERSARY

制度为舟，文化扬帆

——30 周年文集代序

2022 年，金诚同达成立 30 周年！

金诚同达过往 30 年的发展可分三个阶段来概括：第一个 10 年谋生存，第二个 10 年求发展，第三个 10 年上台阶。这三个阶段也是中国社会经济发展脉络的真实写照。1992 年，邓小平南方谈话，迎着改革大潮，金诚同达正式创立。进入 21 世纪，中国加入世界贸易组织，成功举办奥运会，社会经济进入高速发展期，包括金诚同达在内的诸多中国律所也进入快速发展轨道，在和世界的接触与碰撞中，不断突破自我。进入第三个 10 年，我国继续强化国内法治与涉外法治建设，中国律师行业亦加速变革以适应社会变化带来的机遇和挑战。在这 10 年间，金诚同达脚步坚实，锐意进取，不仅迈入千人大所行列，也不断夯实律所制度与文化建设，取得越来越多的成绩。

在这 30 年里，未曾改变的是，金诚同达一直在坚持不懈地修炼内功，其中最关键的有两件事情——一是建设完善我们的制度，二是总结弘扬我们的文化。

金诚同达的制度体系有“四梁八柱”，涵盖了合伙人会议以及管理机构批准通过的 100 多项规章制度。我们在制度建设和完善的过程中，始终把制度执行放在一个非常重要的位置，也就是一切以制度为准绳，没有人和事可以超越制度。

制度是硬件，文化是软件，两者相辅相成，主要调整和丰富三方面的关系：一是合伙人之间的关系；二是合伙人和律师、职能人员的关系；三是律所和社会的关系。

金诚同达最值得骄傲的事情之一，就是建所 30 周年了，11 名创始合伙人都还在所里，没有一人离开。据我了解，这在有 30 年历史的综合性中国律所中，可能是唯一的一例。“人和”是合伙文化的基础，深深根植在我们的基因里。“人和”的文化也是靠制度保障的，我们有一套合理的退休制度，其中 3 名创始合伙人已经在事务所正式退休了。

我们在 2019 年做管理体制改革时，制度上明确了合伙人参与事务所管理和决策的权力主要通过合伙人会议行使，在律所日常运营中，合伙人也是律所的全职员工，要服从律所的管理，所以合伙人个体与员工个体之间不是老板和雇员的关系，合伙人、律师和职能人员，都是律所的平等一员。基于这个理念，我们倡导并特别注重建设律所平等的工作氛围，并有计划地促进员工之间的互动交流。比如，我们打造一个品牌活动——“文化周”，新冠肺炎疫情暴发前已经举办了两届。在“文化周”期间，我们会密集组织全国同仁进行专业探讨，也会举办多场文体和公益活动，得到了很多员工以及家属的热烈欢迎。我们的培训活动也是全方位、多层次的，针对初、中、高不同年级的律师，有“金石计划”“金鹰计划”“金牌律师计划”，此外还有专门针对合伙人和职能部门的培训。金诚同达研究院在近 5 年时间里，举办了 200 多场培训，还有很多线上课程。更重要的是，我们的培训会从拓展活动开始，然后再进行专业领域的互动交流，大家都非常喜欢。

作为一家在社会颇有影响力的品牌律所，我们也很注重加强律所和社会的互动交流，这也是我们文化建设的重要组成部分。比如，我们和上海辅读学校进行结对共建后，律所宣传画用了很多辅读学校孩子们的画。我们还把他们的画在律所相关活动中进行义卖，使孩子们能够感受到自己作品的价值。今年我们还和中国非物质文化遗产保护协会、敦煌研究院签署了公益法律服务合作协议，作为我们 30 周年庆祝活动的重要组成部分，所以今年律所的宣传画、节日海报等均以非遗文化作品作为背景进行创作。金诚同达参与的其他公益活动还有许多，我们希望金诚同达发展到30周年之际，除了在律所内部继续完善制度、弘扬文化之外，还能够更多地与社会形成互动，更多地展现一家30年律师事务所的社会责任和担当。

物有甘苦，尝之者识；道有夷险，履之者知。当前全球化与逆全球化激烈交锋、国际局势变幻莫测，中国正面临百年未有之大变局。“坚持统筹推进国内法治和涉外法治”是习近平法治思想“十一个坚持”的重要组成部分。中国在向世界展示深化改革开放、积极参与全球多边经贸治理、构建更高水平的制度型开放体系的信心和决心，中国律师行业也正加速改革以适应变化带来的机遇和挑战，沿着专业化、品牌化、规模化、国际化的方向快速推进。

历史长河中，30年转瞬即逝，生命岁月的30年也是骐骥过隙，但对于一家全国领先的综合性律所而言，三十而立，风华正茂，在磨砺中闪耀，在奋斗中升华。

金诚同达将继续遵循“进取、合作、诚信、包容、创新”的核心价值观，加快业务布局、加大人才引进，为持续高质量发展积聚能量，力求“做久、做强、做大、做出品牌”。

金诚同达也将继续坚持“行稳致远”的发展理念，以制度为舟，文化扬帆，乘风奋楫，笃志超越！

金诚同达律师事务所主任 

二〇二二年八月十五日

金诚同达 30 周年文集序言

一元复始，万象更新，凡是过往，皆为序章。

守望三十载，诗文会今朝
玉筵鸿鹄至，仙音凤凰调
乘风蹈墨海，奋楫动文潮
长歌九万里，月引和青霄

2022 年，金诚同达成立 30 周年。历史长河的 30 年转瞬即逝，生命岁月的 30 年也是骐骥过隙。金诚同达，三十而立，经历了中国合伙制律师事务所求生存、谋发展、上台阶的整个历程，从蹒跚学步到意气风发，凝聚着一代人的奋斗与担当。在过去的 30 年里，金诚同达铸就了自己的文化和底蕴；在未来，文化和底蕴将滋养和成就金诚同达。

金诚同达律师素来重视专业研究和业务探讨，不少律师出版过专著、案例集、文集。为了三十周年所庆，所内专门征集了一批近期完成的新作，统一出版，作为律所知识管理的重头戏——金诚同达 30 周年文集。

金诚同达在业内有一个故事：创所初期的 11 位创始合伙人，自 1992 年至今没有一位离开，其中除了 3 位已经从所内退休，其他 8 位还在业务一线。这样一代一代的言传身教，潜移默化地吸引、影响金诚同达人。“进取、合作、诚信、包容、创新”的核心价值观，在金诚同达的文化和制度的相互支持与促进中，得到坚守、传承。

“争做法律服务行业的领航者。”这是金诚同达人的使命。在“守信金诚，励志同达”理念的坚持下，金诚同达必定会在法律服务市场上不断突破创新、稳健向前。

30 周年，是金诚同达的全新开始。

金诚同达三十周年筹备委员会
2022 年 7 月 6 日

序　言

2021 年 10 月 23 日，海南省高级人民法院公布对资产规模超 7000 亿元的海航各重整计划表决通过，这意味着就涉及的债务规模而言，海航重整案将成为目前中国最大破产重组案件；同年 6 月，曾是“中国最牛校企”的北大方正集团的破产重组也基本尘埃落定，中国平安接盘。一家曾是“中国 500 强民企第二名”的海航集团，另一家则是出身显赫、背靠北大、院士领头的“中国最牛校企”，都纷纷在疫情重压下选择了破产重整的道路，受到社会各界的广泛关注。

破产制度在市场经济的发展和运行过程中扮演着越来越重要的角色。有序的、有价值的破产是对企业生命体的“解构”与“重塑”，其程序主要包括清算、和解与重整三大类型。通过破产制度，将企业的生命交托给市场，价值已实际灭失的企业借此机会得以退出，仍有核心价值的企业则有机会卸掉包袱，“断尾”以获新生，甚至焕发出数以倍计的生命力，创造更多的经济效益。

本书以问题为导向，立足于实践经验进行回答，避免出现过多枯燥冗长的理论内容，给读者以更为直观的感受。带领各位读者揭开破产制度的神秘面纱，充分感受破产制度的魅力。本书内容丰富且注重实务操作性，从债务人、债权人、企业股东与高管、担保权人以及投资人等多重角度切入，涵盖破产清算、破产和解、破产重整三大核心制度，将相关制度的原理“分解”给各位读者看，力求全方位、多角度为各位读者提供切实可行的依据及建议。

是为序。

目　录

·第一篇　债务人企业篇·

·第三篇　企业股东、法定代表人、管理人员篇·

·第五篇　重整投资人篇·

第一篇

债务人企业篇

第一章　企业为何要进入破产程序？

第 1 问　企业为什么会主动申请进入破产程序？

一、破产程序的真正意义

2020 年，海航集团进入破产程序引起大家广泛关注。作为一家发展已近 30 年的老牌国企，海航涉及航空、酒店、旅游、地产、商品零售、金融、物流等诸多领域，总资产值达到万亿元人民币，很多人都不会想到海航集团这家世界 500 强企业居然会走向破产。

现阶段，“破产”现象并不少见，但是很多企业基于各种各样的原因依旧极为抗拒与“破产”两字联系到一起。大概是因为对于企业而言，破产通常代表企业已经经营不善、资不抵债甚至走向灭亡。但是实际上，破产的目的并不是使企业走向灭亡，而是使企业通过合法方式退出市场或者实现新生。当企业出现资不抵债的情况时，企业每多经营一天就会带来更多的债务，此时企业已经失去了存续的价值和意义，并且这种企业往往还面临众多的债权债务和诉讼仲裁，通过司法解散或直接注销等形式使公司退出市场通常不具有可操作性，因此主动申请进入破产程序成为这些企业面对此种困境的最优解。要理解为什么有些企业会主动申请破产，就要知道破产程序能给企业带来什么，即这个程序的真正意义是什么？

我国于 2006 年 8 月 27 日正式颁布了《企业破产法》，这标志着我国企业破产制度建设有了实质性的进展，已步入正轨。我国《企业破产法》第 1 条便明确规定了实行破产程序的意义为“为规范企业破产程序，公平清理债权债务，保护债权人和债务人的合法权益，维护社会主义市场经济秩序，制定本法”。第一，毫无疑问的是，破产法必须保护债权人的合法权益，因为归根结底，破产程序是对企业剩余财产进行清算和分配的程序以确保债权人的债权得到公平的清偿。第二，需要注意的是，《企业破产法》还明确规定要“保护债务人的合法权益”，这便是破产程序对于债务人的意义。

企业申请进入破产程序是想通过法定程序实现债务免除。在破产程序中，管理人将依照法律法规对债务人资产进行清算并根据债权不同的性质进行分配。一旦债务人所有财产被分配完毕，即使此时债权人的债权未获得全部清偿，债务人也不再负有清偿义务。可以说，我国实行企业破产制度，一方面贯彻了优胜劣汰的市场经济发展规律；另一方面为企业退出市场提供了一条合法的路径。这也是一些资不抵债的企业申请进入破产程序的原因，通过破产程序，一是可以免除企业无法偿还的债务；二是可以通过合法程序注销企业；三是在破产程序中，企业的高级管理人员和法定代表人等仅有配合义务，企业的大部分事务都会移交给破产管理人。很多企业正是看到了破产程序的优势，才会主动申请进入破产程序。

二、哪些企业会主动申请进入破产程序

经过前文论述，我们已经对企业主动申请破产的原因有了一定的了解，那么有哪些企业会去主动申请破产成为我们需要明确的第二个问题。根据企业的实际情况，我们大致将需要申请破产的企业分为两大类，一类是已经债务缠身并且没有优质资产，持续经营会不断加重其债务的企业；另一类是虽然资不抵债但拥有优质资产，重新注入资本就可能起死回生的企业。

（一）已经债台高筑的企业

对于上述第一类企业，企业本身已经负债累累，又没有优质资源或者优质项目可以吸引投资注入，企业每存续一天，债务负担就会像雪球一样越滚越大。而且如果企业长期无法偿还债务，不仅会面临诸多诉讼，企业的法定代表人也可能会被加入失信被执行人名单。对于这类企业，股东和实际控制者最迫切的需求就是尽快注销该企业以防止损失扩大。

想要注销一家企业，既简单也困难。说它简单是因为根据《公司法》相关规定，股东会或者股东大会有权决议解散公司，因此公司的实际控制人作出解散公司的决议并不难。困难之处在于公司解散之前要成立清算组对公司

财产进行清算，并且如果公司不按时成立清算组，债权人也可以申请人民法院指定清算组。此外，《公司法》明确规定，清算组在清算过程中，发现公司财产不足以清偿债务的，应当依法向人民法院申请宣告破产。也就是说，当公司负债累累的时候，即使公司负责人想提前解散公司，最后也可能会因为资不抵债而进入破产程序。与其如此大费周折，不如一开始就直接申请进入破产程序，由人民法院指定的管理人进行接管，当管理人清算完毕企业的资产并偿还债权人后，管理人会依法注销企业的税务、工商并最终完成公司的注销。综上所述，对于债台高筑的企业而言，申请进入破产程序成为最优选择。

（二）还有“一线生机”的企业

有一部分负债累累的企业想通过破产程序清理债务达到注销企业的目的；另一部分企业则想通过破产程序谋求生路寻找生机，这有赖于破产中的重整程序。简言之，破产重整程序就是通过公开招募投资人向企业注入资金，挽救危难企业，避免企业真正退出市场。因此，当企业内部无法解决自身严重的债务危机但又想继续存续经营时，破产重整程序便成为这些企业的唯一选择，破产重整之路也成为这些企业的重生之路。

常见的破产重整模式是由重整投资人注入资金代替债务人偿还所欠债务，债务人的股东将自己持有的债务人股权转让给投资人，由重整投资人逐步接管债务人企业，以达到债务人企业逐步复工复产走向正轨的目的。前文所述的破产重整模式看似简单，但达成重整绝非易事，实践中破产企业达成重整的比例并不高，甚至存在部分已经进入破产重整程序的企业由于种种原因未达成重整被法院裁定由破产重整程序转入破产清算程序。为了达成重整，企业要有优质的资产能够吸引投资人，如具有竞争力的知识产权、开发潜力巨大的项目、土地和设备等固定资产，总之企业要具备能够获得投资人青睐的“一技之长”，才能尽可能地在破产程序中找到自己的“一线生机”。

第2问　企业破产后，是否就可以不用偿还债务了？

一、企业破产后会面临的债务

很多企业申请进入破产程序的初衷，就是通过破产这一“免债金牌”尽可能免除甚至全部免除自己的债务，但是无论是破产清算程序还是破产重整程序抑或是破产和解程序都比企业预想的要复杂得多。就债务人最关心的债务问题而言，破产程序中企业可能会面临各种各样的债务，债务产生的原因不同，债务性质不同，清偿顺序和清偿比例自然也不同。因此，企业想要通过破产程序尽可能免除甚至全部免除自己的债务，就必须先了解企业破产后可能面临哪些债务及其各自的清偿顺序、清偿比例。

（一）共益债务和破产费用

共益债务和破产费用，都是人民法院裁定受理企业进入破产程序后产生的债务。相较于其他债务而言，共益债务和破产费用具有随时发生、随时清偿的特性，自然而然，共益债务和破产费用的受偿顺序也优先于其他债权。

所谓共益债务，从字面意思可知是在破产程序中为了债权人和债务人的共同利益而产生的债务。需要注意的是，此处的共同利益绝对不仅仅只包括债权人的共同利益，而是债权人和债务人的共同利益。例如，出于保护债务人财产安全的目的，管理人继续雇用安保人员对债务人的固定资产进行看护，安保人员的工资即为共益债务。所谓破产费用，即为了保证破产程序顺利进行而产生的各类费用，常见的如管理人履职过程中产生的费用（刻章费、交通费、邮寄费等）、破产案件的诉讼费用等。

（二）职工债务

不难理解，职工债务是指因为企业与职工之间的劳动关系所产生的债务。根据《企业破产法》及相关司法解释等规定，可以将职工债务分为以下四类：

一是企业所欠职工的工资、福利和各类补偿。例如，工资和医疗、伤残补助、抚恤费用，所欠的应当划入职工个人账户的基本养老保险、基本医疗保险费用，以及法律、行政法规规定应当支付给职工的补偿金等。

二是企业欠付社会保险机构以及代扣的职工个人应缴纳的基本养老保险费用、基本医疗保险费用、失业保险、住房公积金等。

三是职工通过劳动仲裁等依法确认的其他职工债权。

四是政府依据最高人民法院《关于正确审理企业破产案件为维护市场经济秩序提供司法保障若干问题的意见》垫付的职工工资等。

需要注意的是，职工债务产生的基础是企业与职工之间存在劳动关系。如果债务是基于劳务关系或者其他民事关系产生的，即使与职工债务相关，也应当列为普通债务而非职工债务。

（三）税款债务

从字面意思上看，税款债务是指由拖欠税款而产生的债务。这里的税款债务一般仅包括企业拖欠税务机构的税款，而不包括因为拖欠税款产生的滞纳金。根据最高人民法院《关于税务机关就破产企业欠缴税款产生的滞纳金提起的债权确认之诉应否受理问题的批复》的规定，破产受理日前因欠缴税款产生的滞纳金属于普通破产债权。

（四）有财产担保的债务

有财产担保的债务，是指因债权人对债务人的某项财产享有担保债权而产生债务。此处仅以抵押权为例，如果在债务人进入破产程序之前，债务人已经对其某项财产设立了抵押权，那么在债务人进入破产程序进行债权清算时，债权人可在抵押财产的价值范围内优先受偿。

（五）普通债务

经过前文论述，我们已经对破产程序中一些具有优先权的债务有了基本了解，那什么是普通债务也就显而易见。普通债务，是指不具备任何优先权的债务。只有在上述其他类型的债务按顺序得到清偿且债务人仍有财产可以分配的情况下，才会按照比例清偿普通债务。实践中很多破产案件进行清偿时，普通债权人所获清偿比例往往低于10%甚至无法获得清偿，损失巨大。

二、企业破产后无法免除债务的情况

必须承认的是，很多企业主动申请进入破产程序，其主要目的是希望通过破产程序免除企业负担的债务。但是进入破产程序并不意味着企业所负担的全部债务都会被免除。管理人在接管破产企业后，需要系统地梳理债务人的财产并对资产进行变现，在根据相关法律法规按照清偿顺序清偿完毕不同债权后，债务人对于剩余债权不再有清偿义务。此时，债务人股东也仅以其出资额为限对债务人的债务承担有限责任，股东对于无法偿还的债权也不再负有任何清偿义务。

然而，上述这些情形只是一个相对理想的状态。实践中通过破产程序免除企业债务是相对的，并非无条件的。在很多情况下，企业的股东或者实际控制人都会被牵扯到企业破产程序中，甚至可能要对企业的债务承担连带责任。以下是股东在破产程序中可能承担责任的两种情形，如果企业出现下列情况，即使企业进入破产程序可能也无法免除债务。

（一）股东出资不实

根据我国《公司法》的规定，有限责任公司和发起设立的股份有限公司以全体股东“认缴的出资额”或全体发起人“认购的股本总额”为注册资本。在实施注册资本认缴制度的领域，允许股东自主认缴出资金额，自由设定出资期限。在认缴制度下，除特殊限制主体外，股东可自行约定出资时间，只要不超过公司经营期限，股东甚至可通过修改公司章程的方式延长出资时间。这就导致很多资不抵债的企业在申请进入破产程序时，其股东仍未缴纳完认缴出资；甚至存在部分企业申请进入破产程序，就是企业股东想要逃避出资义务。实际上，企业进入破产程序后股东就无须缴纳认缴出资吗？答案当然是否定的，即使企业已经进入破产程序，股东仍须履行出资义务。

事实上，管理人接受人民法院指定并接管破产企业后，根据现行法律法规需要履行几项重要职责，除核查破产企业财产状况、审查债权人申报债权外，还包括核查破产企业股东的出资情况，途径包括向有关部门申请调取破产企业工商内档及通过破产企业的各类审计报告核实破产企业股东的出资义务是否已经履行完毕。

经审查、核查发现股东存在未履行完毕出资义务的情况，管理人代表破产企业对破产企业股东追缴出资成为绝大多数企业破产案件的必经之路。原因在于：第一，对于管理人来说，追缴股东出资是其职责；第二，对于债权人来说，追缴股东未全面实缴的出资，能提高案件清偿率，债权人所获清偿也会增多；第三，就案件而言，追缴股东出资能够避免破产程序停滞不前，进一步加强法治营商环境建设。所以，追缴股东未全面实缴的出资是一举多得的行为。破产企业股东通过申请企业进入破产程序逃避出资义务的目的是不可能实现的。

（二）公司法人人格混同

公司是能够独立参与市场活动，并单独承担民事责任，具有独立法人人格的法人组织。也就是说，公司开展一切事项的基础为公司法人人格独立。实践中往往会出现人格混同、过度支配与控制、资本显著不足等使公司丧失独立人格的情形。

此处以常见的人格混同为例，人格混同是指公司人格与股东人格存在混同。判断是否存在混同的标准是公司是否具有独立意思和独立财产，最主要的表现是公司的财产与股东的财产是否混同且无法区分。如果公司的财产与股东的财产存在混同并且无法区分财产归属，那么公司人格独立的基础也将丧失，股东仅以出资对公司债务承担有限责任可能会被突破。

我国《公司法》明确规定，公司股东不得滥用公司法人独立地位和股东有限责任损害公司债权人的利益。如果股东滥用股东权利给公司、其他股东、债权人造成损失，应该承担赔偿责任。这一规定就是学理上的公司法人人格否认制度，又称作“刺破公司的面纱”。

一旦公司的“面纱”被刺破，即使企业进入破产程序也无法再保护股东权益。在公司法人人格混同的情况下，即使公司破产后被注销，公司的债权人仍有权就公司尚未清偿的部分向股东主张清偿。就此，无论股东自身属性是自然人还是法人，想在出资范围内对公司债务承担有限责任，就要尽可能避免公司财产与股东财产混同，保证公司具有独立意思表示和独立财产。

第3问　相较于维持资不抵债等经营现状，主动申请进入破产程序，为企业带来什么好处?

一、资不抵债后继续经营的弊端

经营企业往往要投入大量的心血和精力，所以不到万不得已企业家不会选择注销企业。因此，当一家企业出现资不抵债或者资金链断裂时，企业家不会选择立即停产停业，反而会选择继续经营甚至会加大资金投入帮助企业渡过难关。企业能够渡过危机是每位企业家面临此种困境时内心最真实的想法，但是现实情况无法预料，假如企业经营状况长期得不到改善，企业继续经营的弊端就会逐渐显现出来。如果此时企业想及时止损，那么权衡企业是否进入破产程序就成为企业的首要考虑。企业资不抵债继续经营可能会逐渐出现以下需要企业进行权衡的弊端：

（一）企业资产贬值

企业资产可以分为固定资产和无形资产两大类。常见的固定资产，如企业的机器设备、办公用品、生产线乃至房屋、土地等不动产等；而常见的无形资产，如企业的对外投资、商业秘密、知识产权等。但无论是何种形式的资产，在企业资不抵债时，都面临贬值的法律风险。

以固定资产中的机器设备为例，在对机器设备进行评估时，一般会计算设备的折旧率，而折旧率与设备的年限息息相关，设备价值随着使用年限增长而逐渐降低。不仅固定资产会贬值，无形资产也会面临类似的难题。以无形资产中的知识产权为例，知识产权权利人对其智力成果享有的知识产权受到法定有效期的限制，一旦保护期满，权利即自行终止。我国知识产权的保护期有最长期限。其中，实用新型专利权保护期限最长为 10 年，外观设计专利权保护期限为 15 年，发明专利权保护期限为 20 年，期限起始点均为专利申请日。超过了对应的最长期限，知识产权便不再受法律保护，因此专利的时间越长，越接近于保护期限甚至超过保护期限，其价值也会相应折损甚至归零。

（二）增加债务数量

资不抵债后继续经营的另一重大风险就是企业的债务数量不断增加，这可能导致企业在资不抵债的泥潭中越陷越深，甚至可能出现企业股东对企业债务承担连带责任的情形。资不抵债的企业，最典型的表现就是资金链断裂导致企业无法投入再生产，企业已经没有新的经济增长点。企业此时已经资不抵债很难进行股权融资，所以只能寄希望于债务融资，如向金融机构、股东借款等。如果这样操作不能使企业重新开始生产走向正常经营，就会适得其反，进一步加重企业债务负担甚至直接导致企业破产。

（三）丧失重整机会

前文提到，资金链断裂或者资不抵债的企业要想进行破产重整，必须有足够吸引重整投资人的资源，无论是先进的生产线还是独特的资产抑或是区别于其他企业的资质，毋庸置疑的一点是，在企业长期处于资不抵债的状况下，不管企业拥有的是哪种优势资源，都将逐渐丧失对投资人的吸引力进而导致企业丧失破产重整的机会。

还有一点就是，企业发生资不抵债后迟迟不申请破产，意味着企业失去了通过破产程序吸引投资人注入资金换得企业新生的机会。现实中，诸如金融机构等诸多投资人一直关注企业破产重整领域和企业破产重整信息。如果资不抵债的企业不申请进入破产程序，就不会吸引这些投资人。

二、资不抵债后申请破产的好处

（一）免除债务

如前所述，企业进入破产程序会使企业免除部分甚至全部债务。企业进入破产程序后，管理人对企业财产进行接管及处置，其全部资产在按照法律法规对债权按顺序清偿后，可以不再对未清偿的债权进行清偿，并可以对企业进行注销。

资不抵债后申请破产的好处：一方面是防止进一步扩大已经资不抵债的企业债务规模；另一方面可以帮助企业在合乎法规的情况下快速清理债权债务及进行注销，进而降低公司及股东、实际控制人等主体的法律风险。因此，申请进入破产程序对资不抵债企业最大的好处就是解决企业无法偿还债务的问题，这也是企业申请进入破产程序的主要目的。

（二）防止股东越陷越深

根据我国《公司法》的规定，有限责任公司的股东仅以其出资额为限对公司承担责任。对于公司债权，公司股东仅仅承担出资额内的有限责任，这无疑是我国公司法对于公司股东权利的一种保护。但是如果企业在资金链长期断裂或者长期资不抵债的情况下继续经营，很可能会为公司股东带来风险，甚至导致股东突破有限责任对公司债务承担连带清偿责任。

这是因为，当公司出现资金链断裂或者资不抵债的情况时，解决公司资金问题的最快方式就是股东继续向公司投入资金。一方面，从长远来看，无论企业的状况能否得到改善，股东与公司之间频繁的资金流动对股东来说都不是一件好事，一旦公司财务记录存在问题，那么很可能会据此认定股东与公司存在人格混同，那么股东将对公司的所有债务承担连带责任，股东面临的法律风险也将与日俱增。另一方面，股东将资金借给公司后，公司的经营状况仍未得到改善，即使账目不存在问题，股东依旧能按照《公司法》的规定以其出资额为限对公司债务承担连带责任，但在公司进入破产程序后，股东支付给公司的借款得到清偿的可能性较低。因此，如果公司已经资不抵债，及时申请进入破产程序由管理人接管企业，能够更好地控制股东风险，因为股东不需要继续向公司注入资金，也不需要对公司债务承担清偿责任。如果股东经过多番思量后认为公司只是暂时处于资不抵债的状态，注入资金即可挽救公司，当然可以不申请进入破产程序。

（三）引入资本，起死回生

再一次提醒大家，对于企业来说，破产程序并不仅仅意味着企业的终结，还可能会为企业带来新生，这就有赖于我们之前提到的破产重整程序。如果企业的股东或者实际控制人不忍心看着投入诸多心血的企业走向终结，可以通过破产重整程序使企业重获新生。

部分企业在进入破产程序前面临难引入外部投资的困境，但企业进入破产程序后，情况可能有所改善。这是因为进入破产程序后，破产企业由管理人进行管理，管理人以完全中立的身份梳理企业的基本情况。对于投资人而言，此时进行投资，既可以得到一个隐患更少的企业，也可以快速获得企业或者重大项目的控制权。所以企业进入破产程序后并不当然地意味着走向终结，反而可能会获得更多引入外部资本的机会，从而实现起死回生。

第 4 问　何种企业会被认定为资不抵债而进入破产程序？

一、何为资不抵债

前文我们一直都在讨论破产程序，那么究竟什么样的企业才会被申请进入破产程序呢？也就是说，究竟满足何种条件的企业才能进入破产程序。简单来说，企业必须满足资不抵债的条件，单从字面意义来说，资不抵债是指企业的所有资产不足以清偿企业的对外债务。我国《企业破产法》第 2 条第 1 款规定：“企业法人不能清偿到期债务，并且资产不足以清偿全部债务或者明显缺乏清偿能力的，依照本法规定清理债务。”从该条规定我们可以看出，“资不抵债”四个字后面其实还是有很多条件的，下面我们将逐一讲述。

第一，企业要满足“不能清偿到期债务”的条件，即企业存在已到期债权。例如，企业总资产为100万元，其对外债务有120万元，但是120万元的债权并未到期，企业的还款期限还未届满，这就意味着债权人目前无法向企业主张债权，即使企业目前无法偿还债务，也不满足破产的条件。因为企业的资产是动态的，其资产很可能在债权到期之前达到甚至超过120万元进而有足额资金支付债务。

第二，企业要满足“且资产不足以清偿全部债务”的条件，即企业全部资产之和小于企业的对外债务。在司法实践中，部分企业自己申请进入破产程序时，会聘请审计机构对企业状况进行审计，若第三方出具的审计报告明确载明企业的负债已经大于资产总和，便足以证明企业存在“资产不足以清偿全部债务”的情形。

第三，如果企业满足“明显缺乏清偿能力”的条件，也可以申请破产。“明显缺乏清偿能力”这一标准相较于其他标准较为抽象，一般情况下，如果企业出现以下情况，可能会被认定为缺乏清偿能力：资金无法变现，导致无法清偿债务；法院强制执行之后，仍旧无法清偿债务；长期持续亏损，无法清偿债务等。

二、何种企业会被认定为资不抵债

通过解读资不抵债的条件，可以发现可能会被申请进入破产程序的企业主要分为两种类型：第一类是负资产的企业，企业债务已经大于企业总资产；第二类是缺乏清偿能力的企业，即使总资产大于债务，但因企业出现资金短缺、长期亏损等特殊情形，已无法清偿债务。

（一）负资产企业

对于负资产企业来说，企业的负债已经大于企业的总资产。企业想要证明自身负债已经大于资产并不难。首先，企业每年的资产负债表会载明企业的负债情况，如果企业的流动负债、非流动负债之和大于企业的流动资产和非流动资产之和，那么企业会被认定为负资产企业。如果负资产企业出现资不抵债的情况，就很可能进入破产程序。其次，负资产企业申请进入破产程序时，通常都会委托专门的审计机构对企业的财务状况并重点对企业的对外债权和资产状况进行审计，若审计报告明确显示企业资产总值小于债权总额，当然可以作为向人民法院申请进入破产程序的重要依据之一。

（二）缺乏清偿能力的企业

缺乏清偿能力的企业与负资产企业不同，缺乏清偿能力的企业可能并未出现资产小于负债的情况，可能是因为企业资产无法变现、企业长期亏损等情况而无法偿还对外负债。假设一家企业资产总价值为500万元，对外负债总额为400万元，但该企业主要资产为型号老旧的机器设备，该机器设备无法变现，企业资金链断裂，又无法注入资金让企业开始重新生产。此时企业就陷入了一个很明显但是又没有办法解决的僵局，企业的资产总额虽然高于企业负债总额，但是主要资产无法变现，企业又没有足够现金清偿到期债务，此时该企业就是缺乏清偿能力的企业，也可以申请进入破产程序。

第5问　债权人申请债务人企业破产，债务人不同意的，债权人应该怎么办？

一、债务人企业对于债权人破产申请的异议权

债权人认为债务人企业资不抵债的，可以根据《企业破产法》等相关规定向法院申请债务人企业进入破产程序。债权人提交破产申请后，人民法院会在法定时间内通知该企业。如果该企业认为其并未出现资不抵债的情况，不符合破产的条件，可以向人民法院提出异议。

法律之所以明确赋予债务人异议权，是因为破产程序的受理并不是简单的程序审查，而是需要申请人提供具体的证据材料证明债务人确实存在“资产不足以清偿全部债务或者明显缺乏清偿能力”的实质审查，而在这个过程中，作为申请方的债权人和作为被申请方的债务人都可以表达自身的观点。具体而言，第一，“资产不足以清偿全部债务或者明显缺乏清偿能力”这一事实属于企业内部情况，需要财务数据等企业内部材料才能证明，而债务人几乎不会对外公开这些材料，债权人自然也就缺少了解途径；第二，赋予债

务人异议权也是在给予债务人对于被申请进入破产程序进行辩解的机会，避免出现因部分债权人的恶意申请产生诋毁债务人商业信誉和损害市场公平竞争的现象。

前述也是我国《企业破产法》第 11 条第 2 款规定的原因，债权人提出申请的，债务人应当自受理裁定送达之日起 15 日内向人民法院提交财产状况说明、债务清册、债权清册、有关财务会计报告以及职工工资的支付和社会保险费用的缴纳情况。人民法院受理破产申请后至破产宣告前，经审查发现债务人确实不具备《企业破产法》第 2 条规定的破产原因所要求的其他事实，可以裁定驳回债权人的申请。

二、债务人对破产申请提出异议后，债权人该怎么办

根据我国《企业破产法》的规定，债务人向人民法院提出异议的，法院一般要在异议期满后的 15 日之内作出是否受理的决定。如果法院决定不予受理债务人的异议，则债权人对于债务人的破产申请很可能会得到法院的认可；如果法院予以受理，则法院会进一步审核债权人的破产申请。目前我国法律并未明确规定异议的审核方式，部分专家学者建议采取开庭或者听证会的形式进行审核。但在实践中，法院出于案件审理效率的考虑，多采取书面审理的方式进行审核。

债务人的异议申请得到法院受理，也就意味着法院需要对债务人提出的异议进行审查，以确定债务人是否符合法律规定的破产条件。对于人民法院最终的认定结果，债权人应做好以下准备：

首先，债权人需要审查自身是否有资格申请债务人破产。一般来说，债权人申请债务人破产需要满足三个条件：一是有给付内容的请求权；二是请求权是法律上可以强制执行的请求权；三是请求权已经到期。如果债权人并不符合上述要件，债务人自然会针对债权人不具备申请破产的资格提出异议，其异议也很可能会得到人民法院的支持。

其次，债权人需要补充材料证明债务人符合法律规定的破产要件。实践中，债务人也可能对其是否具备破产条件提出异议。例如，债务人可能提交审计报告或资产负债表等材料证明其并不符合破产要件。对于此种异议，债

权人需要进一步补强证据，尤其是证明债务人“明显缺乏清偿能力”的相关证据。这是因为，即使债务人提交的证据证明其并不存在资不抵债的情况，如果债权人能够证明债务人已经“明显缺乏清偿能力”，也是符合我国《企业破产法》规定的破产申请条件的。

最后，债权人需要提前做好应诉准备，因为债务人的异议申请可能得到法院的支持。根据我国《企业破产法》相关规定，法院如果支持债务人的异议，自然会驳回债权人的破产申请。为此，建议债权人充分做好证据和起诉材料的收集、准备工作，或者在申请破产之前就提起诉讼，通过生效的法律文书来提出破产申请。

第 6 问　企业破产程序开始后，其关联企业能否“独善其身”?

一、企业破产后与之关联的企业也可能会一并破产

破产申请一般而言只针对企业自身，并不会牵连其他企业，但是由于公司与公司之间、公司与股东之间频繁的资金往来可能会出现主体人格混同的情况。我国公司法体系明确公司的独立人格是其单独承担责任的大前提，假设出现人格混同，与之混同的公司也应承担法律责任。所以关联企业合并破产实际是法人人格否认制度在破产程序中的延伸。

关联企业实施合并破产，是指人民法院审理关联企业破产案件，发现关联企业之间存在法人人格高度混同、区分各关联企业财产的成本过高、严重损害债权人公平清偿利益时，可依申请适用关联企业实质合并破产方式进行审理，或可依申请举行听证后对已进入破产程序的关联企业进行实质合并破产清算。

根据最高人民法院《关于审理企业破产案件若干问题的规定》第 79 条的规定，债务人开办的全资企业，以及由其参股、控股的企业不能清偿到期债务，需要进行破产还债的，应当另行提出破产申请。该条款明确了与破产企业相关的其他关联企业不能清偿到期债务的，需要单独申请企业破产。

在市场经济制度不断完善、经济活动日益复杂的环境下，大量企业在经营过程中会出现通过关联企业进行利益输送、产生关联债务及互相提供担保

等情形，如果任一企业进入破产程序，其关联企业也会在极大程度上面临债务危机甚至同样面临进入破产程序的风险。

二、关联企业被合并破产的要件

当事人申请对关联企业合并破产后，人民法院应当对合并破产的必要性、正当性进行审查。关联企业成员的破产应当以适用单个破产程序为原则，在符合相关实质要件情况下，可以依申请例外适用关联企业实质合并破产方式进行审理。人民法院裁定关联企业可以进行实质合并破产的认定标准较高，如关联企业之间存在法人人格高度混同、区分各关联企业财产的成本过高、严重损害债权人公平清偿利益等，前述实质要件应当同时满足。

关联企业，是指与其他企业之间存在直接或间接控制关系或重大影响关系的企业。人民法院在认定关联企业人格混同或存在关联关系时，通常从人员结构、组织架构、交叉持股、财务混同、关联债务及互相担保等方面进行判定。

例如，在最高人民法院发布的第29批指导性案例中，南京市中级人民法院在其审理的江苏省纺织工业（集团）进出口有限公司及其五家子公司实质合并破产重整案中认为，人格混同的表现形式有如下几方面：人员任职高度交叉，未形成完整独立的组织架构；共用财务及审批人员，缺乏独立的财务核算体系；业务高度交叉混同，形成高度混同的经营体，客观上导致六家公司收益难以正当区分；六家公司之间存在大量关联债务及担保，导致各公司的资产不能完全相互独立，债权债务清理极为困难。

又如，在最高人民法院发布的165号指导案例——重庆金江印染有限公司、重庆川江针纺有限公司破产管理人申请实质合并破产清算案中，该案审理法院认定金江公司与川江公司存在关联关系是通过实际控制人为同一自然人、生产经营场所混同、人员混同、主营业务混同、资产及负债混同等方面。

如上所述，人民法院及时对各关联企业进行实质性的合并，是符合《企业破产法》关于公平清理债权债务和公平保护债权人、债务人合法权益的原则要求。《企业破产法》的立法宗旨在于规范破产程序，公平清理债权债务，公平保护全体债权人和债务人的合法权益，从而维护社会主义市场经济秩序。

对人格高度混同的关联企业进行合并重整，纠正关联企业之间不当利益输送、相互控制等违法违规行为，有利于公平清理债权债务，公平保护全体债权人和债务人的合法权益，保障各关联企业的债权人公平实现债权，从而维护社会主义市场经济秩序。为此，企业在经营过程中，即使自己没有面临资不抵债的情况，也要留意关联企业是否存在资不抵债的情况，以防自身被合并破产。

第二章　如何进入破产程序？

第7问　企业自行申请进入破产程序时，应该提前做好哪些准备？

一、需要向哪个法院申请破产

企业自行申请进入破产程序，面临的第一个问题是应当向哪个法院提出破产申请。我国《企业破产法》虽然明确规定“破产案件由债务人住所地人民法院管辖”，但没有明确规定法院的级别，因此实践中各地操作不尽相同。有些地方将破产案件的受理统一收归中级人民法院管辖，而在有些地方基层人民法院也可以受理破产案件。

以山东省为例，该地的基层人民法院和中级人民法院都可以受理破产申请，其中县、县级市或者区的市场主体登记注册的企业的破产案件一般由基层人民法院管辖，设区的市级（含本级）以上的市场主体登记注册的企业的破产案件一般由中级人民法院管辖。

再以北京市为例，该地的破产案件均由北京市第一中级人民法院管辖，针对北京地区破产案件数量较大，北京市第一中级人民法院专门设置了破产法庭集中受理破产案件及由破产案件衍生的诉讼案件。

虽然我国各地法院对破产案件受理的级别管辖规定不同，但从整体来看，一般还是遵循《关于审理企业破产案件若干问题的规定》的相关规定，企业想要自行申请进入破产程序，首先要做的是确认受理法院，确认受理法院后也可自法院处了解申请进入破产程序需要准备哪些材料。

二、申请破产程序需要准备的材料

根据我国《企业破产法》的规定，企业自行申请破产的，需要提交破产申请书和相关证据，由有管辖权的人民法院裁定是否受理。债权人和企业都有权向人民法院申请企业进入破产程序，但二者进行申请时所需材料不同。

此处，先介绍企业自己申请进入破产程序需要准备的材料。

1. 破产申请书，需载明申请事项以及申请理由，破产理由要明确，最好是要将企业的资产负债情况进行说明，方便法院快速了解企业状况。

2. 企业主体资格证明，即企业的营业执照复印件。

3. 企业法定代表人和负责人名单，即企业法定代表人和董事、监事、高级管理人员名单。

提交企业法定代表人和负责人名单，是因为人民法院裁定受理企业的破产申请后，企业的法定代表人和主要负责人仍旧负有配合管理人履职的义务，管理人也会依法核查主要负责人的勤勉义务履行情况。

4. 企业职工安置方案，即企业在破产前需要提前制作职工安置方案。

提交企业职工安置方案，是因为根据我国《劳动合同法》的规定，非因职工个人原因解除劳动关系的，企业一般需要支付给职工经济补偿，企业破产导致职工劳动合同终止也需要支付给职工经济补偿。企业可以考虑与职工协商解除劳动合同并支付合理的补偿来妥善解决劳动关系。因此为稳定雇佣关系，需向人民法院提交企业职工安置的具体方案。

5. 企业亏损情况的书面说明。这是企业申请进入破产程序的关键证据，主要为证明企业符合我国法律规定的破产条件，书面说明一般是第三方出具的审计报告。

6. 企业资产明细表，即企业需要提交至破产申请日的资产明细表。

7. 企业金融账户的情况，即企业所有的开户情况及账户余额情况。

8. 企业的债权和债务表，即企业对外享有哪些尚未追回的债权和对外所欠的所有债务。

9. 企业的担保情况，即企业的资产是否存在担保债权，如企业的固定资产、对外投资等是否有抵押、质押的情况。

10. 企业的诉执情况，即企业在申请破产之前的未结诉讼案件、未结执行案件及未结仲裁案件情况。

第 8 问　企业财务、账目混乱时，如何申请进入破产程序？

从前面的问答可以得知，企业想要申请进入破产程序，向人民法院提交的证据材料十分重要，关键是要提交能够证明资不抵债的证据。对于一些账务、账目混乱的企业，厘清自身的资产负债情况可能都存在困难，证明资不抵债更加困难。对于此类企业，可以考虑通过以下两种方式破局。

一、进行全面审计

当企业自身财务账目混乱或者丢失时，企业想要自己证明资不抵债会面临极大的障碍，因此企业可以考虑借助外部力量。也就是说，企业可以委托专门的审计机构对企业的财务状况进行审计，尤其是核查企业的资产情况、负债情况并对丢失的财务账目进行说明。这样做的好处是：

1. 审计机构专业度通常高于企业的财务人员。在账目不清或者缺失的情况下，审计机构可以通过引导企业收集其他材料来顺利完成审计并核查出企业的财务状况。

2. 审计机构出具的审计报告效力通常高于企业对自身情况出具的说明。这是因为审计机构具备专业资质、配备有专业的审计人员，审计报告不但需要审计机构的盖章，也需要审计人员签字。最重要的是，人民法院对于审计报告的认可程度相对较高。这也是无论企业财务账目是否混乱，在申请破产时都会进行全面审计的原因。

二、提前进行清算

根据我国《公司法》的规定，企业股东或者股东大会可以通过决议解散公司，并成立清算组对企业进行清算。也就是说，企业自身可以决定是否进行清算。那么企业提前进行清算的优势有哪些？

首先，核查企业的基本情况。清算组成立后会通过多种形式通知企业的债权人并要求债权人申报债权，这可以帮助企业进一步顺利厘清自身的负债情况。当然，清算组也会对企业的资产情况进行梳理。

其次，进入清算程序并不影响进入破产程序。如果在清算过程中发现企业存在资不抵债的情况，清算组应向人民法院申请进入破产程序。

最后，帮助企业选择一个值得信赖的破产管理人。企业进入破产程序后，如果清算组具备管理人资质，法院从保护债权人和债务人利益的角度出发，很可能会继续指定清算组为破产管理人。

第9问　企业自行申请进入破产程序时，哪些情形下破产申请可能会不被受理？

企业准备好申请进入破产程序所需材料并向人民法院提交后，人民法院会对企业提交的材料进行审核，裁定是否受理破产申请。企业的破产申请被驳回的原因主要分为两类：第一类是形式原因，即企业提交的材料形式不符合法院的要求；第二类是实质原因，即企业不符合资不抵债的破产条件。

一、形式不符合条件

1. 材料不符合要求的申请不被受理。这是一种比较常见的不被受理的原因，如部分材料未加盖公章、提供的材料不齐备、提交人授权手续不全等情况。

此时，企业可以进行补救。对于这种情况，法院一般会责令申请人在一定期限内进行补正。如果企业按时补齐材料，法院会根据实质要件对材料进行审查以确定企业是否符合破产条件；如果企业未按时补齐材料，法院会按照撤回申请处理。

2. 法院没有管辖权的申请不被受理。这是由于企业向无管辖权的法院提交了破产申请。

此时，企业无法进行补救。对于这种情况，法院一般会告知企业撤回破产申请或者向有管辖权的法院提出申请，如果企业坚持在无管辖权的人民法院申请破产，法院会裁定驳回企业的破产申请。

二、实质不符合条件

1. 债务企业不符合资不抵债的条件的申请不被受理。

根据我国《企业破产法》的规定，企业申请破产需要满足“企业法人不能清偿到期债务，并且资产不足以清偿全部债务或者明显缺乏清偿能力”的条件。企业申请破产后，法院会对企业是否满足上述条件进行实质审查。如果法院经过审查认为企业目前的证据无法证明其满足资不抵债的条件，或者企业本身并不存在资不抵债的情况，那么便会驳回企业的破产申请。

2. 债务企业因为转移财产而使破产申请不被受理。

现实中一些企业抱有通过破产程序来逃避债务的想法。这些企业可能不符合破产条件，于是在申请破产程序之前将企业财产转移，造成企业已经资不抵债的假象，然后再通过破产程序免除自身债务。毫无疑问，这种行为严重侵犯了债权人的合法权益，造成了市场经济的动荡，一经发现法院会驳回企业的破产申请。

3. 企业不符合申请破产的主体资格而使破产申请不被受理。

我国《企业破产法》明确规定“企业法人”资不抵债的可以申请破产程序，个体工商户、农村承包经营户等非“企业法人”的其他组织申请破产的，可能会因为主体不符合而被法院驳回。当然，随着我国破产法实践的不断深入，个人破产制度正在走入人们的视野，相信未来会有更多主体依法申请进入破产程序。

三、破产申请不被受理时企业的救济途径

我国《企业破产法》规定，企业提交破产申请后，人民法院认为企业不符合破产申请条件的，应当作出不予受理的裁定。而企业对不予受理的裁定不服的，可以在收到裁定后的 10 日内向上一级人民法院提起上诉。因此，向上一级人民法院提起上诉是破产申请不被受理时的主要救济途径。

第 10 问　企业是否可自行选择信任的破产管理人？

前文已经多次提到，人民法院裁定受理企业破产申请后同时会指定管理人，由人民法院指定的管理人全权接管企业，并根据法律法规开展核查企业资产、审查确认债权以及分配破产财产等工作。从某种程度上讲，管理人的权利是很大的。那么管理人究竟如何产生、法院又是通过什么样的程序进行指定、企业能否选择自己信任的管理人等问题纷至沓来。

一、破产管理人如何产生

1. 法院摇号指定。

法院一般会通过轮候、抽签、摇号的形式从管理人名册中确定破产企业

的管理人。这种方法具有很强的随机性，很难选择到企业信任的破产管理人。

这里我们提到了“管理人名册”，管理人名册是法院编制的，由该辖区的律师事务所、会计师事务所以及破产清算事务所等机构组成的名册。一般来说，法院会从本地的管理人名册中来摇号指定管理人，但对于债务关系复杂、债权人数众多的破产企业，法院也可以从高级人民法院编制的管理人名册中指定管理人。

2. 法院招标确定。

通过招标确定管理人，一般适用于在全国范围内有重大影响、债务人财产分散且法律关系复杂的破产企业，如大型的证券公司、保险公司、房地产公司。

相比从该辖区的管理人名册中摇号指定，法院可以采取公告的形式邀请全国各地法院的管理人名册中的机构参与竞争，其范围远广于法院摇号指定。参与竞争的破产管理人，需按照人民法院的要求制作并提交竞标文件，主要介绍自身的破产业绩、人员构成等详细情况，由法院成立专门的委员会进行评审。根据各地人民法院要求，一般来说参与竞争的管理人一般应不少于三家，评审委员会综合考量多种因素确定案件管理人，包括但不限于参与竞争的管理人资质、信誉、专业能力、机构规模、人员构成、管理人报酬报价等。

3. 债务人与主要债权人共同推荐。

在预重整程序中，债务人与主要债权人可共同推荐临时管理人。所谓预重整，是指债务企业在进入《企业破产法》规定的重整程序之前，由债权人与债务人、出资人等利害关系人就债权债务等事项进行庭外商业谈判以期达成重整计划草案，挽救企业债务危机的一种新型重整制度。此处主要债权人代表的债权额应当占债务人已知债权总额 1/2 以上。

债务人与主要债权人推荐临时管理人的，应当在法院作出预重整决定之前提出。债务人经过预重整后进入重整程序的，法院可以直接指定临时管理人继续担任管理人。

二、企业如何自己选择管理人

由上述可知，企业管理人可以是人民法院随机指定，可以是在人民法院的组织下，多家管理人根据公平公正原则投标确定，可以是债务人与主要债权人共同推荐。企业很难自己选择管理人，但也不是不可以。因为还有第四种确定管理人的方式，即指定清算组为管理人。

根据我国《关于审理企业破产案件指定管理人的规定》第 18 条的规定，在指定管理人时，如果企业在破产前已经成立了清算组，法院可以根据企业具体情况决定由清算组担任企业的管理人。

之所以会规定此种确定管理人的方式，是因为清算组已经提前介入并对公司的债权债务情况进行了梳理，对公司的基本情况比较了解。为了提高破产案件的审理效率及保护债务人及全体债权人的利益，法院可能会指定原清算组继续担任破产管理人。希望可以自行选择信任的管理人的公司可将本条款作为突破口，具体操作如下：

1. 通过股东会决议解散公司，并自己组织清算组。

企业想要选择原清算组作为破产管理人，那么企业组织的清算组成员应为在当地法院破产管理人名册中的机构；如果机构不在管理人名册中，即使法院想指定清算组为管理人也是行不通的。

2. 清算组发现企业资不抵债后必须提出破产申请。

清算组成立后应及时通知债权人按时申报债权并对公司的资产、债务等情况进行核查。如果发现公司存在资不抵债的情况，清算组必须依法提出破产申请。

3. 清算组申请法院指定自身为管理人。

我国法律未明确规定法院是依申请还是依职权指定清算组为管理人。在此，建议清算组主动向人民法院提出申请，这是因为人民法院并不了解清算组情况，需要清算组对此前的工作内容、履职情况进行说明，此举是为向法院传达继续由清算组担任管理人有利于后续破产程序推进的信息，以尽可能增加由原清算组继续担任破产管理人的可能性。

第三章　破产程序给企业带来什么?

第 11 问　破产程序中的审计与企业内部审计有什么不同?

审计，是指由专设机关依照法律对国家各级政府及金融机构、企业事业组织的重大项目和财务收支进行事前和事后的审查的独立性经济监督活动。企业无论是否进入破产程序，都与审计活动有着密切的联系。无论是日常的内部审计还是聘请专业的第三方机构进行审计，对于企业发现自身财务风险都发挥着重要的作用。

很多企业存在进入破产程序后财务状况定格无须进行审计的误区。管理人接管企业后，为了解企业的资产、债务等基本情况也会聘请第三方机构进行审计。那破产程序中的审计与企业内部的审计有什么不同呢?

一、审计目的不同

企业的内部审计，是企业自发组织的审计活动，也是企业自我反省的过程。具体来说，此时进行内部审计，主要目的是通过审计和分析来发现企业财务、管理上的漏洞，提高企业自身的管理水平、财务核算能力以及经济效益。

破产程序中的审计，是企业进入破产程序后，管理人为快速厘清企业资产、债务等情况，发现企业中可能存在的问题而进行的审计活动。企业中可能存在的问题，如股东是否实缴出资、企业资产是否存在抵押、企业对外债权是否能够追回等。在我国，管理人多为律师事务所或者会计师事务所，受限于专业的财务知识，针对财务关系复杂的企业，管理人会聘请第三方机构对企业进行审计。当然，管理人聘请审计机构的行为必须在债权人同意的前提下进行。

二、审计主体不同

企业内部审计主体一般为企业内部审计部门的负责人、职工或者企业的财务人员。只有涉及复杂项目或者是有专项需要时，才会聘请一些外部辅助专业人员，如注册会计师、税务师或造价师等。

破产程序中的审计主体一般为专业的审计机构。这是因为管理人并非专业的财会人员且财会人员可能在企业进入破产程序后已经离职，但由于开展破产程序，全面审查企业的财务、资产等情况又十分必要，所以管理人一般会委托专业的审计机构进行审计。管理人在进行委托审计时，多向数个审计机构询价，由不同审计机构进行报价并提请债权人会议进行表决，由债权人会议决定选聘审计机构。

三、审计内容不同

企业的内部审计是一个纠错自省的过程，此时审计的重点有两个：一是通过审计制度发现企业内部的财务制度、管理制度的漏洞并及时进行改进；二是通过审计制度发现企业职工在工作中是否存在错误和过错，以便于对企业职工的管理和要求。

破产程序中的审计不同于企业的内部审计，其重点有且仅有一个，即核查企业的财务状况、资产情况以便快速厘清企业目前的基本情况以更好地清偿债权。

综上所述，企业的内部审计和破产程序中的审计还是有很大区别的。企业的负责人不能因为破产前的内部审计没有问题就存有侥幸心理，部分企业都是在破产审计中才发现问题的，此时企业的负责人通常难辞其咎。

第 12 问　在破产程序中，企业的普通职工“何去何从”？

人民法院裁定受理破产后至破产程序终结前，企业大概率尚未注销。在此期间，企业的劳动关系应如何处理？企业在进入破产程序前能否解除职工劳动合同？企业是否需要向职工支付经济补偿？企业在破产申请受理后能否继续雇用职工？这是很多企业申请破产时都会遇到的问题。要解决这些问题，不仅要从破产法角度出发，还要结合我国劳动法的相关规定。

一、企业破产时职工的安置方案

如上所述，企业申请破产时，必须提交职工安置方案，法院也会审核安置方案的合理性，这就意味着企业在申请破产时必须妥善处理职工的劳动关系。职工的安置途径主要分为两大类，一类是与职工解除劳动关系，另一类是继续保留劳动关系。因为企业的实际情况不同，选择的安置方案自然也不同。

1. 与职工协商解除劳动关系。

根据《劳动合同法》的规定，解除关系的方式有三种：一是双方协商解除；二是劳动者主动辞职；三是用人单位解除。

其中，协商解除劳动关系是基于双方达成的协议，不受任何程序的限制。也就是说，企业破产与否都可以选择与职工协商解除劳动关系，双方约定好解除劳动合同的补偿金及解除时间便可以签署解除劳动合同协议书。

无论是否在破产程序中，协商解除劳动合同的方式都是使企业风险降到最低的方式，这种方式的缺点在于如果职工不同意解除劳动关系或企业与职工之间对补偿金金额、解除时间等事项无法达成共识，就很难推进。

2. 因企业破产终止劳动关系。

根据我国《劳动合同法》的规定，用人单位被依法宣告破产的，劳动合同终止。这意味着，人民法院裁定受理企业破产申请后，企业可以以破产为由单方终止劳动合同，这是劳动法层面的规定。

除此之外，根据我国《企业破产法》的规定，管理人有权决定是否解除正在履行的合同。劳动合同属于正在履行的合同，那么劳动合同的解除也应该根据此项规定进行。

所以，不管是劳动法领域还是破产法领域，企业都可以考虑单方终止劳动关系。但此时，破产是企业自身原因造成的，因此仍需向终止劳动关系的职工支付经济补偿金。

3. 继续保留劳动关系。

很多人对于企业进入破产后的情况存在错误认识，人民法院裁定企业进入破产程序并不必然导致企业停止所有业务，也并不必然导致所有职工均会被解除劳动合同。

企业进入破产程序后能否继续经营是由债权人来决定的。如果债权人会议经过讨论认为企业需要继续经营，那么企业将继续正常经营，经营必然需要人员继续维持，因此企业可能仍然需要雇用原有职工维持企业经营或生产能力。因此，与关键岗位职工继续保留劳动关系也是破产管理人基于企业现实情况的一种选择。因此，公司一旦进入破产程序，并不必然终止与所有职工的劳动关系。

二、解除劳动关系的经济补偿金

通过前面的叙述，我们可以确切地得出一个结论，无论企业在申请破产时选择何种方式解除劳动关系都需要向职工支付一定的经济补偿金，协商解除劳动关系和企业因破产单方终止劳动合同都需要支付给员工经济补偿金，除非在企业破产之前职工就因为个人原因辞职。

所谓经济补偿金，就是由于企业原因解除劳动关系而支付的补偿。经济补偿金按照职工工作年限计算，职工每工作一年需要支付 1 个月的经济补偿金，工作年限不足 6 个月的按照半个月计算，超过 6 个月不足 1 年的按照 1 年计算。经济补偿金的计算标准为职工离职前 12 个月的平均工资。前文中多次提到的“职工安置方案”中一般都需要计算职工的经济补偿金，法院也会对其合理性进行审查。

三、继续雇用职工时的薪酬待遇

破产企业为维持正常经营而选择继续聘用职工，可能存在两种情形，具体待遇也会有所不同。

第一种情形是企业继续履行原来的劳动合同。此时，职工与破产企业的劳动关系仍旧存续，双方劳动合同仍有效，职工的福利待遇一般不会发生变化，企业仍旧需要为职工缴纳社会保险费用和住房公积金。这是因为在劳动关系下，除因法定事由外，企业一般不能单方面降低职工薪资待遇，否则职工有权利要求企业补足。

第二种情形是企业终止原来的劳动合同，解除原来的劳动关系，通过建立劳务关系的形式临时雇用职工。在这种关系下，企业与临时雇用职工之间仅为临时的劳务关系，企业无义务为职工缴纳社会保险费用和住房公积金，只需按照双方约定支付劳动报酬。

相比第二种情形，第一种情形用工成本更高。因此管理人出于节约资金和维护债权人利益的考量，可能会更加倾向于选择第二种情形。然而，不可否认的一点是，一些企业关键岗位的职工如财务人员应当适用第一种情形，这是因为诸如检查企业财务状况等重要工作仅仅依靠临时雇用人员是无法完成的，还是需要原有的财务人员根据自己对公司财务状况的了解和专业知识进行处理。

第 13 问　在破产程序中，企业对外持有的股权将被如何处置?

根据北京市高级人民法院《关于破产程序中财产网络拍卖的实施办法（试行）》第 2 条的规定，在破产程序中，只要是债务人的财产，在处置过程中均以网络拍卖为优先原则。企业对外持有的股权属于企业的重要资产，因此企业对外持有股权的处置也是以公开网络拍卖为原则，但因股权属于无形资产，在处置过程中与其他固定资产有所区别。

企业对外持有的股权处置过程主要可以分为三个环节：评估定价、网络拍卖、股权变卖或者以股抵债。

一、评估定价

在拍卖企业破产财产前，应当先确定拍卖价格，因此必须提前对其进行评估和定价。一般的固定资产的价值可以通过网络询价来确定，现在网络拍卖常用的阿里拍卖平台和京东拍卖平台都有网络询价功能，管理人只要输入拍卖资产信息就可以快速得到询价结果。

股权作为无形资产，不同于其他实物资产可以进行网络询价，根据北京市高级人民法院《关于破产程序中财产网络拍卖的实施办法（试行）》第 11 条的规定，只能采用其他询价方式，如通过评估机构评估定价或者由管理人进行定价。

1. 委托评估定价。

委托评估定价，是指委托专业的评估机构对股权进行定价。评估机构会根据目标公司的财产状况、同行业的具体情况等综合确定企业对外持有的股权价值。

需要提醒的是，虽然评估机构的定价比较合理，但也会产生一定的评估费用，这些费用作为破产费用自债务人的破产财产中支出。如果债务人的破产财产不足以支付，则需债权人进行垫付，若债权人拒绝垫付，此时因无法支付评估费用，破产程序很难继续推进。

债权人会议表决通过采用委托评估定价的方式对股权进行估价，管理人通常会向多个评估机构发送询价函，也会将不同机构的回函进行对比并提请债权人进行表决，由债权人会议决定委托哪家评估机构进行评估。

2. 管理人估价。

委托评估机构估价必然会产生一定费用，当债务人财产不足以支付费用且债权人拒绝垫付时，破产程序就无法继续推进。面对这种情况，债权人还有第二种选择，即委托管理人对股权进行估价。这种选择的好处在于无须支付额外的费用；缺点在于管理人并非专业的评估机构，对股权的估价与市场价格会有一定差异。

二、网络拍卖

管理人在股权价值确定后便可以开始拍卖股权，通常会通过阿里拍卖平台或者京东拍卖平台对股权进行挂拍。为了加快股权的处置效率，一般情况下第一次拍卖的价格往往是评估的价格，若流拍后再次拍卖，价格会在前次拍卖的价格基础上进行10%～20%的递减。具体的拍卖方案由债权人会议表决确定。

在流程上，股权拍卖与股东其他资产拍卖并无太大区别，但由于涉及股权问题，虽然管理人可能会简单披露股权的瑕疵及目标公司的基本情况，但买方在购买股权时仍需要进行系统的尽职调查，而且管理人在拍卖时也会提醒买方相关的法律风险。

三、变卖或者以股抵债

如果经过了两次以上的拍卖均流拍，为了提高股权的处置效率，管理人也可以考虑变卖股权。变卖不同于拍卖，变卖不受价格和时间的限制，也无须再进行公开竞价，如有买受人同意购买，管理人便可以在合理的价格范围内与其达成交易。

实践中可能存在经拍卖、变卖仍长期无法处置的股权，管理人也可在取得债权人会议同意的情况下将股权转给债权人用以抵销企业部分债务。但是实际上以股（物）抵债的操作模式很难实现，因为便于处置的资产可能已经经过拍卖、变卖得到处置，只有难以处置的资产才会采用以股（物）抵债方式，债权人出于各方面的考虑也不希望这种资产落在自己手中，所以债权人会议往往很难通过该方式。

第 14 问　破产终结裁定下达后，又发现破产企业财产的该如何处理？

管理人将破产企业财产按照法定顺序分配给债权人后，会向人民法院申请终结破产程序。部分企业认为，企业破产终结裁定下达后，企业的破产程序就结束了，此时企业的主要负责人不再承担任何责任。这种认识当然是错误的。

在企业的破产程序终结后，税务、工商、银行账户尚未注销前，管理人的履职并未结束，仍可能发现企业未被分配的财产。即使在管理人履职完毕后，债权人发现企业尚有未分配的财产，也可以向法院申请追回和清偿。

一、破产终结裁定下达后，债务人之前处分的财产可以被追回吗

根据相关法律规定，可以被追回的债务人财产主要有：

1. 企业可被撤销的财产。

我国《企业破产法》第 31 条明确规定，企业在人民法院受理破产申请前一年内存在以下行为的，管理人有权请求人民法院撤销：（1）无偿转让财产的；（2）以明显不合理的价格进行交易的；（3）对没有财产担保的债务提供财产担保的；（4）对未到期的债务提前清偿的；（5）放弃债权的。

法律并未对管理人行使的时间作出明确限制。也就是说，在管理人履职结束前，只要发现破产企业存在上述行为，就可以行使撤销权。

2. 企业个别清偿的财产。

我国《企业破产法》第 32 条明确规定，人民法院受理破产申请前 6 个

月内，企业处于资不抵债的情况下仍对个别债权人进行清偿的，管理人有权请求人民法院予以撤销。破产企业在法院受理前6个月内的个别清偿行为无疑侵犯了其他债权人的合法权益，管理人发现后可以追回被个别清偿的财产，无论法院是否已经作出破产终结裁定。

3. 企业擅自转移的财产。

现实中，有些企业可能以虚构债务等多种方式转移自己的财产，这严重侵害债权人的合法权益。所以即使法院已裁定终结破产程序，管理人在发现破产企业存在前述行为后仍可追回该部分财产。

4. 股东的出资。

管理人职责终止之前，发现股东未缴纳或者未足额缴纳出资的，应当要求股东补缴出资。如果股东未在规定时限内缴纳出资，管理人还有权对股东提起追缴出资的诉讼，追回的股款将用于清偿债权。

5. 企业高级管理人员侵占的财产。

企业破产之前，如果企业的负责人、高级管理人员侵占了企业财产，管理人发现后可以随时追究相应人员的责任并追回侵占的财产。

二、破产终结裁定下达后，被追回的财产如何处置

人民法院裁定破产程序终结后，被依法追回的财产如何处置也是一个十分现实的问题。

此时可以根据财产被追回的时间划分为两个时间段，分情况处理。

第一个时间段为破产程序终结之日起2年内。在该时间段，全体债权人都有权按照此前通过的分配方案对追回的财产进行追加分配。

第二个时间段为超过破产程序终结之日2年后。该时间段，已经超过了《企业破产法》规定的2年时效。如果是某位债权人追回的财产，其他债权人想请求参与分配已经丧失了权利基础，所以此时仅该追回财产的债权人就财产进行了清偿，其他债权人很难主张进行追加分配。

第15问　管理人何时会对企业进行税务和工商注销？

就企业而言，破产程序既可能是走向灭亡的程序，也可能是企业重获新

生的程序。但管理人准备注销企业的税务和工商就意味着企业再无重整或者和解的可能性或者机会。注销企业的税务和工商是管理人的最后一项重要工作。

一、管理人进行企业税务注销

在破产程序中，满足以下条件时管理人会决定进行企业税务注销：

1. 企业已经没有重整或者和解的可能。

这是因为注销税务是注销企业过程中极为重要的一环，注销税务后便要注销企业的工商，此时企业已经没有任何退路。然而无论是重整程序还是和解程序，其最终目的均是挽救濒死的企业，企业仍然存在是重要前提。

2. 企业的税务已经清算完毕。

管理人在办理注销税务登记之前，应当先向税务机关结清应纳税款、滞纳金和罚款，缴销发票、税务登记证件和其他税务证件。

因为在办理税务注销时，尚未结清税款的，需结清税款后才能办理注销手续；尚未缴销所领购的发票的，需缴销发票后才能办理注销手续；尚未办理税盘注销的，需注销税盘后才能办理注销手续。如果企业被认定为“非正常户”，还需要先补充纳税申报、补缴税款并缴纳相应的滞纳金和罚款，解除“非正常户”状态。“非正常户”状态解除后，才能按正常程序提交注销申请。

3. 企业的分支机构已经处理完毕。

根据我国《企业破产法》的规定，企业设有分支机构、对外投资设立子企业的，应由清算组或管理人在破产清算程序或强制清算程序中将其处理完毕，再向企业登记机关申请办理企业注销登记。税务注销也是如此。一般情况下，管理人会先处理企业分支机构的税务问题，然后处理企业的税务问题。

二、管理人进行企业工商注销

工商注销前必须先进行税务注销，只有办理完毕税务注销，获得税务注销通知书后，才可以办理企业的工商注销。

破产企业办理工商注销登记手续一般需要提供以下材料：（1）企业注销

登记申请书；（2）人民法院宣告破产的裁定书及终结破产程序的裁定书原件（包括以无法清算或无法全面清算为由作出的裁定）；（3）人民法院指定破产管理人的决定书原件；（4）企业营业执照正、副本。

确定企业无重整或者和解的可能后，管理人会根据债权人会议通过的财产分配方案对破产财产进行分配，并在分配完毕后申请人民法院裁定终结破产程序，待债权清偿完毕之后，注销企业的工商。管理人履行的最后一项职责便是注销破产企业的工商。工商注销完成后，管理人可向人民法院申请终止管理人职务，企业破产程序彻底结束。

第四章　破产重整是什么样的?

第 16 问　如何判断企业是否具有重整价值?

《全国法院破产审判工作会议纪要》第四部分“破产重整”规定，破产重整的对象应当是具有挽救价值和可能的困境企业；对于僵尸企业，应通过破产清算，果断实现市场出清。人民法院在审查重整申请时，根据债务人的资产状况、技术工艺、生产销售、行业前景等因素，能够认定债务人明显不具备重整价值以及拯救可能性的，应裁定不予受理。

因此，只有明确破产企业是否具备重整价值，才能增加重整成功的可能性，否则只会浪费司法资源和经济成本。从会议纪要的精神来看，判断企业是否具备重整价值，除了要综合考虑企业的资产价值、行业前景、经营状况外，还要考量社会影响、税收等问题。

一、企业的经济价值

（一）资产价值

资产价值即企业是否有优质的资产，能否吸引投资者。企业的资产分为有形资产和无形资产。

常见的有形资产包括土地、房屋、机器设备等。例如，土地对于很多投资商而言是较为优质的资产，但是如果长期未得到开发，将面临被政府收回的风险；又如，就机器设备而言，随着时间推移，设备折旧率及变现难度也逐渐增加。常见的无形资产包括对外投资的股权、知识产权等。以知识产权为例，我国知识产权的保护期有最长期限；超过最长期限的，知识产权便不再受法律保护，为此专利的时间越长，越接近于保护期限甚至超过保护期限，其价值也会相应折损甚至归零。

就绝大部分资产而言，随着时间延长，其价值也会一直降低，因此优质资产的共性之一通常就是资产的剩余时间价值比较大。

（二）经营状况

如果企业仍能正常经营，仅因资金链断裂等经营以外的原因被债权人申请破产从而进入破产程序，说明企业的工业技术仍旧符合当下市场的竞争环境，其销售模式和销售渠道仍然正常运作，相对而言企业的重整价值就比较高。

如果企业是由于技术水平低、销售渠道堵塞、产品质量滑坡等因素导致入不敷出而资不抵债，则说明企业在基础运营方面已经难以维持，这无疑会增加投资人重整企业的难度，其重整价值也会降低。

（三）发展前景

如果企业所处的行业有较高的市场认可度、产能比较先进、国家政策大力支持，如国家目前大力扶持的新能源企业、互联网企业等，该类企业进入破产程序后，国家政策上也会有更多的倾斜，重整压力也会随之减小，投资人的兴趣自然也会增加。相反，如果企业所处的行业为夕阳产业或者整个行业已经难有新的增长点，企业的重整价值也会降低。

二、企业的社会价值

（一）社会评价

社会评价是衡量企业是否有重整价值的加分选项。如果企业在社会上具有良好的信誉和形象，社会对企业的信任度比较高，该企业的产品也会受到群众的青睐。良好的社会评价作为企业的一种无形财富，可能比有形资产对于投资者更加有吸引力。相反，如果企业缺少信誉、风评差、产品质量不过关，这些负面的社会影响将不可避免地使投资者望而却步。

（二）劳资关系

从事加工、生产的企业往往属于劳动密集型企业，需要雇用众多职工维持生产运营。这类企业一旦进入破产清算程序，即使职工债权能够得到清偿，从当地政府或社会稳定角度考虑，这些员工的再就业也会给当地带来一定程度的冲击，大规模的失业势必会影响社会稳定和民生。

从社会角度考虑，如果企业能够进入破产重整程序，则能解决大规模职工的安置问题，将会获得不可估量的社会收益，一方面维护了当地社会的稳定，另一方面也保证了当地政府经济效益。

（三）税收问题

破产企业的纳税情况对政府的影响也是影响其重整价值的重要因素。虽然通过破产清算可以快速清理僵尸企业，从而涤清市场环境加速政府招商引资的进程，但从旧企业的清退到新企业的入驻通常需要很长一段时间，无法在短时间内促进当地经济发展，增加税收。而通过破产重整，企业能够迅速地恢复生产，产生效益，提供税收，同时保证了社会性和经济性。

综上所述，评价一个企业是否具备重整价值需要综合多种因素，但是只要企业具备自己的“发光点”就还有一线生机。破产程序对于企业不只是死亡的终点，还可能是重生的起点。

第 17 问　企业破产后，如何启动重整程序？

一、什么是重整程序

上述问题已经解答了什么叫作有重整价值的企业，接下来我们要讨论的就是什么是重整程序。此处，笔者结合重整程序和清算程序的不同之处，来解答这一问题。

重整程序，是指在企业资不抵债的时候，通过引入资本在法院主持下由债务人与债权人达成协议，制订重整计划，使得企业能够继续经营其业务的程序。清算程序与重整程序不同点在于：

1. 最终目的不同。清算程序的最终目的是通过合法手段使企业退出市场，在厘清企业资产并分配给债权人后，最终注销企业；重整程序的最终目的是使企业重新进入市场，通过引入资本，与债权人达成协议，最终令企业起死回生。如果说清算程序是为了让企业“死亡”，那么重整程序则为了让企业重获“新生”。

2. 启动程序不同。清算程序可以由股东自行申请，也可以由债权人申请后由法院登记。而破产重整程序的启动必须由申请人向人民法院申请，人民法院裁定破产重整后，才可以启动。

3. 管理人的职责不同。清算程序中管理人主要进行管理工作；而在重整程序中，管理人除要进行管理工作外，还要担任监督者的角色，尤其是监督破产企业对重整计划的执行。

4. 破产企业的权限不同。在清算程序中，破产企业由管理人全权接管，企业没有自主管理的权利；而在重整程序中，债务人企业可以制订和执行重整计划，可以在取得人民法院批准后自行管理自己的财产。

二、重整程序的申请主体

我国《企业破产法》规定，破产企业和债权人都可以向人民法院提出重整申请，除此之外，出资额达到企业所有出资的 1/10 的破产企业也有权向人民法院申请重整。

现阶段，我国法律并未规定管理人能否提出破产重整申请，司法实践中部分法院默认管理人可以代表破产企业进行破产重整申请，主要原因在于：管理人已经接管破产企业并且实务中很多企业的重整程序都是由管理人促成的。

三、申请重整程序需要具备的条件

需要注意的是，申请破产重整的企业必须满足一个大前提，即具有我国《企业破产法》第 2 条规定的资不抵债的情形，或虽然不具备破产原因，但是明显丧失清偿能力。申请破产企业重整的条件，根据不同的申请主体有所区别。

申请重整的主体为债务人的，如果此时破产企业已经进入由债权人申请的破产清算程序，债务人必须在人民法院受理破产申请后、宣告债务人破产前提出。

申请重整的主体为债权人的，必须提交能够证明自己对债务人存在合法有效债权的相关证据。

申请重整的主体为破产企业股东的，其持有的破产企业股权必须达到股权总额的 1/10。

无论哪个主体提出破产重整，必须经过人民法院裁定才能够进入重整程序。

第 18 问 企业重整完毕后，之前的债务是否还需要偿还？

很多企业可能会有这样的疑问，如果企业重整成功并且重整计划已经执行完毕，但是之前的债务没有得到全额清偿，债权人是否还可以向企业主张未清偿的债权。要想弄清这个问题就要探究重整程序的实质是什么。破产重整程序的实质在于引入资本后，由债务人和债权人达成协议，以一定的比例清偿债权，也无须偿还无法偿还的部分，双方的债权债务就此抵销促成企业重生。随之而来的问题就是什么叫作“以一定的比例清偿债权”，这就需要根据债权人会议通过的重整方案确定。

一般的重整计划中，投资人的注资带来的往往是出资人权益的调整。也就是说，企业的股东需要让渡自身的股份作为投资人帮助企业偿还债务的条件。例如，某企业进入破产程序后总资产为 1000 万元，但是企业债权人的债权合计为 1 亿元，以资产变现为前提条件，此时债权清偿率仅为 10%。若进入重整程序后，投资人注资 1500 万元用以偿还债权人的债权，将清偿比例提升至 15%，债权人的剩余债权将不再偿还。作为对价，企业的股东需要将其股权转让给投资人。在这个重整计划中，就达成了多方共赢的局面。

1. 对债权人来说，此前债权清偿比例最高为 10%，若资产变卖时产生折价，最终清偿比例可能远低于 10%。投资人加入后，清偿比例提升至 15%，债权人清偿比例较最初至少提高了 50%，债权人自然愿意接受这个方案。

2. 对破产企业股东来说，破产企业已经因为资不抵债进入破产程序，其权益价值已经为零。股东将其股权转让给投资人后，一方面股东不再担心因企业破产而承担其他责任，另一方面也会加快破产程序的进程。

3. 对于破产企业来说，无须对未能清偿的债权承担清偿责任。

4. 对于出资人来说，可能花费远低于市场价的价格获得企业的控制权，将优质资产纳入自己麾下。

实践中也会出现一种情况，就是当重整计划执行完毕后，企业未清偿的债务直接转为破产企业的股权，以债权转股权的形式继续行使权利。例如，部分案件的重整方案会主张将大债权人一定比例的债权转为重整后企业的股权，以变相提高其清偿比例从而获得支持，并允诺在某个时间节点以一定的价格回购该股权。此时，虽然已经重整完毕，但企业对于债务转为股权的股份承担回购义务，对债权人这部分债权仍需清偿。

第五章　破产和解是什么样的？

第 19 问　谁有资格对企业提出破产和解申请？和解协议草案由谁起草？

一、何为破产和解

前文已经介绍了破产清算和破产重整两项制度，破产和解制度作为我国《企业破产法》规定的三项制度之一，也是企业从破产走向重生的重要途径之一。所谓破产和解，是指债务人在出现破产原因时，与债权人会议就债务清偿达成协议，经法院审查认可后中止破产程序，避免破产清算的法律制度。

和解制度的目的主要在于通过企业与债权人达成协议的方式避免企业因破产程序走向灭亡。破产和解类似于民事和解，但是破产和解需要先向法院提出申请并经过债权人会议讨论通过，即只要债权人会议以法定多数通过和解协议，和解协议对反对的少数债权人也有法律效力。

二、破产和解的申请主体

与重整程序不同，破产和解只能由债务人企业自己提出申请。这是因为只有债务人本身有和解的意愿才能推进和解程序，如果连债务人自己都没有信心进行和解，没有积极主动采取措施改善经营状况，即使债权人有再大的意向也无法达成和解。

我国企业破产法律没有赋予债权人提出和解申请的权利。这是因为在民法中，合同的达成遵循的是“要约—承诺”的模式，一方发出要约，另一方回复承诺合同即发生效力。但是在破产程序中，即使个别债权人提出和解申请，因个别债权人通常无法代表所有债权人利益，自然也不可能视为所有债权人对债务人发出了要约。除此之外，想要启动和解程序必须以和解协议为前提，而和解协议则需要债务人进行起草，因此我国《企业破产法》并未赋予债权人申请和解的权利。

三、破产和解协议的起草

根据我国《企业破产法》的规定，破产企业提出和解申请的同时应提交破产和解协议。虽然法律规定破产和解协议应由破产企业起草，但是实务操作中大多数和解程序是在破产申请受理后才提出，为尽快推进和解程序，已经接管破产企业的管理人通常会帮助起草和解协议。需要注意的是，无论是哪个主体帮助起草和解协议，起草协议的主体必须是债务人企业，所涉及的具体方案也应该是债务人真实的意思表示。只有这样才能防止和解协议通过后，债务人内部出现分歧而影响和解协议的执行。

第20问　破产和解协议草案如何制定？

与重整计划草案不同，我国《企业破产法》并未对和解协议的内容作出规定，但是部分地方法院如《北京市高级人民法院企业破产案件审理规程》、江苏省高级人民法院的《破产案件审理指南》、《深圳市中级人民法院破产案件审理规程》等，都对破产和解协议草案的内容有所涉及。通常认为破产和解协议草案最少应该具备两个内容：清偿方案和执行方案。

一、清偿方案

清偿方案应包括以下内容。

1. 财务状况。债权人通常对债务人的财务状况知之甚少，如果不披露债务人的财务状况，在这种极大信息差的情况下，债权人自然很难相信债务人出具的和解协议的内容。

2. 债权人意向。方案还要包括主要债权人的和解意向。如果债权人均不存在和解意向，债务人单方面也无法推进和解程序，所以企业在制作和解协议时，也要对债权人的和解意向有一个初步的把握。

3. 清偿比例。清偿方案中最重要的内容就是债权的清偿比例。这部分内容与重整计划中的清偿方案有类似之处，需要企业将原本的债权清偿比例及和解协议中的清偿比例进行对比，用以更加直接地说服债权人接受和解协议。

除清偿比例外，还应释明清偿的时间限制及清偿的财产来源。

二、执行方案

执行方案应包括以下内容。

1. 执行担保。为了保障和解协议的执行，常见的操作方式是设定担保条款。债务人企业可以寻找有一定资金实力的公司作为担保人，对和解协议进行担保以增强债权人对和解协议执行的信心。此时，如债务人无法执行和解协议，担保人将对此承担连带责任、差额补足责任。

2. 禁止性条款。为防止债务人在和解协议履行过程中通过转移股权、资产等形式损害债权人的合法权益，和解协议还会对债务人的财产转移作出限制。

3. 设置监督权。此外，在江苏省的实践中，法院还建议在和解协议中加入监督条款，由债权人定时监督债务人对和解协议的执行情况，或者由债务人定期向债权人汇报和解协议的履行情况及自身的财务状况等。

4. 设置违约条款。该条款类似于民事合同中的违约条款，如果债务人企业无法按时履行和解协议，则应承担相应违约责任。

破产和解协议实质上还是债权人与债务人之间的协议，在制定和解协议过程中，只有主动披露企业的财产和经营信息，才能尽可能减少债权人的抵触情绪，力求在地位平等、信息对称的基础上，使债权人接受和解协议。因此，无论和解协议具体内容如何，企业最应该做的是获得债权人的信任和理解。

第 21 问　破产和解协议执行过程中会出现哪些问题？

我国《企业破产法》规定，债务人应当按照和解协议规定的条件清偿债务，可以看出破产和解协议的执行主要还是靠债务人自觉。因为和解协议一旦通过，破产和解程序也就终止，而管理人也会退出破产程序，于是和解协议在没有法院和管理人的监督下执行，债权人只能依靠自己，在发现问题后向人民法院提出申请。缺少法院和管理人这种外部力量往往导致执行和解程序时出现各种问题。

一、债务人存在欺诈行为

欺诈行为，是指债务人为了达成和解协议，故意隐瞒关键事实，致使债权人对和解协议的内容产生错误理解而同意和解协议。

常见的情形包括：债务人未依法披露自身的财产情况，隐瞒重大财产，致使债权人错误认识自身债权清偿率；债务人引入虚假担保人对和解协议进行担保。这些情况将严重侵害债权人的合法权益。在执行和解协议过程中，债权人发现债务人存在欺诈等违法行为的，可以向人民法院申请裁定该破产和解协议无效及债务人破产。此前因为执行和解协议已经获得清偿的债权人，在其他债权人所受同等清偿比例的范围内，不予返还。

二、债务人不执行和解协议

债务人不执行和解协议可分为两种情况：一是债务人主观上不愿执行和解协议，即债务人本身资产足以执行和解协议，但在规定的时间不按时偿还债权人的债务；二是债务人客观上不能执行和解协议，即债务人在执行和解协议过程中逐渐丧失履行能力，其资产已无法继续维持债务的清偿。

在这两种情况下，债权人可以直接向人民法院申请裁定终止和解协议并宣告债务人破产。和解协议终止后，和解协议中的担保条款仍然有效，此时债权人还可以向担保方主张权利。和解协议终止后，和解债权人在和解协议中作出的债权调整的承诺无效，和解债权人因执行和解协议所受的清偿仍然有效，和解债权未受清偿的部分将作为破产债权。

三、债务人转移财产

还有一种情况是债务人以和解程序和执行和解协议为名，行转移财产之实，最终导致和解协议履行不能。债权人发现此种情况后，仍可以向人民法院申请终止和解协议。但在实践中，债权人如何发现及判断债务人转移财产成为一个难点。

为尽可能减少这种情况发生，债权人可以采取增加监督条款及增加担保人等措施。具体而言，一方面，债权人可以在和解协议中增加监督条款，如要求债务人必须定时汇报和解协议的履行情况及自身的财务情况；另一方面，要求债务人在和解协议中尽可能提供更多的执行担保人，担保人对债务人未清偿的部分承担连带责任，此时即使债权人存在转移财产的行为，债权人也可以通过向担保人主张清偿来维护自己的合法权益。

第22问 为什么破产和解成功的案例是“凤毛麟角”？

通过前述几个问题，我们对破产和解程序有了一个初步的认识。在实务操作中，相较于破产重整，破产和解成功案例少之又少。

破产和解成功率如此之低，与我国破产法的顶层设计有关。第一，破产和解程序缺乏制度规范，我国《企业破产法》仅有12条与和解程序相关的规定，也缺少配套的司法解释，这直接导致和解程序没有具体的操作指引。第二，破产案件纷繁复杂，在无统一制度支持的情况下，仅靠地方法院的实践，很难推广破产和解制度。第三，破产和解制度存在脱离现实的地方，如破产和解并不影响担保债权人行使权利，仅将无财产担保的债权纳入破产和解程序中，这无形中增加了破产和解的难度。

除前述宏观制度层面的原因外，破产和解程序自身具有的特点，也使得破产和解难度高于破产重整。

1. 程序启动难。破产和解程序的启动步骤为“债务人申请—法院审核—债权人会议讨论”，三个步骤看似简单，但第一步就存在困难。在破产重整程序中，申请人认为企业存在重整价值即可向人民法院申请进行破产重整，待人民法院裁定重整后，即可开始正式招募投资人、制作重整方案等。与重整程序相比，破产和解程序需要把工作做在前面，债务人向人民法院申请和解的，需要自己起草和解协议。当和解协议内容敲定时，也就意味着和解的大部分工作已经完成，所以和解协议启动前的工作远多于破产重整程序。

除此之外，在申请和解程序前，债务人往往要找到相应的担保人为和解协议的执行做担保。此处可以将和解协议中的担保人与重整程序中的投资人进行对比，重整程序中的投资人可以通过注入资本获得重整企业的股权；而和解协议中的担保人不仅无法获得重整企业的股权，还要对和解协议承担连带责任或者补充责任。由此可知，企业寻找和解协议的担保人的难度自然大于寻找重整程序中的投资人。

2. 和解通过难。根据我国《企业破产法》的规定，债权人会议通过和解协议的决议，需由出席会议的有表决权的债权人过半数同意，并且其所代表的债权额应占无财产担保债权总额的 2/3 以上。虽然通过和解协议的人数和债权比例与通过重整草案的相同，但是破产重整程序的通过率却比和解程序高。这是因为在破产重整程序中，人民法院有权强裁，即当部分债权人组投票未通过时，债务人或者管理人可以申请人民法院强制批准重整计划草案，但是在和解程序中没有这种救济程序。

3. 和解执行难。和解程序的执行难度之所以大于重整程序，是因为执行重整方案时仍处于人民法院裁定重整的期间并受人民法院的监督。在重整方案执行期间，债务人不能执行或者不执行重整方案的，人民法院应根据管理人或者利害关系人请求裁定终止重整计划的执行，并宣告债务人破产。而在和解程序中，只要债权人通过和解协议，人民法院裁定和解协议后，和解程序即告终结，此时管理人应当向债务人移交财产和营业事务并向人民法院提交执行职务的报告。也就是说，当法院裁定和解程序终结后，人民法院和管理人都“撒手不管了”，和解协议的执行就由债务人全权负责，由债权人进行监督，这导致和解协议的执行难度直线上升。

第二篇

债权人篇

第一章　债权人申请债务人企业破产的动力是什么？

第1问　债权人申请债务人企业破产有什么效果？

要想了解债权人是否能够通过破产程序来保护自己，首先要分析债权人申请债务人破产的利与弊，即申请破产会带来哪些效果。

（一）对破产案件的效果

破产宣告对于破产案件的影响是使破产案件转入破产清算程序：在破产案件受理后、破产宣告前，债务人可以通过和解或者其他方式（如取得担保、在短期内清偿债务等）避免破产清算。而一旦作出破产宣告，则破产案件不可逆转地进入清算程序。

（二）对债务人的效果

破产宣告对债务人产生身份上、财产上的一系列法律后果。具体说，主要有以下三项：

1. 债务人成为破产人。在我国，被申请破产的企业，在破产宣告前称为债务人，在破产宣告后称为破产企业。破产企业的身份就是破产人，即民事权利受到破产程序拘束的人。

2. 债务人财产成为破产财产。在破产宣告后，债务人的财产成为破产财产，即成为由管理人占有、处分并用于破产分配的财产，破产财产在归属、用途和处置方法上都服从于破产清算的目的。破产财产作为一个财产集合体，受到破产法有关规定的保护。

3. 债务人丧失对财产和事务的管理权。在破产宣告后，债务人的财产和事务必须全部置于管理人的控制之下。因此，如果债务人自行管理的重整程序经破产宣告转为清算程序，或者和解协议生效后经破产宣告转为破产清算，债务人应当立即将其财产和实物移交给管理人。破产宣告后，原则上应当停止破产人的业务活动。但是，继续经营有助于破产财产的保值增值，符合债权人利益的，人民法院可以许可。

（三）对债权人的效果

对债权人来说，破产宣告使他们获得了行使权利的特别许可。在破产宣告前，所有的债权请求都处于冻结状态。破产宣告后因破产宣告之前的原因而发生的请求权，得依照破产程序的规定接受清偿。对于债权人而言，债权人数量众多，如果没有更好的途径去调查债务企业的资产状况，为了防止债务人企业出现个别清偿的情况，申请破产程序确实是一个比较好的选择。因为进入破产程序后，所有债权人（特指普通债权人）都会获得公平受偿的机会。但是需要注意的是，破产程序中共益债务、破产费用、职工债权、税款债权、担保债权等债权的受偿顺序都在普通债权之前，所以企业作为普通债权人还要综合考量自身的受偿序列，最终决定是否申请债务人企业破产。

第2问　债务人企业破产后，债权清偿顺序如何？

破产法并非独立运行的法律体系，处理破产案件同时需要参考破产法以外的其他法律，如《公司法》《民法典》确定的法律权益进行重新评价与排序。在企业出现破产原因的情况下，不同权利与利益间的冲突将变得极为尖锐与激烈。破产重整优先规则则是对此冲突的法律权益评价与排序的法律规则表达。

“绝对优先规则”是大多数法域在破产重整或清偿时遵循的规则。根据绝对优先规则，只有清偿顺位在先的利益相关者被全额清偿，或者同意获得比全额清偿更少的清偿后，清偿顺位在后的利益相关者（如股权持有者）方可获得清偿或分配。

一、优先债权

所谓优先债权，是指债权人在破产财产上有抵押权、质权、留置权等情形的债权。享有这种权利的人为优先权人。优先权人此种优先债权的效力只及于抵押物、质押物或者留置物的本身价值范围，超出该价值外的债权便不再具有优先权。

它应当先于普通债权而得到清偿。如果优先债权人的债权没有超出抵押物、质押物或者留置物的本身价值范围，那么其在破产程序中很可能会获得全额清偿。但是，享有这种特别担保的优先权人也不是对全部破产财产均享有优先清偿的权利，在供担保之物或权利不足以清偿其债务时，则其不足的部分仍然应当与普通债权处于同一清偿顺序而受清偿。

二、职工债权

职工债权指因企业与职工之间的劳动关系所产生的债务，即劳动者对债务企业享有的债权，从破产法规定的受偿顺序来看，职工债权的受偿序列要高于税款债权和普通债权。因此，除债务企业存在担保、抵押、留置等权利负担的资产之外，其他资产都可能会用于有限偿还职工债权。为此，在破产程序中，职工债权获得全额清偿的可能性也比较大。

三、税款债权

税款债权即由拖欠税款而产生的债务，这里的税款债权一般仅包括企业拖欠税务机构的税款，而不包括税款滞纳金。前文也提到过，关于滞纳金是否属于税款债权一直存在争议，实践中倾向于将其认定为普通债权，因此虽然税款债权在破产程序中受偿顺位高于普通债权，但是其获得全额清偿的可能性还是比较小。这是因为实务中税款债权有很大一部分认定包括滞纳金。

四、普通债权

普通债权在破产程序中最后受偿（此处仅以破产法规定的受偿顺序为准，不包括实践中的劣后债权）。也就是说，债务人的资产在清偿完上述债权后才会对普通债权进行清偿，所以在破产程序中，普通债权人要想获得全额清偿是很难实现的。而且从笔者从事破产领域多年的经验来看，很多破产企业，尤其是“三无”企业（无资产、无人员、无办公场所），资产本身就很少，在清偿完职工债权和税款债权后，很难再有剩余，所以普通债权人的清偿率往往不高。

第3问　债权人申请债务人企业破产时，应该提前做好哪些准备？

一、债权人破产申请的材料

上文提到过，无论是债务企业自身还是债务人的债权人都有权向人民法院申请债务人破产，但是二者申请时提交的材料有所不同，如果债权人申请债务人企业破产，法院一般要求提交下列文件：

1. 申请书。应根据法律相应规定，说明债务人拖欠申请人债务、不能清偿到期债务，债务人已符合破产条件，申请人因此以债权人资格申请宣告债务人破产。

2. 申请人资格证书、营业执照、身份证明。

3. 债权性质、数额、有无财产担保情况并附相应证据。

4. 债务人不能清偿到期债务，且已呈持续状态的有关证据。

5. 审计报告（非硬性要求）。可以提交债务人在工商行政管理机关和税务机关存档的审计报告。

二、债权人申请实质条件

《企业破产法》第7条第2款规定："债务人不能清偿到期债务，债权人可以向人民法院提出对债务人进行重整或者破产清算的申请。"在这里，法律对债权人申请的实质条件只规定了"债务人不能清偿到期债务"，债权人能够提出债务人不能清偿到期债务的证据，即可以提供未执行完毕的执行终本裁定。

法律之所以这样规定，是因为债务人"资产不足以清偿全部债务或者明显缺乏清偿能力"的事实属于企业内部情况，债权人通常无从查明，因而不应要求债权人在提出破产申请时加以证明。有鉴于此，《企业破产法》第11条第2款规定，债权人提出申请的，债务人应当自受理裁定送达之日起15日内向人民法院提交财产状况说明、债务清册、债权清册、有关财务会计报告以及职工工资的支付和社会保险费用的缴纳情况说明。

第二章　债权人如何申请债务人企业破产？

第4问　债权人能否申请承担连带保证责任的企业破产？

作为债权人可以申请承担连带保证责任的保证人破产。当债务人不履行其到期债务时，债权人可以请求保证人按照约定承担保证责任；当连带责任保证人不能承担责任的时候，债权人可以依法申请其破产。但是如果保证人承担保证责任的方式为一般保证，则其享有先诉抗辩权。

我国《民法典》第688条规定，当事人在保证合同中约定保证人和债务人对债务承担连带责任的，为连带责任保证。连带责任保证的债务人不履行到期债务或者发生当事人约定的情形时，债权人可以请求债务人履行债务，也可以请求保证人在其保证范围内承担保证责任。

《民法典》第686条规定了保证的方式包括一般保证和连带责任保证。当事人在保证合同中对保证方式没有约定或者约定不明确的，按照一般保证承担保证责任。保证人在一定的保证期限内，以自己的担保财产对债权人负责。如果在规定的期限内债务人没有偿还债务，债权人就可以要求执行保证人的财产。

保证债权属于或然债权，在一般保证中对主债务人的财产执行完毕前，或者在连带责任保证中主债务履行期届满前，只有在债务人不履行责任时，保证人才承担保证责任。基于此，保证人是否承担保证责任、承担多大的保证责任具有不确定性。这决定了保证人破产后，保证债权的申报和受偿程序具有特殊性。对此，应区分两种情况处理。

1. 依据最高人民法院《关于审理企业破产案件若干问题的规定》第55条第10项之规定，债务人为保证人的，在破产宣告前已经被生效的法律文书确定承担的保证责任，属于破产债权。此时保证债权与一般债权不存在任何区别，应当按照一般程序进行破产债权申报，参加破产财产分配。

2. 关于保证人破产时，债权人与主债务人、保证人之间的债权债务纠纷正在人民法院审理之中的情形。对此，《关于审理企业破产案件若干问题的规定》第 20 条第 2 款第 4 项作出了明确规定："债务人系从债务人的债务纠纷案件继续审理。"当保证人破产时，因保证人系从债务人，其进入破产程序既不会影响到主债务纠纷的审理，也不会影响到保证责任数额的确定，因此没有中止审理的必要。

根据《企业破产法》第 117 条的规定，对于附生效条件或者解除条件的债权，管理人应当将其分配额提存。管理人依照前款规定提存的分配额，在最后分配公告日，生效条件未成就或者解除条件成就的，应当分配给其他债权人；在最后分配公告日，生效条件成就或者解除条件未成就的，应当交付给债权人。

第 5 问　作为债权人，是选择申请破产清算还是申请债务人重整？

破产清算和破产重整是我国企业破产法规定的两个法定程序，破产清算程序可以说是企业走向灭亡的程序；而破产重整程序则是企业甩掉之前债务，轻装上阵的重生之路。

破产清算，是指经债权人或者债务人申请，法院指定管理人对资不抵债的企业法人（债务人）的财产进行清算，对债权人依法进行公平受偿，受偿完毕之后消灭一切债务，并使企业法人资格消灭的法律制度。

破产重整，是指专门针对可能或已经具备破产原因但又有维持价值和再生希望的企业，经由各方利害关系人申请、协商，并借助法律强制调整他们的利益，进行企业生产经营业务上的整顿和债务关系重组，以帮助债务人摆脱财务困境、重获经营能力的法律制度。

对债权人来说是破产清算好还是破产重整好？破产重整是否一定优于破产清算呢？要回答这个问题，我们应当厘清破产清算和破产重整的区别：

1. 申请原因及时间不同。

虽然破产清算与重整都是在企业法人不能清偿到期债务，并且资产不足以清偿全部债务或者明显缺乏清偿能力的情况下启动的，但破产重整的前提是法人企业仍有挽救的希望，并获得各方利害关系人同意。破产清算的提出以债务人已发生破产原因为前提，而破产重整申请则是在债务人有发生破产原因的可能时即可提出。

2. 申请主体不同。

破产清算的申请人只能是债务人、债权人。但重整的申请人既可以是债务人、债权人，也可以是债务人股东。根据《企业破产法》第 134 条第 1 款的规定，国务院金融监督管理机构也可以向人民法院提出对金融机构进行重整的申请。

3. 对担保物权的限制不同。

根据《企业破产法》第 109 条的规定："对破产人的特定财产享有担保权的权利人，对该特定财产享有优先受偿的权利。"这就是别除权。别除权是基于担保物权及特别优先权之优先受偿权产生的，其就特定财产的优先受偿权的行使不受破产清算和和解程序的限制，但在重整程序中受到一定的限制。这是二者的重大不同之处。限制担保物权的目的，是保证债务人不因担保财产的执行而影响生产经营，导致其无法进行重整。

虽说破产清算和破产重整都象征着结束，但破产清算是真正意义上的结束，而破产重整是为了下一次更好地开始的结束。重整企业可运用多种重整措施，达到恢复经营能力、清偿债务、避免破产的目的，除延期或减免偿还债务外，还可采取向重整者无偿转让全部或部分股权、核减或增加注册资本、向特定对象定向发行新股或债券、将债权转为股份、转让经营或资产等方法。重整的目的在于维持公司之事业，而不限于公司本身，故必要时还可采取解散原有公司，设立第二公司，或公司分立、与其他公司合并等方法。

通过前面的叙述可知，破产清算相当于宣布企业死亡。申请破产清算的企业，法院会依据破产程序清理其全部财产，并将财产依法或依比例向债权人进行分配。虽说对于已无法经营下去的企业，优胜劣汰是市场竞争必然结果，但破产重整对企业来说犹如重生。这意味着当企业面临破产清算和破产重整的抉择时，首先要审查企业是否具有盘活的希望，企业是否具有市场价值，重整方案是否具有可行性；如果符合相关条件，应当适用破产重整制度，不能直接进行破产清算。

第6问　债权人申请债务人企业破产时，法院裁定不予受理后，如何救济？

一、债权人申请破产时的注意事项

1. 债务人以其具有清偿能力或资产超过负债为由提出抗辩异议的，但不能立即清偿债务或与债权人达成和解，其异议不能成立。

2. 债务人对申请人是否享有债权提出异议的，如果人民法院能够依据双方的主要证据，如签订的合同、支付凭证、对账单和还款协议等确定债权确实真实存在，且债务人没有相反证据和合理理由予以反驳的，其异议不能成立。

3. 债务人对申请人享有债权的数额提出异议的，如果存在双方无争议的部分债权数额，且债务人对该数额已经丧失清偿能力不能立即清偿，其异议仍不成立，无法阻止法院受理破产申请，对于双方存在争议的部分仍可通过诉讼解决。

4. 债务人对申请人的债权是否存在担保等提出异议的，该异议不影响破产原因成立，不能成为阻止提出破产申请的理由，并不影响法院对破产申请的受理。

5. 相关当事人以申请人未预先交纳诉讼费用为由，对破产申请提出异议的，该异议不影响法院对破产申请的受理。

6. 债务人未提交或拒不提交有关材料的，不影响法院对破产申请的受理和审理。人民法院不得以申请人无法提交债务人财产状况说明等为由而拒绝受理申请人的申请。

7. 申请人对人员下落不明或者财产状况不清的债务人申请破产清算，符合《企业破产法》规定的，人民法院应依法予以受理。

8. 此外，申请人主观上申请破产动机不纯和债务人存在资产不明等逃债行为亦非人民法院拒绝受理案件的理由。

9. 破产案件受理后，债务人财产的市场价值发生变化致其破产原因消失的，不影响破产案件的受理。

二、破产申请不予受理的补救和处理

人民法院审查认为破产申请不符合破产受理法定条件，但可以补救的，应当给予申请人补救的机会；不能补救的，应当裁定驳回申请。在审判实践中应当注意区分不同情况分别进行处理：

1. 对不具备形式要件但可以补救的破产申请，可以责令申请人限期补救。例如，人民法院经审查认为破产申请需要更正或补充材料的，可以责令申请人限期更正或补充。申请人按期更正或补充的，人民法院再根据对实质要件审查的结果依法决定是否受理；申请人未按期更正或补充的，视为撤回申请。

2. 对不具备形式要件且不可补救的破产申请，人民法院应当劝告申请人撤回破产申请并告知申请人正确的处理方法。例如，管辖不符时，应告知申请人向有管辖权的人民法院申请。如申请人不愿撤回申请，人民法院应裁定驳回其破产申请。

3. 对不具备实质要件的破产申请，人民法院应当劝告当事人撤回申请，并告知申请人正确的处理方法。例如，按普通民事程序提起诉讼或者申请仲裁、申请等，如申请人不愿撤回申请，人民法院应裁定驳回其破产申请。

除此之外，人民法院受理破产案件后，发现有不符合法律法规的受理条件和情形的，应当裁定驳回破产申请。

4. 驳回破产申请的裁定是破产案件所有裁定中唯一可诉的裁定。破产申请人对不予受理破产申请的裁定不服的，可以在不予受理裁定送达之日起10日内向上一级人民法院提起上诉。

第7问　破产管理人的选任方式是什么？

一、我国的法律规定

根据《企业破产法》第22条第1款和第2款的规定，我国破产管理人的

选任方式是以法院指定为主、以债权人选任为辅的德国模式。最高人民法院《关于审理企业破产案件指定管理人的规定》第 20 条规定：“人民法院一般应当按照管理人名册所列名单采取轮候、抽签、摇号等随机方式公开指定管理人。”根据上述分析，由法院通过轮候、抽签、摇号等方式指定破产管理人的方式是无法体现债权人和债务人意志的。

二、如何确定选任方法

破产管理人选任方式的选择应兼顾两个因素：一是破产管理人的地位；二是破产法的基本功能。

如上文所述，破产管理人在破产法中是独立的法律主体，不依附于法院和其他主体，完全由法院或债权人会议选任都将对管理人的独立性产生影响。在社会本位的破产法理念指导下，破产法不仅具有保障债权公平受偿的功能，还具有救济债务人和维护公共利益的功能。因此，破产管理人的选任不仅要体现债权人的意志，还要体现债务人和法院的意志。当然，保障债权实现是破产法的首要功能，其他两个功能处于从属和补充地位，因此债权人在选任破产管理人时应当发挥主导作用。

三、破产管理人的选任

破产管理人的选任比较理想的模式是由债权人会议直接选出后由人民法院予以确认。如果债务人对管理人人选存在异议可以向人民法院提出，并申请人民法院不予认可。这种选任方式不仅充分体现了债权人的意志，保障了破产法首要功能的实现，而且维护了法院代表的社会公共利益。此外，允许债务人提出异议体现了债务人的意志，给予了债务人以法律救济，兼顾了债务人的利益。

第三章　复杂情况下，如何处理债权申报？

第 8 问　债务人企业作为反担保方进入破产程序，担保权利人是否可以申报债权？

想要解答这个问题，就需要先了解反担保制度的主体架构、权利义务关系及《企业破产法》对担保债权申报制度的设计。

一、什么是“反担保”？

（一）反担保制度的设立初衷

债权人在借贷、买卖等民事活动中，为保障其债权的实现，需要担保的，可以要求债务人提供第三人担保，即由第三人作为担保人向债权人提供财产担保，在债权人通过实现担保物权债权获得清偿后，担保人可依法向债务人进行追偿。

第三人为债务人向债权人提供担保的，也可要求债务人提供反担保以保证自身追偿权的实现。此时，提供反担保的债务人或第四方即为反担保人，担保人或债权人即为广义的担保权利人。当然，担保制度相关规定同样适用于反担保。

（二）反担保制度的主体架构及权利义务关系

如由债务人自行向担保人提供担保，则主体有三个：债务人、债权人、担保人。此时权利关系为债权人与债务人存在的主债权债务、债权人与担保人之间的担保债权债务、担保人与反担保人（债务人）之间的担保债权债务。

如由债务人外的第四人向担保人提供担保，则主体有债务人、债权人、担保人、第四人。此时，权利关系为债权人与债务人存在的主债权债务、债权人与担保人之间的担保债权债务、担保人与反担保人（第四人）之间的担保债权债务。

二、《企业破产法》及其司法解释对担保债权申报制度的规定

（一）债务人破产并不能免除担保人所需承担的责任

《企业破产法》以“债权人权益最大化”为原则，规定在债务人进入破产程序及程序终结后，债权人仍有权要求担保人对未受清偿部分的债权继续履行担保义务。债权人行使担保权利的具体形式包括：

1. 债务人进入破产程序后，债权人并未申报债权而是直接通知担保人并要求其履行担保义务，通过实现担保债权的途径使得自身债权获得清偿。

2. 债务人进入破产程序后，债权人申报债权的同时要求担保人承担担保责任，担保人完全履行担保责任后，代替债权人在破产程序中获得清偿。

3. 破产程序终结后，债权人就其在破产程序中未受偿债权部分要求担保人承担继续清偿责任。

（二）担保人有权向债务人管理人申报基于追偿权而产生的债权

除了保障债权人实现债权外，为避免担保人对债务人的追偿权落空，《企业破产法》《民法典》及相关司法解释还允许担保人向债务人管理人申报基于“追偿权”而产生的债权，申报债权的形式分为两种：

1. 现实求偿权，是指在债务人破产受理之前，担保人已经对债权人承担了担保责任，主债权已消失，债权人已丧失申报的主体资格，担保人对债务人产生的追偿权已经真实存在，担保人当然可以替代债权人获得债权申报的权利。

2. 将来求偿权，是指在债务人的担保人尚未代替债务人清偿债务前，可以以其对债务人的将来求偿权向管理人申报债权。但为避免因债务人财产对同一笔债权进行重复清偿而对其他债权人造成不公，此时应将债权人已经向管理人申报全部债权的情形除外。

三、债务人企业作为反担保方进入破产程序，担保权利人申报债权时的注意要点

如上所述，关于债务人自身作为反担保方，担保权利人可否申报债权的

问题，原则上答案是肯定的。其中，债权人可无障碍进行申报，此处不再赘述。那么作为担保人的第三人，可通过直接行使追偿权，或者通过要求债务人管理人履行反担保责任之形式，进行债权申报。

1. 担保权利人实现现实求偿权时所申报债权性质的选择。

从上述可知，忽略反担保法律关系的存在，如果担保人代替债务人向债权人清偿了全部债权，则其将完全替代债权人，成为破产程序中享有现实追偿权的债权人，此时担保人可申报的债权性质为普通债权。

在上述基础上，由债务人再行向担保人提供反担保的话，担保人可申请的债权性质由普通债权转化为了对债务人特定财产有权优先受偿的担保债权。虽然此处不能完全排除不同理解，但确实给了担保人更多的选择。

2. 担保权利人实现将来求偿权时进行债权申报所需考虑的问题。

在这种情况下，最重要的问题是管理人如何平衡全体债权人与担保人之间的利益。

第一，债务人进入破产程序后，债权人并未申报债权。此时，担保人被允许基于将来求偿权申报债权。通常理解，担保人所申报债权可为担保债权，因为债权人最终仍可向担保人进行追偿，但这无疑会直接减少其他债权人可得的清偿额。

第二，债务人进入破产程序后，债权人申报了全部债权。此时，按照法律规定，担保人便失去了债权申报资格，但这又使担保人丧失了对债务人本来就享有的担保物权。如果在破产程序终结后债权人向担保人进行了追偿，担保人就无法实现原本可能实现的追偿权。

对于上述问题，法律并没有明确统一的规定，担保人必须根据自身具体情况，在与管理人、债权人积极沟通的基础上，争取达成对自己最有利的方案。

同理，如果第四人作为反担保方进入破产程序，对担保人来说，如需申报债权，除了要考虑上述因素外，仍需考虑债务人具体情况再行分析决定，力求平衡各方权益。

第9问 债权人不申报债权的，债权人的债权人是否可以代为申报？

2021年1月1日生效的《民法典》在法律层面规定，债权人的债权到期前，债务人的债权存在未及时申报破产债权情形，影响债权人的债权实现的，债权人可以代位向破产管理人申报。该条款首次明确允许债权人的债权人代位向管理人申报，可将其称为“破产代位权”。

但目前来看，法律层面无论是《民法典》还是《企业破产法》，均未规定具体、明确的适用标准及流程，各种实务分析基本以破产代位权与民法意义上的代位权即一般代位权进行比较的形式呈现。因此，目前只能在一般代位权与破产程序特征相结合的维度论述破产代位权的具体适用，并尽可能地考虑相关因素从而提出较可行的建议，具体仍需视案件情况而定。

一、如何理解“一般代位权”

多数人认为，破产代位权实际上就是一般代位权在破产程序中的运用，此种说法并不完全正确，但确有其合理之处。最明显的是，《民法典》将两者均编制于“合同的保全”一章，且两条规定相邻，一般代位权规定位于破产代位权之前。因此，要准确适用破产代位权，首先要对一般代位权进行了解。

（一）一般代位权的定义

一般代位权，是指债务人怠于行使其对次债务人的债权从而影响债权人的到期债权实现时，债权人可以向人民法院请求以自己的名义代位行使债务人对次债务人的权利。

在法院判决代位权成立时，由次债务人向债权人履行义务，债权人接受履行后，债权人与债务人、债务人与次债务人之间相应的权利义务终止。

（二）一般代位权的适用

经过梳理、拆分、总结相关规定，笔者认为债权人行使一般代位权需满足如下条件：

1. 债权人对债务人及债务人对次债务人的债权均真实、合法且已届履行期限，其目的是确保债权人行使权利的合法性和必要性，避免对债务人、次债务人的合法权益造成损害。

2. 债务人确实怠于行使对次债务人之债权且因此损害债权人到期债权的行为。债务人是否怠于履行的判断标准主要为债务人是否通过诉讼方式或者仲裁方式向次债务人主张其享有的债权。这主要是因为是否经过诉讼、仲裁最容易被判断和确认。

3. 债权人以自己的名义向次债务人主张权利，次债务人直接向债权人履行义务。这可以理解为，债权人和次债务人直接越过了债务人履行权利义务，直接对彼此产生法律后果。

4. 并不是所有的权利都可以被代位行使，专属于债务人自身的权利不得被代位行使。专属于债务人自身的权利主要是指基于扶养关系、抚养关系、赡养关系、继承关系产生的给付请求权和劳动报酬、退休金、养老金、抚恤金、安置费、人寿保险、人身伤害赔偿请求权等权利。这些权利涉及债务人的生存权，不得被代位使用，只得债务人自身行使。

二、破产代位权的具体适用

（一）是否要求债权必须到期？

1. 实务争议。

一般代位权要求债权人对债务人、债务人对次债务人的债权均到期方可主张。在破产代位权中，债务人对次债务人的债权已随着次债务人进入破产程序而被视为到期，这是没有任何争议的。但是问题的关键在于，债权人对债务人的债权是否必须到期？《民法典》规定为“债权人的债权到期前”，对此，实务中有不同理解。

一种观点认为，按照一般代位权规定，债权必须到期才有代位的基础。该种做法可能产生于《民法典》实施之前，如重庆市高级人民法院于2017年实施的《关于审理破产案件法律适用问题的解答》规定，债权人怠于申报债权，该债权人的债权人代位申报债权符合原《合同法》规定的，可以准许代位申报债权。

另一种观点认为，既然《民法典》规定的是“债权到期前”，则不必要求债权期限届满，只要债务人存在怠于申报情形即可行使代位权。

2. 具体建议。

为了最大限度保障债权人权益，如债权期限确已届满，可以进行申报。如债权期限尚未届满，但债权人认为有代位的必要时，也可尝试申报，向管理人说明申报的合理性并尽量提供相关证据，如根据债务人公开的年报，目前可供清偿的财产只有对次债务人的债权。

（二）申报材料注意事项

债权人代位申报时，管理人既要审查债务人对次债务人所享有的债权是否符合要求，也要审查债权人对债务人的债权是否真实存在。这就要求代位债权人准备上述两方面的债权债务材料。

因此，建议债权人提前与债务人沟通确认。自债务人处获取其对次债务人享有债权的证明材料，更重要的是及时获取债务人享有债权的证明材料，如生效法律文书，否则可能需要债务人出具说明确认双方之间的债权确实存在且无争议。

（三）如何确认“债务人怠于申报”？

1. 实务理解。

与一般代位权中以提起诉讼或仲裁的行为作为认定“怠于履行义务”的标准不同，破产程序周期较长，且允许申报债权的阶段较多，因此，对“未及时申报破产债权”的理解也略有不同，“申报截止期”可以理解为债权申报通知或破产公告中规定的申报最后一日，也可理解为整个财产分配之前。

2. 具体建议。

虽然《企业破产法》允许债权人超期申报，但实践中债权人多需承担超期申报的相关费用，且已经进行的分配不再进行补充申报。因此，债权人应尽早代位申报，可以考虑通过以下方式对“债务人不及时申报”进行确认：

第一，知悉次债务人破产事实后，及时通过各种形式通知并要求债务人申报债权。债务人明确拒绝或在要求的期限届满前未作答复，债权人即可代位申报。

第二，知悉次债务人破产事实后，向人民法院指定的次债务人管理人告知债务人的存在，请管理人根据相关法律规定通知债务人申报债权。在债务人明确拒绝或在要求的期限届满前未作答复，债权人即可代位申报。

（四）如何参与破产程序，尤其是在债权受偿阶段？

1. 代位申报成功后是否必须继续参与破产程序？如何参与？

破产代位权与一般代位权不同，一般代位权中债权人直接以自己名义要求次债务人对其履行义务，但在次债务人破产程序中，相关权利义务一定程度上专属于债务人。

因此，虽然债权人以自己名义代位申报成功，但管理人登记的债权人极可能仍是债务人，且要求债务人参与破产程序。此种情况下，债权人无须继续参与，及时关注案件进展即可。但债务人明确表示不参与破产程序时，如果债权人继续参与破产程序，管理人一般会要求债务人对债权人参与破产程序的“特别授权”。

为避免债权人因参与破产程序而承担相关责任，建议每次表决前通知债务人并按照其回复和决定行使权利，如债务人拒绝表态或不予回复，则可按照对债务人、债权人利益最大化的原则发表意见。

2. 债权人代位申报的债权有无限制？

为公平对待所有债权人，债权人代位申报的债权金额及类型应与一般代位权保持一致，即债权金额应为债权人与债务人、债务人与次债务人之间金额较低者，包括职工债权在内的专属于债务人自身的权利不得被代位行使等。

3. 债权人能否直接收取属于债务人的破产财产受偿款？

一般代位权中次债务人直接向债权人履行义务，但在破产程序中通常只能由登记的债权人接收分配款。此时，如债务人参与破产程序，债权人需密切关注进展；如债权人继续参与破产程序，则建议债权人取得债务人同意债权人接收清偿款的明确授权。

第10问　重整计划草案通过后是否还可以申报债权？

法律原则上不鼓励、不允许债权人在重整计划草案通过后再行申报债权，但亦未完全禁止，需结合重整计划之约定、各地法院具体规定、未依法申报之原因、案件复杂情况及投资人意愿等因素综合判定。

一、破产重整中债权申报截止日

（一）《企业破产法》的一般规定

在破产程序中，债权申报期限自人民法院发布受理破产申请公告之日起计算，最短不得少于 30 日，最长不得超过 3 个月。在人民法院确定的债权申报期限内，债权人未申报债权的，可以在破产财产最后分配前补充申报。

（二）破产重整的特殊规定

除上述规定外，《企业破产法》及其司法解释并未对重整程序中补充申报的期限单独作出规定。在司法实践中，各地规定或管理人要求不尽相同，采用比较多的是“重整计划草案被提交债权人会议表决前”，如《北京破产法庭破产重整案件办理规范（试行）》第 103 条前半句规定：“债权人未在债权申报期限内申报债权，但其在重整计划草案提交债权人会议表决前补充申报债权的，管理人应当予以审查，并提交债权人会议核查。”

综上可知，在重整程序中，债权人应按照管理人要求的期限申报债权，最迟不得晚于重整计划草案提交债权人会议表决前。

（三）破产重整中未依法申报的后果

相比于其他破产程序，破产重整事关企业重生，更加需要效率作为支撑。为此，在相关准备工作到位的基础上，需尽快通过重整计划并执行完毕。这是因为企业重整草案计划获得债权人会议表决通过并经人民法院裁定批准后，对债务人和全体债权人均有约束力，因此要尽量避免影响重整计划执行的因素。此时，如果允许个别债权人再行申报债权，对于艰难获得债权人会议表决通过的重整计划而言，其失败的可能性大大增加。

就此，《企业破产法》规定“债权人未依照本法规定申报债权的，不得依照本法规定的程序行使权利”，“债权人未依照本法规定申报债权的，在重整计划执行期间不得行使权利”。但考虑到相关债权人申报确有困难，也同时规定了“在重整计划执行完毕后，可以按照重整计划规定的同类债权的清偿条件行使权利”，这一条成为债权人在重整计划草案通过后可再行申报债权的主要依据。司法实践中确实基本如此操作，但也无法完全排除对此不同理解的存在，相关内容后续展开。

二、债权人在重整计划草案通过后申报债权的注意要点

为提高债权人在重整计划草案通过后申报债权被确认的成功率及清偿的概率，建议债权人重点关注如下五点。

（一）重整计划执行完毕后，依法直接向管理人申报债权的，也需关注重整计划相关规定

虽然《企业破产法》赋予了未依法申报债权人在重整计划执行完毕后，按照重整计划规定的同类债权的清偿条件行使权利，且实务中多数重整计划草案也确实直接将该规定引入，作为“未申报债权”行使权利的依据。

但司法实践中，不能完全排除不同理解的存在。有意见认为，“可以”与“有权”不同，在重整投资人不希望过多承担成本或者参与表决债权人不希望降低自己所获清偿份额时，则可能约定对于重整计划草案通过后再行申报的债权不予认可及清偿。这里先不讨论该条规定的合法性，如果管理人、重整投资人或重整后的主体以此为由拒绝清偿，未依法申报债权人极有可能通过司法途径维权，这无疑增加了未依法申报债权人的维权成本。

当然，这就提醒未申报债权人，为保证自身后续获得清偿的可能性，确因客观情况无法在重整计划草案提交表决前完成债权申报的，也应尽可能通过各种形式作出债权申报行为，后续依法补充。

（二）避免在重整计划通过后的过长时间里怠于行使权利，丧失债权清偿的时效性

法律规定，未依法申报的债权人可以按照重整计划规定的同类债权的清偿条件行使权利的时间起算点为重整计划执行完毕后，但并未明确规定截止时间。而重整计划的执行亦确实需要一定时间，因此，在重整计划通过后，未依法申报的债权人可能反倒不急于进行申报及要求受偿。

即使有如此规定，管理人、投资人为尽快使企业获得重生，在为未申报债权、暂未确认债权预留偿债金额时，通常也将重整计划通过或开始执行日作为预留期起算时间点，而并非完全从重整计划执行完毕起算，同时也会设置明确的预留受偿截止日。

所以在重整投资计划通过后，暂且不管补充申报债权可否得到快速受偿，

债权人只有及时申报债权才是维护其权益的最优选择。

（三）在重大、复杂的实质合并重整案中需要注意的问题

在大型破产重整案件中未依法申报债权的，相关主体不能轻易放弃或懈怠，需密切关注案件进展。相较于普通重整案件，大型集团公司重整案件发生实质合并重整的可能性更大。这就意味着，即使错过了初始重整主体的申报期限，也还有机会在法院裁定实质合并重整后重新确认申报期限，如北大方正集团实质合并重整案便是如此做法。

（四）避免出现明知债权申报通知之事实而故意不申报情形的出现

法律更多的是保护善意主体的合法权益。因此，在了解债权申报事实时，切忌以各种理由故意不申报债权。此时，相关主体很有可能丧失了《企业破产法》赋予的"在重整计划执行完毕后，可以按照重整计划规定的同类债权申请及清偿的权利"。该理念在实务中也被法院认可，如《北京市高级人民法院企业破产案件审理规程》规定，债权人未依照企业破产法及本规程规定申报债权的，在重整计划执行期间不得行使权利；重整计划执行完毕后，可以按照重整计划规定的同类债权的清偿条件行使权利（但有证据证明债权人已收到债权申报的书面通知或通过除公告以外的其他方式明知债权申报事实而故意不申报的情形除外）。

（五）在行使权利时注意与法院、重整投资人的协调

破产重整不同于破产清算，其具有更大的经济和社会效应。对重整投资人而言，其不希望在接收企业后产生纠纷影响运营；对法院而言，其更需要维护案件的正面社会影响。因此，在完全超过预留期或没有其他路径可选时，未依法申报债权人与重整投资人、法院合法合理的沟通可能有一定的积极作用。

第 11 问　债权人申报债权时如何计算利息？

在破产程序中，申报债权计算利息之情况多样，需考虑因素较多。为便于理解，将其拆分为三种要素，即大家常见的计息基数、起止时间、利率，具体分析如下。

一、计息基数

对应到破产程序中，计息基数涉及的是能否计息情形，具体因素如下。

（一）债权是否确定

若债权金额明确、具体，无须多言。可能让人疑惑的是，法院受理案件时债权暂无法确定，但债权人认为债权利息较大甚至超过本金时，该如何处理?

对此，为最大限度维护自身权益，建议债权人依据自认为之债权金额计息后及时进行申报，原因有二：

1.《企业破产法》明确规定，允许附条件、附期限的债权和诉讼、仲裁未决的债权进行申报。因此，事关切身利益，切莫犹豫，当报则报。

2. 由于相关条件、期限、诉讼、仲裁等因素的满足或完结所需时间存在不确定性，如若等到条件完全满足时再行计息申报，则很有可能给自身带来两方面不利后果：

第一，如未能在规定期限内申报债权，虽可以在破产财产分配方案提交债权人会议讨论前补充申报，但此前已进行分配的，不再进行补充分配。

第二，为审查和确认补充申报债权所产生的费用，由补充申报的债权人承担。对于该费用，法律目前暂无明确、统一的规定。司法实践中，这一费用有多有少。经验表明，在相关案件中管理人可能会要求补充申报的债权人按照法院财产案件诉讼费收取标准缴纳费用，这对债权人来说是极为不利的。

（二）有无计息依据

简单来说，计息必须有法定或约定依据，并提供对应证据材料。通常，管理人在债权申报通知中也会对此作出明确要求。至于计息依据的形式，根据债权性质及确定形式的不同，会有合同、判决书、裁定书、调解书、行政处罚决定、银行间市场报价利率公告等多种形式，具体的利率计算将在后续利率部分进行阐述。

实践中，大多数人更关心，在法律或者约定并未明确是否计息以及计息依据不明确时，该如何处理？对此，如果债权人认为计息存在合理性可尝试进行申报。虽然《民法典》、最高人民法院《关于审理民间借贷案件适用法律若干问题的规定》（以下简称《民间借贷司法解释》）等相关法律、司法解释规定“借款合同对支付利息没有约定的，视为没有利息”，但若双方对利息约定不明或债务人用款时间过长，不收取利息则债权人损失确实过大等，则债权人可以尝试计息申报。

这是因为法律没有明确的禁止性规定，在债权确认的实务操作中，不同的管理人特别是不同地区的管理人对法律的认知与适用、司法实践也非完全一致，管理人会综合法律规定、案件情况等因素进行认定。例如，管理人对裁判文书判令的案件受理费能否计息的认定尺度也可能并非完全一致。因此，存在计息被支持的可能性，债权人尝试申报至少不会造成损失，况且即使管理人不予确认，债权人也有权选择是否启动债权异议程序。

所以，与管理人的沟通工作贯穿于整个破产程序，是极为重要的。

二、计息起止时间

（一）起息日

起息日的明确并不复杂，只需遵循相关依据即可。根据最高人民法院《关于执行程序中计算迟延履行期间的债务利息适用法律若干问题的解释》第2条规定，计算迟延履行期间加倍部分债务利息自生效法律文书确定的履行期间届满之日起计算；生效法律文书确定分期履行的，自每次履行期间届满之日起计算；生效法律文书未确定履行期间的，自法律文书生效之日起计算。

（二）停止计息日

破产程序的核心原则始终都是“维护全体债权人权益”“对全体债权人公平清偿”，不允许向个别债权人倾斜。鉴于此，附利息的债权自破产申请受理时也即法院受理破产申请裁定之落款日起统一停止计息。

这样处理，既避免了在债权人之间造成不公，特别是对无利息债权人、小额债权人、低利率债权人等主体利益造成损害，又便于管理人及时确定案件所有债权金额和清偿比例。否则，由于债权人意见不统一、债权金额持续变动等因素，破产程序将无法有序推进。

除此之外，实践中经常会出现债务人与担保人均进入破产程序的情况，此时应以债务人还是保证人裁定受理日为准停止计息？依据上述法律规定及实务操作经验，应以破产裁定受理日在先者为准。

三、利率计算

就债权利率而言，根据经验，建议按照法定、约定标准计算；无法定、约定标准时，如确定申报，则按照合理标准计算。

所谓债权利率，根据债权类型与性质不同，对应名称亦各有不同，诸如利率、罚息、罚金、违约金等。其中，社保、税务、劳动等债权的罚金计算按照法定标准即可，可供延伸的不多。重点阐述一下出现问题频率较高的普通债权中典型的利率计算情形。

（一）民间借贷利率

依据最高人民法院《民间借贷司法解释》等相关规定，以申报或者起诉时间以及贷款合同成立时间来确定利率上限是否受保护，为易于理解与适用，总结出如下三种情况：

1. 如债权申报或起诉时间为2020年8月20日之前，双方约定的年利率未超过24%的，可依法申报；年利率超过36%的，则超过部分无效；至于年利率24%～36%部分，根据司法实践可知，该部分利率为“自然债务”。自然债务，是指如债务人已经清偿，债务人无权要求返还；债务人未清偿的，债权人也无权要求清偿。

2. 如债权申报或起诉时间及借贷合同成立时间均为2020年8月20日之后，则双方约定的利率在合同成立时一年期贷款市场报价利率四倍内的，可依法申报，超过部分无效。

3. 如债权申报或起诉时间为2020年8月20日之后，但借贷合同成立于2020年8月20日之前，自合同成立到2020年8月19日的利息部分，债权人可依照第一种情况申报；对于自2020年8月20日到借款返还之日的利息部分，债权人可依照第二种情况申报。

（二）金融机构贷款利率

民间借贷的利率由多部法规进行了调整和规定，而关于金融机构贷款利率的最大争议是其是否应设置上限？对此，法律及司法实践中均存在不同的规定与认知。

如《人民币利率管理规定》、中国人民银行《关于调整金融机构存、贷款利率的通知》、中国人民银行《关于人民币贷款利率有关问题的通知》等规定取消金融机构贷款利率上下限，且《民间借贷司法解释》明确规定，金融机构及其分支机构贷款纠纷，不适用该规定。但最高人民法院《关于进一步加强金融审判工作的若干意见》又明确支持对年息超过24%的部分予以调减，实践中也不乏相关案例与此观点一致。

（三）利率不明确时的合理申报

该问题主要集中在民间借贷（自然人之间借贷除外）对利息约定不明确、合同约定违约金标准不明确时如何计息？此时应当结合民间借贷合同的内容，并根据当地、行业或者双方既往的交易方式、交易习惯、市场报价利率等因素确定利息进行申报，可选择使用的有同期银行贷款利率、不超过实际损失30%的违约金、双方既往合同中约定的利率等。

（四）罚息

法院判决文书中规定的迟延履行义务期间需承担的加倍部分债务利息标准为日万分之一点七五。

第12问　债权人同时对破产企业负有债务，债权债务能否进行抵销？若能，请简要介绍该抵销权。

《企业破产法》确实赋予了债权人破产抵销权，但同时也对该权利的行使设置了前提、排除项、程序等。

对于包括债权人、管理人在内的相关主体来说，目前的最大问题是很难理解、熟记措辞绕口的相关法律规定，因此正确适用该制度更是难上加难，根本原因无外乎是其并未真正正确地了解该制度。

在此基础上，必须透彻、全面地了解并熟知该制度，进而准确无误地适用，有效的做法是围绕制度设立的初衷及破产程序的根本原则，剖解相关规定背后的逻辑，达到真正解惑的目的。现将相关规定深入浅出地归纳如下，力求一目了然。

一、破产抵销权的设立目的

（一）破产程序的制度设计

从《企业破产法》的立法本意、司法实践及未来趋势看，我国企业破产程序奉行的是“债权人中心主义”，宗旨是“对所有债权人公平清偿”“最大限度保障全体债权人权益”。

所以企业进入破产程序后，法院选任独立的第三方即管理人公正、公平地处理破产事宜。破产程序核心原则有二：一是将所有债权人放在同一起跑线上，杜绝个别对待，待清产核资完毕后，统一分配；二是努力增加可供清偿的财产价值总额，依法提高债权清偿率。基于上述目标，笔者对应设计了禁止个别清偿、债务人财产追回两项重要制度。

1. 禁止个别清偿。

第一，在人民法院受理破产申请后，债务人对个别债权人的债务清偿是被禁止的。这是因为这种行为直接减少了可向全体债权人清偿的财产总额，是无效行为。

第二，在人民法院受理破产申请前六个月内，即使债务人具有破产原因即有“不能清偿到期债务，并且资产不足以清偿全部债务或者明显缺乏清偿能力的”情形的，也不允许向个别债权人进行清偿。债务人对个别债权人清偿的，管理人有权请求人民法院予以撤销。设立该项制度的目的是禁止债务人财产的不当减少。

但是，个别清偿行为能使债务人财产受益则是被允许的。例如，为维系企业基本生产需要而支付水费、电费等，债务人支付劳动报酬、人身损害赔偿金等。

2. 债务人财产追回制度。

如果说禁止个别清偿是防止债务人财产不当减少，那么债务人财产追回制度，除了直接清收债权情况外，更多的则是对已经发生的不当减少行为予以否认，从而追回相关财产。

首先，直接向债务人的债务人清收债权，增加债务人财产总额；同时，在破产申请受理后，债务人的出资人尚未完全履行出资义务的，出资人有义务及时按要求补缴，而不受出资期限的限制。

其次，对人民法院受理破产申请前一年内，涉及的债务人财产不当减少行为应当予以撤销，从而增加债务人财产总额。例如，无偿转让财产、以明显不合理的价格进行交易、对没有财产担保的债务提供财产担保、对未到期的债务提前清偿、放弃债权等。

最后，对于一些为实现不法目的而恶意减少债务人财产的行为，法律直接认定为无效，管理人可不限期地予以否认，并将相关财产予以追回。例如，为逃避债务而隐匿、转移财产，虚构债务或者承认不真实的债务。

（二）破产抵销权的设立初衷

有了上述要求，通常可以理解为债务人的破产抵销权不应当设立，因为这会直接减少债务人可追回的应收款总额，此时我们就需要了解破产抵销权的设立初衷。该制度的目的是在债权债务本身真实、合法、合理、正常、善意的情况下，保护破产申请前同时对债务人负有债务的债权人的权益，减少其合理权益受到不当损害。

举个极端的例子，假设在破产申请受理前，债权人对债务人享有 100 元债权，同时负债务人享有 100 元债务，且相关债权债务均属真实、合法、合理、正常、善意地发生，那么完全按照破产程序的上述要求，则管理人必须将对债务人 100 元债权先行收回，归入债务人财产，然后根据整体清偿比例清偿债权人的 100 元债权。应当注意的是，在破产程序中，债权人最终获得的债权清偿额必然要少于其已向管理人支付的 100 元。此时，对该债权人来说，通过破产程序不仅未获收益，反而凭空遭受了损失，从该角度理解，破产抵销权一定程度上可被视为对个别债权人的特殊保护，属于比较特殊的个别清偿，故要求相关债权债务一定符合前述要求。

至于本问题前述涉及的“六个月”“一年”，多半是《企业破产法》对破产程序全体债权人权益与个别债权人及债务人之前经营权益保护之间所作的平衡。

二、排除情形

（一）行使权利的条件

既然是对个别债权人的特殊保护，就必须有严格的限制。除了要求进行抵销的债权债务必须真实、合法、合理、正常、善意之外，还要求相关债权债务必须发生于破产申请受理之前。

（二）排除情形

知晓行使权利的条件后，就可以从逻辑上把握破产抵销权的排除情形，具体如下：

第一，债权债务的取得发生在破产申请受理后。债务人的债务人在破产申请受理后取得他人对债务人的债权是明确禁止的，这属于典型的恶意减少债务人可供清偿的财产总额的行为。

第二，虽然债权债务的取得发生在破产申请受理前，但是不真实、不合法、不合理、不正常、不善意的也是不被允许的。例如，债权人或债务人的债务人已知债务人有不能清偿到期债务或者破产申请的事实，仍然对债务人承担债权债务，属于明显的故意制造破产抵销条件，恶意减少债务人财产总额。但债权人或债务人的债务人是基于法律规定或者有破产申请一年前所发生的原因而取得债权债务的除外，或者债权债务的取得虽然属于前述情况，但其取得对债务人有益的情况也可除外，如债权人用以对债务人特定财产享有的担保债权与债务人对债权人不享有的非优先授权债权相抵等情况。

第三，债务人股东作为债权人行使破产抵销权时的排除情况。一方面，股东因欠缴债务人的出资或者抽逃出资对债务人所负的债务不得进行破产抵销。这是因为补缴出资为股东法定义务，并非简单地对债务人所负之普通债务。在多数情况下，股东补缴的出资款可能为破产程序中唯一可供清偿的财产，更何况类似股东借款维持企业运行形成的债权本身可能就属于劣后清偿。另一方面，债务人股东滥用股东权利或者关联关系损害公司利益对债务人所负的债务。此种情况可以理解为股东对企业财产的侵占或不当得利，该债务也不应用于抵销。

三、行使权利之程序

（一）主张主体

“最大限度保障全体债权人权益”是《企业破产法》的宗旨，破产抵销权是对个别债权人的特殊保护，与《企业破产法》宗旨相悖，因为只能由债权人主张破产抵销权，管理人不可主动抵销，除非抵销使债务人财产受益。

由此也可以看出，在破产程序诸多禁止性规定中，能使债务人财产受益的，则可能会成为除外项。

（二）用于抵销的债权债务必须明确、具体

行使破产抵销权的主体必须已经被确认了破产债权人身份，也即依法申报了债权、债权身份及具体金额得到了管理人确认，不可未经申报径行主张抵销。此外，处于诉讼、仲裁过程中而尚未明确的债权也无法主张，否则抵销会被提出异议进而被法院认定为无效。同样地，用于抵销的债务金额也必须是具体、明确的。司法实践中，多起破产抵销主张因破产债权人身份未确认、债权债务数额不明确而被认定为无效。

（三）审查程序

管理人对债权人的抵销主张经审查无异议的，则抵销自管理人收到抵销通知时生效，这是因为破产抵销权是法律赋予个别债权人的特殊权利。故此，如管理人存有异议，无法自行作出决定，必须在约定的异议期或者收到通知后三个月向法院提起诉讼，请求法院确认。

四、破产抵销权与民法意义上的抵销权的区别与联系

通过上文描述，多数人可能无法瞬间将破产抵销权与民法意义上的抵销权进行区分，对如何区分适用两种制度更是模糊，我们姑且将民法意义上的抵销权称为一般抵销权。

最明显的是，两种抵销行为的发生时间以破产申请受理之日作为临界线。

一般抵销权分为法定抵销权和约定抵销权。前者要求债务的标的物种类、品质相同，对方债务到期；后者规定标的物种类、品质不相同，经协商也可抵销。

而破产抵销权则不要求标的物种类、品质相同，也不要求债权必须到期。原因在于，破产受理本身即是债权到期的法定情形，而且最终的债权清偿基本也转化为了统一的货币形式。

另外，一般抵销行为与破产程序的关联也是一个值得关注的问题。对于

破产申请受理前发生的一般抵销行为，如果该行为发生在破产申请受理前半年，则极大可能被认定为个别清偿予以撤销，如相关债权债务属恶意取得，则可能会被认定为无效。发生于破产受理之前1年内的不当处置行为，可能会被撤销；恶意处置行为，则可能被认定为无效；如未有前述情形，则一般抵销行为与破产抵销行为无异。

第四章　如何使自己的债权额得到确认？

第13问　管理人迟迟不审核债权，债权人应该怎么办？

这个问题并不复杂，涉及的法律问题也很少。主要是熟悉破产债权审核实际操作流程，了解掣肘因素，以便针对不同情形准确维权。

一、债权审核流程

破产程序中，债权申报及确认流程依次是：

1. 债权人依照债权申报通知或公告中的要求进行申报。

2. 管理人收到债权人申报材料后，进行登记造册，制作债权申报登记表。

3. 管理人审核申报材料后制作债权表。

4. 管理人将债权表提交给债权人会议进行核查。

5. 债权人会议核查完毕且无异议后，管理人提请法院裁定确认债权。

6. 债权人对管理人的债权审核结果有异议的，管理人向其进行解释或调整，经解释或调整后，债权人仍然不服，或者管理人不进行解释或调整的，债权人可向法院或破产申请之前已经约定的仲裁机构申请确认债权。

二、管理人迟迟不审核债权的情形

问题所述的“迟迟不审核”可能存在于上述各个阶段，表现形式也会有所不同。根据法律规定和实务经验，管理人不进行债权审查的情况主要存在于以下几个环节。

（一）债权申报及登记环节

债权人已申报债权，但因各种因素导致债权材料未送达或送达后管理人并未进行登记。这种可能性相对来说比较小，但是实践中确实存在类似情形，这就导致了债权人认为应该被审核但管理人迟迟不作反馈的结果。

（二）债权初步审查环节

管理人确认债权申报材料并登记后，出于各种考虑，在债权表中对债权的审查结果为“暂缓确认”，在债权人会议结束后仍迟迟未给予明确审查结果。

（三）债权人会议核查环节

债权人依要求申报后，管理人已制作好债权表，但不及时提交债权人会议进行核查导致债权审查结果无法得到债权人会议认可。

（四）法院裁定环节

债权人会议核查通过后，管理人不提交法院进行裁定，导致债权无法及时得到确认。

（五）债权人异议环节

在债权人于债权人会议核查债权提出异议后，管理人不予解释或调整，使得异议债权人不清楚自己债权的具体情况。

三、管理人迟迟不审核债权的原因分析

只有真正理解了上述“管理人迟迟不审核债权”的原因，才能正确、及时维权。

（一）债权申报未被有效送达

债权申报材料未被送达可能是因为债权人未按要求填写收件信息，抑或通知或公告载明的管理人联系人发生了变更，致使债权申报材料未被签收，导致债权申报材料未送达。

（二）债权超期申报

第一次债权人会议之前，管理人会在债权申报通知或公告中载明债权申报截止期限，自人民法院发布受理破产申请公告之日起计算，期限不得少于30 日，也不得超过 3 个月。

第一次债权人会议正式召开前，管理人会将定稿的包括债权核查报告在内的债权人会议材料提前交由法院及参会债权人校阅，在三方确认后，将以定稿的文本展开会议的准备工作。

在这种情况下，如果债权人超过期限申报或送达，无疑会给管理人、法院的工作带来不便。特别是债权人数量成百上千时，管理人一般会将超过期限送达的材料暂缓登记，将登记及审核工作放置于债权人会议之后。

（三）审核结果为“暂缓确认”

该类可能性较多，以下为实践中常见情形：

1. 债权人申报材料不全，需要补充相关材料。

2. 因管理人未接收、未完成接收或无法接收债务人财产及相关材料，对债权申报材料无法进行核对。

3. 相关债权涉诉、仲裁未决。

4. 债权人数量过多，管理人需集中一批债权提交债权人会议审核。

5. 债权人数量过多，召开债权人会议不易，力求一次债权人会议尽可能多地提交方案，集中解决阶段性问题。

6. 面对同类型的批量债权人，为避免相关群体反应过激，造成局面难以控制，尤其是涉及债权人生存权时，管理人会谨慎对待，综合考虑作出合理认定。例如，对于相同利率的债权人，部分债权人经过了司法程序并进行了调解，调减相关利率且已经申请强制执行；其他主体则没有。在债权申报时，这可能会造成经过司法程序保护反而受到损失的情况，管理人一定不能大意。

7. 管理人聘请审计机构进行清产核资，审计报告尚未出具。

（四）管理人对审核结果保持确认

管理人对债权人所提异议不予解释或调整的，基本认为审核结果无误，不予调整。

（五）沟通不畅

与管理人的沟通有时也会影响相关工作的便利性。

四、给债权人的维权建议

基于上述认识，债权人得以有针对性地维护自己权益，在此笔者提供如下建议。

（一）按要求申报

债权人收到债权申报通知或公告后，积极与管理人进行沟通，阐明自身债权情况，确认申报所需材料及收件地址，并按时进行申报。在时间紧张时，确认可否先行以电子形式送达。

在确认材料已被签收或者进入电子系统后，再次与管理人确认债权是否已被登记。

（二）综合各种方式与管理人进行交涉，尽快使自身债权处于确定状态

1. 如果债权人掌握债务人相关信息或线索，应及时告知管理人，以便管理人尽快完成接收，从而核对自身债权。

2. 管理人因案件债权人数量过多而迟迟未予审核的，按以下方式处理。

首先，债权人可先向管理人说明，债权被及时确认是自身的合法权益，更是管理人的职责与义务，法律并未规定债权审核必须批量进行，更未规定必须与其他问题方案一起提交债权人会议进行表决或核查。

其次，在此基础上，表示虽然理解管理人工作难度，但强调自身债权审核的紧迫性。例如，无法得到债权人身份，即无法进行破产抵销等，要求管理人采取法律或债权人会议允许的便捷方式进行审核，包括通过邮件、通信软件、法院债权人会议系统等召开债权人会议，及时对债权进行核查。

再次，如债权人属于群体或类型债权中的一员，可与其他债权人进行沟通，依法联合与管理人交涉。

最后，可视情况采取电话、通信软件、管理人建立的债权人群组、正式函件、面对面沟通、签署谈话笔录等方式与管理人及时进行沟通。

3. 要求约定明确的审计完成期限。

如果管理人必须借助审计机构审核相关复杂债权，此种情况下，可行的方式为债权人通过债权人会议要求审计服务协议必须就出具审计报告的时间进行明确约定，避免审计工作的拖延。

（三）依法通过法院行使权利

1. 视情况决定是否撤回破产申请受理之前的诉讼、仲裁申请。

如债权人与债务人之前所涉诉讼、仲裁之债权债务关系明确，而提起诉讼或者仲裁的原因仅为在破产受理之前债务人不履行义务的，或者管理人对债权债务也表示认定的，为避免诉讼、仲裁期间过长而导致自身因不具有债权人身份丧失相关权益，视具体情况考虑是否撤回起诉、仲裁申请。如涉诉、

仲裁金额较大，撤回起诉、仲裁申请也可减少诉讼案件受理费。

2. 管理人对债权人异议不予解释或调整时，依法向法院起诉。

在管理人对债务人异议置之不理或债权人对管理人就债权所做调整仍存在异议时，债权人可在债权人会议核查结束后15日内向人民法院提起债权确认之诉。

3. 向法院申请更换管理人。

如条件允许，可尝试通过债权人会议或者与其他债权人一起以“履职不力”等相关合法依据向法院申请更换管理人，由法院最终决定。

（四）其他

除上述方式外，债权人可具体与管理人沟通，如管理人确属无正当理由不予确认，可考虑向案件受理法院、当地破产管理人协会反映有关情况。

第14问　哪些债权可能会不被认可？

一、债权不被认可的类型

根据认可对象，债权不被认可的情况主要包括债权性质不被认可、清偿顺序不被认可、全部金额不被认可、部分债权不被认可等。不被认可的形式包括管理人直接不予确认通知、法院出具不予确认的判决或裁定。

二、债权不被认可的原因

在破产程序中，债权不被确认的原因有很多，包括但不限于法律明确否认、相关规定不明确与不统一、超期申报、缺少证据材料、案件具体情况、管理人对规定有理解差异等。

归根到底是企业破产程序涉及主体较多、利益纠葛纷繁复杂造成的。此外，我国破产法起步较晚，而我国经济发展相对较快，相关规定无法完全满足司法实践及实务操作的要求。

三、债权不被认可的具体情形

债权不被认可分为“确定不被认可”与“可能不被认可”两种。笔者对相关法律及实践经验进行总结，梳理、汇总如下。

（一）确定不被认可的情形

1. 债权非真实存在或已被完全履行。

第一，有证据证明债权人与债务人恶意通过诉讼、仲裁或者公证机关赋予强制执行力公证文书的形式虚构债权债务。

第二，有证据证明债务人已对债权人履行了全部义务。

第三，债权人未提供任何债权支持材料，且管理人未接收债务人财产及资料或接收的债务人材料中无法证明债权存在。

由上可知，该类不被认可的债权需要管理人掌握明确的证据或线索，对债权人及管理人都提出了很高的证明义务要求，不排除需要通过法院和仲裁机构进行司法确认。

2. 债权不符合法律规定。

第一，以破产受理之前既有的债务为基数，在破产申请受理后继续增加的部分债务不予认可。

对所有债权人公平清偿及最大限度保护全体债权人权益是《企业破产法》的宗旨。《企业破产法》明确要求，以破产申请受理之日为界，对既有债权进行"冻结"，不允许债权金额继续增长。不属于破产债权的主要包括：破产受理之后的债务利息、违约金、行政机关罚息；人民法院受理破产案件后债务人未支付应付款项的滞纳金，包括债务人未执行生效法律文书应当加倍支付的迟延利息和劳动保险金的滞纳金；行政、司法机关对破产受理之后对债务人新处以的罚款、罚金以及其他有关费用。

第二，超过诉讼时效的债权依法不被认可。超过诉讼时效的债权已成为自然债权，债权人通过司法强制力实现债权的可能已经丧失。如管理人仍对其进行确认，是对其他债权人的不公平对待。因此，该债权也被明确排除在破产债权之外。

第三，违反法律禁止性规定的债权不被认可。借款人申报的利息中超过年利率36%或合同成立时一年期贷款市场报价利率四倍的部分，因无效不被认可。详细内容可参考"债权人申报债权时如何计算利息"部分。

除上述几种主要情况外，不被认可的债权还包括债权人参加破产程序所支出的费用，破产企业的股权、股票持有人在股权、股票上的权利，债务人开办单位对债务人未收取的管理费、承包费等情形。

（二）可能不被认可的具体情形

1. 惩罚性社保、税款债权。

社保、税款债权可能不被确认的部分主要为在破产受理之前相关行政机关对债务人处以的滞纳金、罚款、罚息等行政惩罚性债权。

实务中，对于该部分债权的性质及清偿顺序存有争议。有司法解释将其明确为普通债权，但亦有地方法院如《北京市高级人民法院企业破产案件审理规程》明确规定社保、税务机关享有的滞纳金、罚款不享有破产申请权。同样有司法解释将其列为劣后清偿之债权，而《企业破产法》又未明确规定劣后债权的类型。

有少数管理人对该部分债权可能不予确认。有管理人可能将其列为普通债权但规定劣后于所有普通债权进行清偿；有管理人直接将其性质确认为劣后债权。因此，该部分债权具体是否被确认，需视案件情况而定。

2. 逾期申报债权。

与其他债权一致，普通债权可能不被确认的原因亦有多种，重点解释逾期申报债权确认问题。《企业破产法》明确规定，债权申报最晚不得迟于破产财产分配之前，否则丧失债权人权利。实践中，最终是否确认为债权确需综合多方面因素。

但比较特殊的是，在破产重整程序中、重整计划草案表决通过后，补充申报债权的确认，同样存在不确定性，详细参考“重整计划草案通过后是否还可以申报债权”内容。

3. 超过强制执行期间之债权。

根据最高人民法院《关于适用〈中华人民共和国企业破产法〉若干问题的规定（三）》（以下简称《企业破产法司法解释三》）第7条第1款的规定，已经生效法律文书确定的债权，管理人应当予以确认。因此，如债权人取得生效法律文书，管理人必须对其所载债权进行确认。实际情况并非如此。

根据《企业破产法司法解释三》第6条第2款的规定，管理人需对债权是否超过诉讼时效期间、是否超过强制执行期间等情况进行审查，我国《民事诉讼法》规定的申请强制执行的期间为生效法律文书确定的履行期限届满后2年。

因此，越来越多的管理人不予确认超过强制执行期间的债权，该种做法可比照“超过诉讼时效的债权不属于破产债权”进行理解。确认该类债权实际上是对其他债权人的不公平对待，该做法及解释同样被法院所采纳，已成为主流做法。

4. 高级管理人员所申报的职工债权。

《企业破产法》第113条第1款第1项规定，破产财产在清偿或有的担保债权、破产费用、共益债务后，优先清偿职工债权。实践中多数重整案件中的职工债权可获得全额清偿。

然而，《企业破产法》第113条第3款同时规定，债务人高级管理人员工资按照该企业职工的平均工资计算，在债务人具备破产原因时，利用职权获取的绩效奖金、普遍拖欠职工工资情况下获取的工资性收入及其他非正常收入将被法院认定为非正常收入，相关收入将被管理人追回。非正常收入被管理人追回后，绩效奖金及其他非正常收入部分可作为普通债权申报；普遍拖欠职工工资情况下获取的工资性收入中，按企业职工平均工资计算的部分作为拖欠职工工资清偿，高出该企业职工平均工资计算的部分，也将作为普通破产债权清偿。

设置非正常收入的目的是在债务人具备破产原因时，保证公平对待及最大限度保障普通职工合法权益，防止高级管理人员侵占或转移债务人财产。所以在上述情况下，高级管理人员职工债权可能不被确认，进而发生性质的转变。

5. 出资人债权。

出资人未完全履行出资缴纳义务前，通过借款形式维持企业运营产生了对企业的债权，如出资人以普通债权申报则可能不被认可。部分管理人会认为这种情况下存在出资人以借款形式规避出资义务的可能，故将其对企业的借款认定为劣后债权，并且只能在其他惩罚性债权清偿完毕后才可清偿。

6. 破产受理后，因管理人解除合同而导致的债权性质认定。

在破产程序中，管理人有权决定继续履行或者解除债务人与其他主体成立于破产受理前的双方均未完成的合同。

如果管理人决定解除合同，则合同相对方因解除合同造成的损失，可作为普通债权向管理人进行申报。如果管理人决定继续履行合同，该决定对所有债权人均有益处，因此将作为共益债权由债务人财产随时清偿。

前述为通常情况，但所有权保留买卖合同有其特殊之处，具体如下：

所有权保留买卖合同，是指在买卖合同中约定，卖方将标的物交由买受人占有，但仍保留其标的物的所有权，待买受人支付部分或全部价款，或完成约定条件时，该标的物所有权才发生移转的一种安排。

出卖人破产，管理人决定解除所有权保留买卖合同，买受人依约将买卖标的物交付出卖人管理人，破产财产可能因此增加，则所有债权人受益。因此，买受人已支付价款损失形成的债权作为共益债务由债务人财产随时清偿。但是，如果买受人违反合同约定，则出卖人管理人有权主张上述债权作为普通破产债权清偿，原因在于法律保护的是善意主体的权利。

因此，在上述交易中，如买受人被管理人认定为违约，则其申报的共益债权可能不被认定，转而被认定为普通债权。

第 15 问　债权人申报的债权被暂缓确认或者不予确认后，应该怎么办？

一、债权被暂缓确认后的救济措施

关于债权被暂缓确认的论述，可参考“管理人迟迟不审核债权，债权人应该怎么办？”中“审核结果为‘暂缓确认’”部分内容，不再赘述。

二、债权被不予确认后的救济措施

管理人不予确认债权的形式主要包括三种，分别为债权性质或清偿顺序不被确认、全部债权金额不被确认及部分债权金额不被确认。就此，法律提供了以下两种救济路径。

（一）向管理人提出异议

债权人对债权表记载的债权有异议的，有权在债权人会议核查环节以及会后向管理人提出异议，并说明理由和法律依据，要求管理人进行解释和调整。异议程序为解决债权人与管理人之间关于债权的分歧提供了时间和空间。

（二）通过诉讼、仲裁对异议债权进行确认

异议债权人经管理人说明或调整后仍然不服的，或者管理人不予解释或调整的，应当在债权人会议核查结束后 15 日内向受理破产案件的人民法院提起债权确认的诉讼。如双方在破产受理之前有仲裁约定的，则依法向约定的仲裁机构申请仲裁确认。

异议债权人作为原告发起债权确认之诉，应以债务人而非管理人为被告，但债务人诉讼代表人为负责债务人破产事务的管理人。

此处要注意的是，进入债权确认之诉后，债权人申请撤回起诉，或双方在诉讼中达成调解、和解协议的，法院通常不会准许和认可。

（三）债权人行使救济权利时应注意的问题

1. 提出债权异议时需注意的问题。

第一，提前做好沟通工作。实践中，管理人一般会提前与债权人和法院沟通债权审查意见及审查依据，然后将相关结果提交债权人会议表决。因此时尚未有其他主体参与，相比债权人会议核查时的“突然袭击”对债权人会议进程及管理人工作可能造成的“不良影响”，此时的沟通机会更为宝贵，至少会给管理人、法院以良好印象。

第二，提出异议需符合要求。需重点关注管理人在债权核查报告中要求的提出异议的形式和时间。在实践中，也有债权人未按要求提交书面意见、只口头提出异议而不被支持的情况。因此，债权人务必按照管理人要求提出异议。

第三，做足准备工作。债权人需根据异议期限及时进行相关准备工作。如债权不被确认的原因为缺少相关支撑材料，则需尽快补足。如果司法实践对相关债权的意见不一，应当尽可能收集对自身有利的案例。这不仅是为债权异议做准备，也是为后续可能发生的仲裁或诉讼做准备。

第四，合理、合法借助其他因素与力量。即使只有部分债权金额被确认，同样会取得债权人身份，如被确认部分债权占比较大时，且债权人在破产程序中拥有较大表决权时，也不排除达成相关主体均可接受的方案。

在破产重整程序中，债权清偿资金大部分或全部来自重整投资人的资金或其他支出，重整投资成功与否在很大程度上取决于债权人意见和推进效率。

同时，只有各债权分组均通过重整计划草案时，重整计划才能获得通过。此时也可将重整投资人同时作为沟通对象，特别是自身已被确认为债权人且占比较大或者自身同时为债务人股东的。

2. 提起债权确认之诉或仲裁申请时需考虑的因素。

第一，是否存在提起债权确认之诉或仲裁申请的必要。

债权人参与破产程序并不是目的，其最终目的始终是获得较多清偿。所以债权人在作出相关决定之前一定要考虑行为性价比。

具体到债权人提起债权确认之诉或仲裁申请，债权人一方面要考虑是否存在败诉风险，另一方面更要考虑债务人的财产状况。前者不仅不会产生任何收益，更会直接导致债权人自行承担金额不定的诉讼费用，如果没有任何财产或可预期的债权清偿比例较低，债权人亏损的可能性也很大。更加重要的是，现行法律不允许提起诉讼后再行撤回。

因此，债权人需对自身主体类型、债权情况、债务人财产等多种因素进行通盘考虑后再行决定是否进入诉讼或仲裁环节。

第二，如何理解与把握债权确认之诉所涉“债权人会议核查结束后十五日”。

首先，从字面理解，该 15 日的起诉时间点即债权人会议核查结束也就是债权人会议结束日。然而实践中，相关程序通常需要经过债权人向管理人提出异议、管理人核查异议、管理人向债权人再行回复、债权人收到回复等过程，该流程履行完毕往往已超出 15 日。因此，如果必须将该 15 日起算点理解为债权人会议核查结束，债权人可能会丧失诉讼或仲裁权利。因此，有些管理人会在债权核查表格中规定，先行设置一定期限的异议期，在异议结束且收到管理人回函日作为 15 日的起算点。

这是需要债权人特别关注的，如果债权人会议材料中并没有相关规定，需及时与管理人进行沟通，让管理人明确具体起算日并设置合理的异议期。

其次，该 15 日通常理解为除斥期间，不可中断、延长。但有时债权人确实无法做到在 15 日内及时行使权利，目前已有部分地方破产管理人出台相关操作规程，允许在发生不可抗力等情形时适当顺延。

所以，对于债权人来说，在参与破产相关程序时，除了解一般性法律和司法解释外，还应及时关注债务人所在地的地方法院规定、操作规程等。

第 16 问　债权人对管理人确认的其他债权存在异议，该如何主张权利？

在破产程序中，无论是债权人对管理人确认的本人债权还是其他债权存在异议，《企业破产法》给予的保障程度与救济路径是一致的，即债权人依照法律规定向管理人提出异议，经过管理人解释或调整后，异议债权人仍然不服的，或者管理人不予解释或调整的，应当在债权人会议核查结束后 15 日内向受理破产案件的人民法院提起债权确认的诉讼。

相关的行权方式及需要注意的问题，可参见前述“债权人申报的债权被暂缓确认或者不予确认后，应该怎么办?”相关内容。

但是，与债权人对本人债权提起的异议及确认之诉相比，债权人对其他债权人提起的异议及债权确认之诉确实存在需特别注意的事项，主要为异议所需条件、诉讼主体及适用情形不同。除此之外，最大的不同在于，债权人仅能通过破产程序对自身债权提出异议不同；如债权人对其他债权有异议，不仅可以在破产程序之内进行异议维权，特定情况下也可在破产程序之外进行诉讼维权。

一、破产程序之内的维权

（一）向管理人提出异议

除了按照管理人规定的期限和形式向管理人提出异议外，由于异议债权人并不掌握存在异议债权的相关材料，为获取存在异议债权的相关材料，异议债权人需及时与管理人进行沟通。如管理人不予配合，可通过债权人会议或债权人委员会及时行使知情权、查阅权。

（二）向法院提起债权确认之诉

1. 具体适用情形

异议债权人对关乎切身利益的自身债权提出确认之诉比较容易理解，异议债权人对他人债权提出确认之诉则稍令人费解。以下列举几种主要情形，便于理解制度的同时，更利于异议债权人适用该制度。

第一，在债务人可供清偿财产总额及总体清偿比例较高时，如异议债权人认为包括已申报债权及确定清偿比例后补充申报债权在内的其他债权金额过高且不合理、不合法，严重减少自身可获得清偿额时，可能会考虑发起债权确认之诉。

第二，异议债权人本为对债务人特定财产优先受偿的担保债权人，但就同一担保财产又出现了更为优先受偿之债权人，此种情况将使得异议债权人本来可得到全部清偿的权利丧失，由此提起诉讼。实务中较为常见的是对债务人特定财产享有抵押权的债权人针对其认为不合法、不合理的建设工程优先受偿权提起诉讼。

第三，在破产重整程序中，异议债权人同时为重整投资人，针对管理人认定的相关大额债权人，其认为不合理、不合法之时，为减少重整投入，不排除发起债权确认之诉。

2. 如何确定债权确认之诉之相关主体

与异议债权人对自身债权发起债权确认之诉时以债务人为被告不同，异议债权人对其他债权人发起的债权确认之诉，以其他债权人为被告，存在异议之债权的确认工作由债务人管理人完成，其掌握更多信息与材料，更便于法院查明事实。在司法实践中，根据案件具体情况，债务人可能被列为诉讼主体，可能为第三人，可能为共同被告。当然，如果有其他债权人同样对被告债权人存在异议，在债权确认之诉中可与异议债权人列为共同原告。

3. 能否发起债权确认的仲裁申请

如上所述，债务人、债权人对债权表记载的债权有异议的，经管理人解释或调整后仍然不服的，或者管理人不予解释或调整的，应当在债权人会议核查结束后 15 日内向人民法院提起债权确认之诉。当事人之间在破产申请受理前订立有仲裁条款或仲裁协议的，应当向选定的仲裁机构申请确认债权债务关系。

与诉讼程序相比，仲裁程序更具有效率优势，那么异议债权人可否选择仲裁程序确认债权债务关系呢？

从字面上看，法律似乎并未禁止，但该问题确实值得商榷。一方面，相比于债务人与异议债权人在破产受理之前既有仲裁约定而言，异议债权人与其他债权人之间发生联系特别是订有仲裁协议的可能很小；另一方面，根据《仲裁法》规定，假设异议债权人与其他债权人在发生纠纷后可以达成仲裁协议，《企业破产法》为提高破产效率，实行破产法院集中管辖，所以即使双方在发生纠纷后可以达成仲裁协议也几乎是不被允许的。

二、破产程序之外的诉讼维权

相较于债权人只可在破产程序之内解决对自身债权的异议问题，在特定情况下，异议债权人可选择破产之外的程序进行维权，特定情形主要集中在异议债权是由生效法律文书确认时。《企业破产法司法解释三》第 7 条第 1 款明确规定，已经生效法律文书确定的债权，管理人应当予以确认。但如果该债权为错误，或是由存在异议的债权人与债务人恶意通过诉讼、仲裁或者公证机关赋予强制执行力公证文书的形式虚构形成时，为维护自身权益，异议债权人该怎么办?

在这种情况下，异议债权人可以提起债权确认之诉，但与原审法院相比，破产法院对相关诉讼案件的掌握程度较低，败诉风险可能更大。或者假如异议债权人在发起债权异议之诉时已经超期，那么，异议债权人可以选择启动再审以撤销生效的法律文书，或者发起第三方撤销之诉以撤销原判决或裁定。

（一）如何适用再审程序

1. 异议债权人可否作为原告

《企业破产法司法解释三》第 7 条第 2 款规定，管理人认为债权错误，或是有证据证明债权人与债务人恶意通过诉讼、仲裁或者公证机关赋予强制执行力公证文书的形式虚构债权债务的，应当依法通过审判监督程序向作出该判决、裁定、调解书的人民法院或者上一级人民法院申请撤销生效法律文书，或者向受理破产申请的人民法院申请撤销或者不予执行仲裁裁决、不予执行公证债权文书后，重新确定债权。

如果管理人怠于履行职责，法律并没有明确统一规定异议债权人能否代位向相关法院申请重审。经检索，山东、云南等地高级人民法院在其当地《破产案件审判操作指引》中规定可以由债权人发起审判监督程序，具体受理法院与《企业破产法司法解释三》规定一致。

2. 再审程序适用条件

因异议债权人并非存在异议债权所涉之生效法律文书当事人，根据《民事诉讼法》等相关规定，异议债权人属于“必须共同进行诉讼的当事人”，且“因不能归责于本人或者其诉讼代理人的事由未参加诉讼的”，才有可能提起案外人再审程序。

（二）如何适用第三人撤销之诉

由《民事诉讼法》的规定可知，异议债权人发起第三人撤销之诉，需满足的条件如下：因不能归责于本人的事由未参加诉讼；发生法律效力的判决、裁定、调解书的全部或者部分内容错误；发生法律效力的判决、裁定、调解书内容错误损害其民事权益。因涉及生效判决的司法权威，法院在立案审查时尺度较严格，实际操作难度较大。

第五章　如何提高自己的债权清偿比例?

第17问　普通债权人如何提高自己的清偿比例?

普通债权人在自身债权金额已经确认时，想要提高债权清偿比例，可以从“增加可供清偿的破产财产总额”“依法减少清偿顺位在先债权的金额”“依法减少破产费用及共益债权的支出”三个方面展开。三个方面所涉相关概念已在其他部分进行了详细阐述，因此回答本问题时将直接介绍具体路径。

一、增加可供清偿的破产财产总额

（一）尽可能多地向管理人提供自身所掌握的债务人财产线索

如果普通债权人基于与债务人长期交易等原因而熟悉债务人经营和财产情况，可及时向管理人提供债务人财产线索。虽然管理人可通过网络执行查控系统、政务系统、工商底档、现场踏勘等各类手段对债权人财产进行综合调查，但由于相关系统的时效与区域局限性、相关财产的隐匿性，管理人可能无法完全掌握债务人财产信息，或由于对已接收财产的行业价值缺乏认知等，无法完全接收债务人全部财产或无法使债务人财产最大化。此时，普通债权人的协助便显得尤为重要，实践中也有很多类似案例。

（二）在管理人怠于取回或追回债务人财产时，普通债权人可依法行使代位权

根据《企业破产法》的规定，需要管理人取回或追回的债务人财产主要有以下几类：属于债务人所有而被其他主体占有的财产；因债务人的个别清偿或不当、恶意处置而减少的债务人财产；债务人基于各种原因对外享有之债权；股东未实缴部分出资等。

如果管理人怠于取回或追回债务人财产，个别债权人可以代表全体债权

人提起相关诉讼，主张次债务人或者债务人的出资人等应当依法向债务人清偿或者返还债务人财产，或者可以依法申请合并破产，从而增加债务人可供清偿财产总额。当然，在这种情况下追回的财产应当归入债务人财产，最后清偿全体债权人。

（三）在责任主体不履行或不完全履行义务导致债务人无法清算的情况下，依法对相关责任主体进行追偿

根据《企业破产法》的规定，债务人股东、法定代表人、财务管理人员和其他经营管理人员负有配合管理人进行清算的义务，如因相关主体拒绝配合、怠于履行破产申请义务等行为而导致出现债务人财产状况不明，主要财产、账册、重要文件等灭失之情况，进而导致管理人无法清算、损害债权人权益时，管理人有权要求相关责任主体承担赔偿责任。如管理人未能主张，个别债权人可代表全体债权人提起相关诉讼，在这种情况下，追回的财产也属于债务人财产。

（四）在重整程序中，积极向管理人推荐投资人，并积极与投资人进行沟通

破产重整与破产清算的根本区别在于，破产重整清偿比例要高于破产清算。正因如此，如果债务人存在重整价值，可依法由破产清算转入破产重整，如果债务人向管理人推荐有意向参与破产重整的意向投资人，则更能提高重整成功的概率，进而提高全体债权人的清偿比例。

在重整程序中，普通债权人清偿比例的高低取决于投资人实际投入，而重整计划草案的通过需要出资人组、担保债权组、社保债权组、税款债权组、普通债权组（相关权益不受调整的不参与表决）全部表决通过才可。在这种情况下，如果普通债权人自身债权金额较大且所占比例较高，对本组表决有较大影响，或普通债权人同时为债务人股东且出资人权益受影响时，可依法与投资人进行协商，在重整成功的前提下，适当表达自身诉求。

二、依法减少清偿顺位在先债权的金额

（一）对不符合法律规定的担保债权依法提出异议

普通债权人能够证明管理人认定的相关担保债权不成立或无效，如相关

债权仅有担保协议而未依法进行登记，此时，普通债权人可及时向管理人提出异议，并根据管理人答复决定是否提起债权确认之诉。如果最终认定担保债权不成立，其优先受偿权便不复存在，从而增加了可供清偿财产之总额，提高普通债权清偿比例。

（二）对社保、税款债权中的惩罚金额依法提出异议

如在“哪些债权可能会不被认可”部分所述，普通债权劣后于社保、税款债权受偿。但实务中，管理人基于多种考虑，对社保、税款债权中的滞纳金、罚金等款项性质认定存在差异。如果金额较大确已影响到普通债权清偿时，同样可向管理人提出异议，并视情况决定是否提起债权确认之诉。

（三）对职工债权中的非正常收入依法提出异议

普通债权同样劣后于职工债权受偿。如债务人申报的职工债权中，存在非正常收入，也即在债务人已具备破产原因时，高级管理人员利用职权获取的绩效奖金、在普遍拖欠职工工资情况下获取的工资性收入及其他非正常收入，相关部分债权性质则可能由职工债权转化为普通债权。如果普通债权人有证据证明管理人确认的职工债权中确实存在非正常收入，同样可以提出异议或发起债权确认之诉。

需要注意的是，就相关债权提出异议或者发起债权确认之诉均需投入一定的时间和费用，普通债权人是否有必要提出异议或发起债权确认之诉，要结合案件具体情况、投入成本及收益等多种因素进行综合判断。

三、必要时，依法减少破产费用及共益债务的支出

《企业破产法》第 43 条第 1 款规定，破产程序中发生的破产费用及共益债务由债务人财产随时进行清偿。

破产费用，是指在破产申请受理后，为推进案件进展而必须进行的程序性支出，主要包括破产案件的诉讼费用，管理、变价和分配债务人财产的费用，代理人执行职务的费用、报酬和聘用工作人员的费用。

共益债务，是指在破产申请受理后，为全体债权人的共同利益而由债务人财产负担的债务，主要包括因管理人或者债务人请求对方当事人履行双方均未履行完毕的合同所产生的债务，为债务人继续营业而应支付的劳动报酬

和社会保险费用，以及由此产生的其他债务等。

类似审计、评估、拍卖、变卖债务人财产的费用应为破产费用，其清偿亦具有优先性，根据案件复杂程度而聘请相关中介机构所需费用不一。因此，普通债权人可以根据案件复杂程度、破产财产总额等具体情况，以维护自身利益或者大多数普通债权人的利益为出发点，通过债权人会议或债权人委员会对相关提案发表意见。

第 18 问　破产受理前债务人的哪些个别清偿行为可以被撤销？

破产程序中“个别清偿”的定义与设立初衷，在“作为债权人，同时对破产企业负有债务，能否进行抵销”已做了详细阐述。本处将直接剖析“破产受理前债务人的哪些个别清偿行为可以被撤销”这一问题。

一、撤销破产受理前债务人的个别清偿需具备的条件

《企业破产法》以“维护全体债权人权益”为原则，明确规定，人民法院受理破产申请后，债务人对个别债权人的债务清偿无效。人民法院受理破产申请前 6 个月内，债务人具备破产原因，但仍对个别债权人进行清偿的，管理人有权请求人民法院予以撤销。

从上述规定可知，如欲撤销债务人在破产受理前的个别清偿行为，需同时具备“破产申请受理前六个月内”及“债务人具备破产原因”。破产申请受理前 6 个月较为容易理解，如何把握“债务人具备破产原因”需要进行重点阐述。

（一）确认债务人是否具有破产原因的标准

债务人同时满足“不能清偿到期债务”且“资产不足以清偿全部债务或者明显缺乏清偿能力”的，便已具备破产原因。

1. 不能清偿到期债务

在同时满足“债权债务关系依法成立”“债务履行期限已经届满”“债务人未完全清偿债务”三个条件时，就已经符合“不能清偿到期债务”。相关债权债务的发生并不局限在债权人与债务人之间，如果相关主体依法自债权

人处受让该债权，也可取得债权人身份。

2. 资产不足以清偿全部债务

一般债权人很难掌握债务人具体资产、负债情况，因此债权人只需证明债务人在形式上已经资不抵债。具体而言，如债务人的资产负债表、审计报告、资产评估报告等资料显示其全部资产不足以偿付全部负债，则人民法院应当认定债务人资产不足以清偿全部债务，但有相反证据足以证明债务人资产能够偿付全部负债的除外。

3. 明显缺乏清偿能力

不同于资不抵债的数字化特征，该条件的成就明显需要根据债务人经营及财产情况进行推定。如果存在下列任一情形，法院将认定债务人“明显缺乏清偿能力”：因资金严重不足或者财产不能变现等原因，无法清偿债务；法定代表人下落不明且无其他人员负责管理财产，无法清偿债务；经人民法院强制执行，无法清偿债务；长期亏损且扭亏困难，无法清偿债务；导致债务人丧失清偿能力的其他情形。

实践中，部分债权人以易于确认的“经人民法院强制执行，无法清偿债务”为由向法院申请对债务人进行破产清算。

（二）只要确认债务人具有破产原因，就一定可以撤销相关清偿行为吗？

这在实践中是个难题，管理人出于履行法定职责及维护全体债权人权益的考虑，在认定债务人在破产受理之前 6 个月内具备破产原因时，通常将一律要求撤回相关清偿行为。此做法是否合理？

当债务人为非上市公司或者未向外披露相关经营信息时，债权人难以识别债务人的偿债能力，这是因为如果债权人的受偿行为是出于善意，债权人在提供可以证明“并非明知债务人具有破产原因”的情况下，有权要求管理人对其予以豁免，该做法也被较多法院所采信，但不管是法律规定还是司法实践对此都没有明确的证明标准。因此，债权人在具体受偿时，可以尽可能要求债务人提供近期审计报告、对其偿债能力进行承诺或说明，同时债权人也可通过公开检索债务人工商信息、新闻等信息，证明自身已尽到核查义务。

二、可以被撤销的破产受理前债务人的个别清偿行为之具体情形

根据相关法律规定及梳理实践经验，满足破产受理之前6个月内且在债务人具备破产原因条件时，可以被撤销的个别清偿情形有以下五种。

（一）债务人直接对债权人的债权到期或提前清偿

该种情形包括债务人直接向债权人偿还借款、贷款或支付合同对价等表现形式。其中，如相关债务并未到期而债务人提前清偿的话，不受债务人是否具有破产原因的限制，管理人有权在破产受理之前一年内直接向法院申请进行撤销。

（二）在双方互负债务的情况下，通过债务抵销形式进行的个别清偿

《民法典》《企业破产法》允许符合条件的一般抵销和破产抵销，在一定程度上，债权人可能并不认为破产受理前6个月内的债务抵销为个别清偿，但债务抵销方式直接减少了属于债务人的应收账款总额，也直接减少了可供全体债权人清偿的债务人财产总额，是《企业破产法》明令禁止的行为。

（三）通过“以物抵债”形式进行的个别清偿

如果说债务抵销减少的是债务人应收账款总额，那“以物抵债”更是直接减少了债务人的实物资产总额，更加不被允许。在司法实践中，比较难处理的情况是房地产开发公司“以房抵债”，这种“以物抵债”的形式将直接引发建设工程价款优先受偿权、房屋受偿人债权清偿、房屋购买人生存权之间的冲突。这时的解决措施需要根据案件具体情况进行具体分析。

（四）债务人与债权人恶意串通，通过诉讼、仲裁、执行程序对债权人进行的个别清偿

我国《企业破产法》允许通过诉讼、仲裁、执行程序对债权人进行个别清偿，因为该类个别清偿具有法定公示性、推定的善意性。但如有证据证明，该类清偿系由债务人与债权人恶意串通，通过虚假诉讼或仲裁方式造成的，则债权人或管理人可以向法院申请撤销相关判决、裁决，进而撤销相关债权人的个别清偿行为。

特别需要注意的是，允许该类个别清偿的重要条件是“个别清偿行为已经完成”，否则进入破产程序后，相关诉讼、仲裁需先行中止，在管理人接

收完毕后继续进行，并且裁决文书也只可确认相关债权不可裁决直接支付，执行程序亦先行中止，待管理人完成最终分配后再予执行。在司法实践中，法官或管理人对“执行完毕标准”的认定并不完全相同，主要分为法院出具划扣、过户、移交等相关裁定日，以及余额切实进入债权人账户、过户手续办理完毕，财产已被接收日。这就要求相关债权人及时查阅有利于自己的法律和判例，以便向管理人提出主张。

（五）银行自行抵扣到期债权的行为

将这种情况单独列出，是因为其与其他债务人主动进行的清偿不同，该种清偿并不受债务人控制，但需要明确的是，该种情况不具有豁免权利，在人民法院受理破产申请前6个月内，银行明知债务人已出现破产原因，仍然自行扣划债务人的银行存款清偿债务人对其负有的到期债务的，同样应被视为个别清偿而被撤销。

三、破产受理前债务人的哪些个别清偿行为不可以被撤销

简单来说，个别清偿行为如果使债务人财产受益或者个别清偿行为具有法定原因，是不可以被撤销的。

（一）债务人对以自有财产设定担保物权的债权进行的个别清偿

担保物权具有法定优先性，故即便在债务人进入破产程序后，担保债权人仍有权就担保财产价值优先清偿。因此，破产受理之前6个月内的该类情况更是被允许的。

需要注意的是，实现担保债权需通过受让担保物拍卖、变卖后的钱款或者经拍卖、变卖无法变现时双方协商债权人享有担保物所有权的方式实现，不允许双方当事人约定债务期满后债权人直接取得担保财产的所有权。此时，管理人很有可能要求先行取回担保财产所有权，而后在破产程序中再行处置担保财产。

（二）债务人经诉讼、仲裁、执行程序对债权人进行的个别清偿

由于诉讼、仲裁、执行程序具有法定的公示性，即使债务人有破产的理由，也允许债务人在破产受理前6个月内以该种方式进行个人清偿，管理人要求撤销该种行为的诉求不被支持。

（三）为维系债务人运营而必要的个别清偿

与其他个别清偿行为不同，在债务人破产受理之前的6个月内且具有破产原因的情况，债务人为维系基本生产需要而支付的水费、电费、劳动报酬、人身损害赔偿金及使债务人财产受益的其他个别清偿是不允许被撤回的。

究其原因，该类支出的存在直接保证了债务人的继续存续及经营，否则债务人进入破产程序后的清偿及分配无从谈起。其中，需要关注高级管理人员的劳动报酬中的非正常收入（具体见“哪些债权可能会不被认可？”部分内容）有可能被管理人追回。

第19问　面对管理人的个别清偿行为，债权人该如何维权？

《企业破产法》第16条规定，在债务人进入破产程序后，禁止对个别债权人单独进行清偿。如管理人违反规定进行个别清偿，债权人可径行、通过债权人会议或债权人委员会、当地破产管理人协会进行维权。

一、债权人直接向管理人主张权利

（一）直接要求查阅个别清偿相关材料

为实现债权人知情权，《企业破产法》赋予了单个债权人的查阅权，即单个债权人有权查阅债务人财产状况报告、债权人会议决议、债权人委员会决议、管理人监督报告等参与破产程序所必需的债务人财务和经营信息资料。

当债权人对个别清偿行为没有掌握更多信息和证据时，出于后续依法维权考虑，有权向管理人要求查阅个别清偿相关材料。管理人无正当理由不予提供的，债权人有权请求人民法院作出决定，人民法院应当在五日内作出决定。

需要说明的是，法律规定单个债权人实现知情权的方式是“查阅”。在司法实践中，大多数管理人仅允许单个债权人进行查看而很难允许其进行摘抄、复制、扫描、拍照等行为。面对这种情况，债权人可通过债权人会议或债权人委员会要求管理人提供相关材料，具体将在后文展开论述。

（二）发起代位诉讼，要求个别受偿债权人返还财产

债权人通过债权人会议或债权人委员会要求管理人停止个别清偿，依法

追回个别清偿财产而管理人拒绝进行追收时，个别债权人可代表全体债权人提起相关诉讼，主张已个别受偿的债权人向债务人返还财产。

由于个别债权人代表全体债权人提起诉讼，追回的财产应为债务人整体财产，个别债权人因此承担的诉讼费用或者其他款项可向管理人申请确认为共益债务，根据我国《企业破产法》的规定，共益债务由破产企业随时清偿。

（三）发起诉讼，要求管理人承担赔偿责任

最高人民法院《关于适用〈中华人民共和国企业破产法〉若干问题的规定（二）》（以下简称《企业破产法司法解释二》）第 9 条第 2 款规定，管理人因过错未依法行使撤销权导致债务人财产不当减损，债权人提起诉讼主张管理人对其损失承担相应赔偿责任的，人民法院应予支持。依此类推，如管理人拒绝个别债权人、债权人会议或债权人委员会停止个别清偿行为，追回已清偿财产要求，个别债权人可向法院提起诉讼，要求管理人承担损失赔偿。

需要注意的是，个别债权人提起损害赔偿诉讼的期限不限于破产程序中，也可以在破产程序终结后。但为避免超过诉讼时效，建议个别债权人在具备条件的情况下尽快行使权利。

二、债权人通过债权人会议或债权人委员会要求管理人承担责任

（一）通过债权人会议或债权人委员会要求管理人对个别清偿行为作出说明并提供有关文件

《企业破产法》赋予债权人会议监督管理人的职责，赋予债权人委员会“监督破产财产分配”的职权。在债权人委员会执行职务时，有权要求管理人、债务人的有关人员对其职权范围内的事务作出说明或者提供有关文件。

因此，如果单个债权人无法获知管理人个别清偿材料文件，可通过债权人会议或债权人委员会要求管理人对个别清偿行为作出说明并提供相关材料。管理人、债务人的有关人员违反规定拒绝作出说明或提供的，债权人委员会有权请求人民法院作出决定，人民法院应当在五日内作出决定。

（二）通过债权人会议或债权人委员会要求管理人进行追回

如上所述，债权人可通过债权人会议或者债权人委员会，要求管理人依法向个别受偿债权人追回债务人财产。在此过程中，由于个别清偿行为系由

管理人主动作出，由此产生的相关费用可考虑要求管理人自行承担。此外，如果个别清偿涉及的债权金额较大，还可在要求管理人收回已支付财产的同时附带相应的财产占用费或利息。

此种情况下，由管理人主动提议召开债权人会议较为困难，可选择通过债权人委员会或者占债权总额四分之一以上的债权人向债权人会议主席提议召开。

（三）通过债权人会议或债权人委员会要求管理人申请更换管理人

我国《企业破产法》第61条第1款第2项明确规定，债权人会议有权申请人民法院更换管理人，审查管理人的费用和报酬。假设债权人通过债权人会议或者债权人委员会要求管理人依法向受个别清偿的债权人追回债务人财产，而管理人无正当理由拒绝追回的，债权人会议或其授权的债权人委员会可依据“管理人不能依法、公正执行职务或者有其他不能胜任职务情形”之规定，向人民法院申请更换管理人。

根据最高人民法院《关于审理企业破产案件指定管理人的规定》可知，申请更换管理人的程序如下：债权人会议作出决议，需向人民法院提出书面申请。人民法院在收到债权人会议的申请后，应当通知管理人在两日内作出书面说明。如人民法院认为申请理由不成立，应当自收到管理人书面说明之日起十日内作出驳回申请的决定。如人民法院认为申请更换管理人的理由成立，应当自收到管理人书面说明之日起十日内作出更换管理人的决定。

需要提醒的是，管理人因故意或者重大过失作出个别清偿行为且导致债权人利益受到损害的，人民法院可能根据债权人会议申请或者依职权径行决定直接更换管理人。然而，在司法实践中，法院往往会谨慎处理更换管理人的申请。

三、债权人通过当地破产管理人协会要求管理人修正相关行为

如果债权人要求快速实现目的或前述措施未起作用，债权人可以考虑向案件管理人所在地的破产管理人协会或者直接向受理破产案件的法院进行申诉，以此作为补充，快速达到目的。原因在于，目前全国各地破产业务呈上升趋势，各地纷纷成立破产法庭及管理人协会，且针对性地出台了管理人考

核与分级措施，同一管理人的投诉次数达到一定程度时，可能对其年度考核或后续案件竞选资格产生影响。

第20问　债权人如何要求追回破产企业的境外财产？

《企业破产法》第30条规定，破产申请受理时属于债务人的全部财产，以及破产申请受理后至破产程序终结前债务人取得的财产，均为债务人财产。同时，依照《企业破产法》开始的破产程序，对债务人在中华人民共和国领域外的财产发生效力。

如果境外财产确实属于债务人所有，债权人当然有权要求管理人追回，那管理人如何才能有效追回债务人域外财产？这里面临的关键问题是，如何让域外法院承认和执行我国发生法律效力的破产案件的判决、裁定。具体可尝试从以下两个方面着手。

一、是否存在无须域外司法机构协助而由管理人直接追回债务人财产的可能

理论上是存在这种可能性的，而且这种方式更加高效、快捷。但在司法实践中，该种方式较为罕见，难以适用且存在适用困难。具体分析如下：

一方面，该种方式对相关财产的要求很高，除非相关财产无任何权利瑕疵、纠纷、司法保全等负担，否则很大程度上需要域外司法机构配合。

另一方面，假设相关财产没有任何权利负担，此时如以管理人名义进行处置，由于管理人不是登记的所有人极大可能无法处置财产；如以债务人自身及相关负责人名义进行处置，则与我国《企业破产法》规定不符，即便法院及债权人会议均通过该种做法，也存在一定的道德风险。

二、管理人如何通过域外司法机构的协助追回债务人域外财产

（一）需先行确认是否存在与破产案件相关的双边或多边协调机制或安排

我国《企业破产法》等相关法律规定，外国法院作出的涉及债务人在我国领域内的财产且发生法律效力的破产案件的判决、裁定，申请或者请求人民法院承认和执行的，人民法院依照我国缔结或者参加的国际条约或者按

照互惠原则进行审查，认为不违反我国法律的基本原则，不损害国家主权、安全、社会公共利益和我国领域内债权人的合法权益的，可以裁定承认和执行。

我国在承认和执行域外法院破产相关文书时，即便没有双边或多边沟通机制，也可按照互惠互利原则予以承认和执行。但是，限于司法主权等原因，世界各国的规定或态度并不完全相同，拥有双边或多边安排无疑是双方最容易接受的选择。具体来讲，相关双边或多边安排包括以下几类：双方在先通过的司法互助条约或安排；双方均已签署的国际公约或加入的国际组织规定；在无双边或多边安排情况下，双方既有的类似案例，双方法院或其他外事机构进行的沟通与协商等。

（二）债务人管理人请求域外财产所在地法院进行协助的路径

根据我国《民事诉讼法》等相关法律规定可知，人民法院作出的发生法律效力的破产案件判决、裁定，管理人请求执行的，既可直接向有管辖权的外国法院申请承认和执行，也可由人民法院依照我国缔结或者参加的国际条约的规定或者按照互惠原则请求外国法院承认和执行。

（三）需重点关注域外法院对债务人破产案件的管辖问题

在已具备双边或多边司法互助机制的前提下，如债务人存在已被宣告破产或主要财产位于域外，尤其是跨国集团公司破产的情况，债务人域外财产所在地的法院在当地启动破产程序的可能性也极大，此种情况很可能导致双方法院管辖的冲突，从而造成管理人无法真正追回相关财产的局面。

管辖权冲突是决定管理人能否追回债务人域外财产的关键步骤，也是一个比较普遍的问题。产生该问题的原因也因各国情况不同而有所差异。此种情况，同样需要双方司法机构协商解决。

（四）域外机构如何承认和执行国内破产法院相关裁定

在具备双边或多边司法互助机制且不存在管辖冲突的前提下，各国或各主要法系就承认和执行域外法院已生效的破产法律文书的具体做法各有不同，这取决于个案情况及各国家规定或判例，现以法系特征作为基础，简要进行推论、概述，具体仍需以个案中检索到的特定国家现时有效的具体规定或判例为准。

1. 大陆法系

大陆法系最明显的特征是，包括破产领域在内的相关制度均有明确规定。

此种情况下，如果我国破产案件管理人申请域外财产所在地法院承认和执行国内已生效的法律文书，大陆法系国家法院采取的做法更可能是，对比其国内规定进行形式审查，根据其审查结果裁定是否予以承认和执行。

2. 英美法系

英美法系最明显的特征是，解决相关领域的问题并非完全通过条文规定，更多的是依靠对典型个案的判例确定相关规则。

因此，如我国破产案件管理人申请域外财产所在地法院承认和执行国内已生效的法律文书，英美法系国家法院多会对案件进行实质审查，并在是否实质符合其国内相关破产案件的基础上再行决定是否对域外管理人予以配合。

相比大陆法系法院直接裁定由管理人执行的做法，英美法系法院在确认债务人实质破产的情况下，可能会同样指定当地管理人并由其协助我国法院指定的管理人。

根据上述情况可知，在管理人追回债务人域外财产的过程中，需根据相关域外规定或判例有针对性地准备相关材料。同时，管理人也有必要对追收域外财产的成本特别是由此产生的相关税费进行综合测算，避免因忽略相关内容而造成无法弥补的损失。

第 21 问　如何对破产企业的资产进行有效的评估？

该问题重点集中在“有效”二字上。为了实现对破产企业财产进行有效评估的目的，需要结合破产企业和案件具体情况，从整体上考虑评估目的、范围和方法。对通常的管理人来说，评估方法相对具有专业性，因此前期对评估目的和评估范围的把握成了工作重点。

一、了解对破产企业资产进行评估的核心目的

不同于在企业其他阶段进行的财产评估，或为实现重组并购，或为实现上市进行资本募集，或为向法院申请进入破产程序等；进入破产程序后，对破产企业财产进行评估并非必然。如确定必须进行评估，无论是破产清算还

是破产重整，其核心目的基本是确认破产企业资产净值从而强制、快速地变现，最终达成债权人尽快受偿的诉求。

由此还可以看出，需要进行破产评估的案件一般具有资产类型多样、资产规模较大、权属关系复杂、处置难度较高等特征。同时，当前司法实践趋势是，法院越来越鼓励符合条件的“资产打包处置”，这都在一定程度上对破产评估工作提出了较高的要求。准确把握破产评估目的，需特别注意如下两点。

（一）准确理解破产企业财产的概念

破产企业全部财产与破产财产为两个完全不同的概念。破产企业全部财产指的是在评估基准日及之前，可以反映在破产企业资产负债表、资产登记清单等资产明细上的所有财产，包括已被设定担保物权的财产。破产财产指的是在破产企业被依法宣告破产后，切实属于破产企业的财产，剔除了被设定担保物权的财产、企业占有的其他主体的财产等。

因此，在设置破产目标时应注意剔除并不为破产评估所需的财产，避免造成评估成本过高及目的偏离。

（二）评估对象为评估基准日的破产企业净值而不包括破产企业债务情况

实践中，受多种因素的影响，管理人在要求评估机构评估破产企业资产净值的同时可能还会要求清查核实破产企业的债务情况。

这种做法实际上混淆了资产评估对象的含义与资产评估的范围，这是因为资产评估的对象最终表现形式为净资产价值，而资产评估的范围包含评估基准日的全部资产与负债。所以，管理人应当审慎决定委托评估机构的工作内容及成果形式。

二、合理确定委托评估的财产范围

在某种程度上，委托评估的财产范围或采取的委托评估方式直接决定了破产评估工作的有效性，因此如何合理确定委托评估的财产范围也很重要，具体可从如下两方面把握。

（一）准确选择委托评估的方式

多数管理人习惯于将破产企业整体资产纳入评估范围之内，这种做法虽然方便，但并不适用于所有类型的案件，如果委托方式不当，还可能产生相反的效果。

在破产评估实务操作中，根据委托评估的破产企业财产范围不同，将破产评估分为整体评估与单项评估。

整体评估不区分案件具体情况，将破产企业所有财产均纳入评估范围之内。单项评估仅针对需要处置的财产，如实物资产、存货、固定资产等进行评估。

与之相对的，实践中常见的委托评估方式有：对破产企业部分财产即指定财产进行评估；对破产企业列入破产清算的全部财产进行评估；对列入破产清算的全部财产进行评估，并对破产企业债务进行清查核实。

综上可知，如果通过“整体打包”和“快速变现”方式处置破产企业财产，则选择整体评估更为合适。如果破产企业财产类型较少，债权人对大部分财产处置价格无异议，仅需对破产企业土地、房屋等不动产或对破产企业所有的稀缺资源、相关核心资产或有争议的资产进行评估，可选择单项评估，也可以根据案件需要单独对担保财产进行评估，尽可能提高资产变现价值和债权清偿比例。

总之，需要根据案件和破产企业的具体情况，决定委托评估的具体方式，以提高评估性价比。

（二）合理设置评估基准日

通常情况下，破产财产评估基准日为破产案件受理日或评估委托日。在确定基准日时，需要注意委托日前后是否存在对被评估资产价值有较大影响的意外因素，并据此决定是否将基准日提前或延后。

三、选定评估机构

管理人选定评估机构的方式主要有：通过对市场上不少于三家的机构进行公开询价；各地高级人民法院从当地的委托评估机构名录中进行摇号选定；管理人自行指定或自行评估等。

第一种方式为实践中的通常做法。第二种方式适用于债权人对选择具体评估机构有争议的情况。第三种方式中，管理人自行指定较为少见，通常适用于情况紧急等特定场合并且必须经过债权人会议表决通过，管理人自行评估适用于管理人本身即为具有评估资质的会计师事务所或相关联合体。

四、财产评估的主要方法及如何正确选择

根据《资产评估基本准则》《资产评估执业准则——资产评估方法》等规定可知，企业价值评估基本方法分为市场法、收益法、成本法。

（一）市场法

市场法也称比较法、市场比较法，是指通过将评估对象与可比参照物进行比较，以可比参照物的市场价格为基础确定评估对象价值的评估方法的总称。

市场法包括多种具体方法。例如，企业价值评估中的交易案例比较法和上市公司比较法，单项资产评估中的直接比较法和间接比较法等。

该办法的适用条件是：评估对象的可比参照物具有公开的市场且交易活跃；有关交易的必要信息可以获得。

（二）收益法

收益法，是指通过将评估对象的预期收益资本化或者折现，来确定其价值的各种评估方法的总称。收益法包括多种具体方法。例如，企业价值评估中的现金流量折现法、股利折现法等；无形资产评估中的增量收益法、超额收益法、节省许可费法、收益分成法等。

该办法的适用条件是：评估对象的未来收益可以合理预期并用货币计量；预期收益所对应的风险能够度量；收益期限能够确定或者合理预期。

（三）成本法

成本法，是指按照重建或者重置被评估对象的思路，将重建或者重置成本作为确定评估对象价值的基础，扣除相关贬值，以此确定评估对象价值的评估方法的总称。

成本法包括多种具体方法，如复原重置成本法、更新重置成本法、成本加和法（也称资产基础法）等。

该办法的适用条件是：评估对象能正常使用或者在用；评估对象能够通过重置途径获得；评估对象的重置成本以及相关贬值能够合理估算。

在开展具体资产价值评估工作时，资产评估师将根据评估目的、评估对象、评估范围、资料收集情况、现场踏勘情况等因素，对前述三种方法作适用性分析，最终选定一种或多种办法进行评估。管理人或债权人也根据需要对评估师的评估办法或其他相关工作提出合理意见或建议。

第22问　债权人如何通过债权人会议行使权利？

概括起来，在破产程序中，债权人享有知情权、表决权、受偿权三大权利。此外，债权人行使三种权利在不同程度上均需通过债权人会议或债权人委员会，都有其流程和注意要点，具体介绍如下。

一、债权人如何通过债权人会议行使知情权

债权人行使知情权，可视案件具体情况分为如下三个步骤。

（一）债权人直接行使查阅权

单个债权人可以通过查阅债务人财产状况报告、债权人会议决议、债权人委员会决议、管理人监督报告等参与破产程序所必需的债务人财务和经营信息资料的方式，依法行使知情权。管理人无正当理由不予提供的，债权人可以请求人民法院作出决定，人民法院应当在5日内作出决定。

（二）通过债权人会议或委员会要求管理人提供相关材料

人民法院在5日内作出决定后，管理人或债务人相关负责人员仍拒不履行义务的，债权人可以向债权人委员会说明情况，并请求债权人委员会行使对管理人履职情况的监督权，要求管理人和债务人的有关人员对其职权范围内的事务作出说明或者提供有关文件。

（三）债权人会议或委员会请求法院作出决定要求管理人履行义务

如果管理人或其他责任人员无视债权人委员会的要求，债权人委员会有权请求人民法院作出决定，人民法院应当在5日内作出决定，从而最终使债权人充分行使知情权，这也形成了完整的知情权保护制度。

二、债权人如何通过债权人会议有效行使表决权

对涉及破产企业的重大事项行使表决权为债权人的核心权利，主要包括可被表决的事项、行使表决权的方式、对债权人会议决议的异议权。

（一）债权人通过债权人会议表决的事项

按通常理解，凡是列入债权人会议职权范围之内的事项，债权人均可通过债权人会议发表意见。

具体事项包括：核查债权；申请人民法院更换管理人，审查管理人的费用和报酬；监督管理人；选任和更换债权人委员会成员；决定继续或者停止债务人的营业；通过重整计划；通过和解协议；通过债务人财产的管理方案；通过破产财产的变价方案；通过破产财产的分配方案；人民法院认为应当由债权人会议行使的其他职权。

与债权人切身利益相关，也是最主要的表决事项为债权核查，核查内容包括债务人财产的管理、变价、分配方案，以及重整与和解协议。管理人一般会在第一次债权人会议中对前述事项主要内容或原则方案集中申请表决。随着破产程序的推进，管理人将根据需要适时申请债权人对重大事项如重大资产处置方案进行表决。

（二）行使表决权的方式

债权人认为需要对破产企业相关事项发表意见时，需先行提议召开债权人会议，然后通过现场或非现场表决发表明确意见。

其中，第一次债权人会议由法院召集，以后的债权人会议，在人民法院认为必要时，或者管理人、债权人委员会、占债权总额四分之一以上的债权人向债权人会议主席提议时召开。如债权人认为确需对特定事项发表意见，在其不具备直接提议召开的资格时，可向管理人或债权人委员会提出申请。

债权人会议决议除采用现场表决形式外，管理人还可以事先将有关决议事项告知债权人，并采取通信、网络投票等非现场表决方式。采取非现场方式进行表决的，管理人应在债权人会议召开后的 3 日内，以信函、电子邮件、公告等方式将表决结果告知参与表决的债权人。如债权人无法在现场对表决事项发表意见，可向管理人申请于会后限定的时间内进行表决。

需要特别指出的是，债权人会议必须对所议事项的决议制作会议记录。为避免意见被忽略或曲解，债权人发表的意见应符合及时、具体、明确的要求，避免因未按时发表或意见不明确而被认定为弃权从而丧失后续的救济权利。

（三）债权人不同意债权人会议通过的决议怎么办

如债权人对管理人提交的债权表有异议，可以书面形式向管理人提出异议，在管理人不予解释或调整，或在其解释或调整后，债权人仍然不同意的，可依法向法院提起债权确认之诉，详细可见“债权人申报的债权被暂缓确认或者不予确认后，应该怎么办”部分内容。

债权人认为已通过的债权人会议的召开与表决程序不符合规定、内容违法或超职权表决并损害其权益时，可依法向法院申请撤销相关决议并重新进行表决，并请求法院责令债权人会议依法重新作出决议，详见后续“债权人不同意破产企业债权人会议作出的决议时怎么办”部分内容。

三、债权人如何通过债权人会议有效提高债权清偿率

为提高整体债权清偿率，管理人应当依法履行相应行为，比如依法取回属于债务人的财产，依法实现对次债务人享有的债权，依法追缴债务人出资人未缴出资，继续履行双方均未履行完毕的合同，撤销破产受理前的个别清偿行为等，从而增加可供清偿的财产总额。

在管理人怠于或拒绝履行前述职责时，单个债权人除采取直接代为发起诉讼进行追收或要求管理人承担赔偿责任从而提高清偿率的方式外，还可以通过债权人会议或债权人委员会，要求管理人依法履行职责，积极进行追收。在此种情况下，管理人无正当理由仍拒绝追收的，债权人会议有权向人民法院申请更换管理人。

除上述事项外，债权人通过债权人会议行使权利时，需符合管理人、法院或债权人会议制定的议事或表决规则。

第23问 债权人不同意破产企业债权人会议作出的决议时怎么办？

在企业的正常状态下，具体决策由权力机构作出，由管理机构执行，并相应建立具体制度。例如，假设权力机构是股东会，股东会具体决策流程如下：股东或其他特定主体提议召开，会议召开前15日进行通知并列明提议事项，股东按照《公司法》及公司章程进行表决。如果股东认为召开会议及表

决流程违反规定、内容违法或者对未列入提议范围的事项进行表决，有权向人民法院申请撤销决议。

同样，企业进入破产程序后，权力机构由股东会或股东大会变更为债权人会议，由接管企业的管理人具体行使“管理权”。比照企业正常状态，《企业破产法》同样规定，债权人会议的召开及表决须符合具体规定，如果债权人认为债权人会议决议存在前述情形而损害其权益时，有权向法院申请撤销。但是，债权人会议的决议对全体债权人均有约束力，因此法院行使撤销权时通常会极为慎重。以下内容将就债权人申请撤销债权人会议决议的要点进行解释。

一、债权人可申请撤销债权人会议决议的具体情形

（一）债权人会议的召开违反法定程序

1. 有权提议召开的主体及通知时间

第一次债权人会议由人民法院召集，自债权申报期限届满之日起 15 日内召开，具体由法院发布公告及管理人发送债权申报通知进行告知。这是因为第一次债权人会议之前，法院尚未确定债权人会议主席。

以后的债权人会议，在人民法院认为必要时，或者管理人、债权人委员会、占债权总额 1/4 以上的债权人向债权人会议主席提议时召开。管理人应当提前 15 日通知已知的债权人召开债权人会议。

2. 有权参与债权人会议并对具体事项进行表决的主体

已知债权人即已依法进行申报的债权人均有权参与债权人会议，债权被确认时，依法行使表决权；债权未被确认时，如法院赋予临时表决权，亦可进行表决。

如果债权人有证据证明其确实已经申报债权，但未收到管理人任何形式的通知文件，从而丧失了参与权与表决权时，可以依法向法院申请撤销相关决议。

（二）债权人会议的表决违反法定程序

通常情况下，债权人会议的决议，由出席会议的有表决权的债权人过半数通过，并且其所代表的债权额占无财产担保债权总额的 1/2 以上。

在破产重整中，重整计划草案决议的通过须出席会议的同一表决组的债权人过半数同意，并且其所代表的债权额占该组债权总额的2/3以上。当各组均通过重整计划草案时，重整计划即为通过。

和解协议决议的通过，须出席会议的有表决权的债权人过半数同意，并且其所代表的债权额占无财产担保债权总额的2/3以上。

通过前面的表述可知，债权人会议的决议需要表决人员数量及其所代表债权金额比例同时满足法定要求才可以通过。在司法实践中，债权人可以重点关注债权人会议表决相关比例是否符合“过半数”等要求，如相关比例仅为“半数”“二分之一”“三分之二”而非超出时，可根据情况向法院申请撤销。

（三）债权人会议的决议内容违法

债权人会议的决议内容违法，相比其他情形更加笼统，难以把握，特别是如何界定相关内容并未明显、直接违反强制性法律规定情况。

就此，建议以“实质损害”“排除、限制债权人合法权益”为标准，在相关内容未明显违反法律规定但对个别债权人造成严重损害的情况下，尝试以《企业破产法》规定的“公平对待债权人”等相关原则为依据，向法院申请撤销。例如，在相关案件中，当债权人数量较少而债权额相对集中时，债权人会议内容及表决通过可能会受到少数大额债权人较大影响，此时个别债权人可尝试以权益受损为由向法院提起撤销申请。

（四）债权人会议的决议超出债权人会议的职权范围

《企业破产法》第61条第1款明确赋予债权人会议以下职权：核查债权；申请人民法院更换管理人，审查管理人的费用和报酬；监督管理人；选任和更换债权人委员会成员；决定继续或者停止债务人的营业；通过重整计划；通过和解协议；通过债务人财产的管理方案；通过破产财产的变价方案；通过破产财产的分配方案；人民法院认为应当由债权人会议行使的其他职权。

二、债权人向法院申请撤销债权人会议决议的流程

（一）一般情形

债权人对债权人会议程序及内容有异议的，应当及时在债权人会议表决

环节发表否定意见，管理人应当将其记录在债权人会议记录中，避免发生未发表意见或意见不明确被认定或记录为同意的情况，从而丧失向人民法院提出撤销申请的权利。债权人需自债权人会议作出决议之日起 15 日内，请求人民法院裁定撤销该决议；债权人会议采取通信、网络投票等非现场方式进行表决的，申请撤销的期限自债权人收到通知之日起计算。

（二）特殊情形

为了提高破产案件办理效率并维护多数债权人权益，《企业破产法》第 65 条规定，涉及债务人财产的管理、变价方案的议案，经债权人会议表决未通过的，由人民法院裁定；涉及债务人财产的分配方案的议案，经债权人会议表决未通过的，经债权人会议二次表决仍未通过的，由人民法院裁定。

对管理、变价方案裁定不服的，债权金额占无财产担保债权总额 1/2 以上的债权人，可以自裁定宣布之日或者收到通知之日起 15 日内向人民法院申请复议，但是复议期间不停止裁定的执行。

三、法院支持撤销债权人会议决议的标准及后果

（一）法院支持撤销债权人会议决议的标准

法律虽然列举了上述可申请撤销之债权人会议决议的情形，但撤销与否根本上涉及全体债权人与个别债权人权益的平衡。因此，只有确实达到“损害债权人利益”的程度，才存在撤销相关决议的可能性。如相关决议虽存在瑕疵，但并未实质性损害债权人权益，则债权人的撤销申请很难得到法院支持。例如，虽然《企业破产法》规定债权人会议需提前 15 日通知，但如案件属于快速审理案件，司法解释及法院允许特定情况下相关程序期限的缩短。

（二）法院支持撤销债权人会议决议的后果

人民法院裁定撤销全部或者部分事项决议，责令债权人会议依法重新作出决议。

第 24 问　重整计划草案一旦通过是否还可以进行变更？

执行完毕的重整计划既无变更的可能，也无变更的必要，所以对本问题的解答将集中于重整计划草案通过后、执行过程中是否还可以进行变更。

经债权人会议表决通过并经法院裁定确认的重整计划草案，对所有债权人、债务人、投资人均有约束力，相关主体应依法履行。法律原则上不允许重整计划草案通过后发生变更，《企业破产法》也没有规定有关变更通过后的重整计划的内容。

然而，破产程序在实务操作中有其特殊性，特别是在破产重整程序中，需要考虑及平衡诸多主体权益。所以，在司法实践中，法院并未完全禁止在执行过程中变更重整计划的做法，最高人民法院通过《全国法院破产审判工作会议纪要》对此作了规定，具有较强的司法指导意义。在此会议纪要出台后，相关地方法院尤其是处于业务办理一线的破产法庭也制定了相关规范。就题述问题，目前法律并未有统一、具体、明确的规定，笔者在解答这个问题时也是尽可能对实践中的大多数做法进行梳理和总结。

一、重整计划执行中可进行变更的情形

重整计划主要分为债权清偿和重整后运营管理两部分。按照多数人的理解，执行过程中的变更可能更多集中于债权清偿部分，其实这两部分内容均有可能。在一些重大复杂的重整案件中，重整后的运营管理方案往往会直接影响债权清偿方案的落实情况，尤其是在债转股重整模式下，重整后的企业运行情况直接决定了债权是否能够最终受偿。

二、重整计划执行中的变更需要具备的条件

根据会议纪要规定，在重整计划执行过程中，如欲进行变更，需同时满足两个条件，即出现国家政策调整、法律修改变化等特殊情况，且导致原重整计划无法执行。在司法实践中，对这一条件的具体理解和适用一直存在争议。

（一）可否对“国家政策调整、法律修改变化等特殊情况”进行扩张解释

显然，在《企业破产法》没有明确规定在重整计划执行过程中是否进行变更的前提下，会议纪要的规定在实务操作上具有一定的突破性，同时会议纪要也考虑到重整计划执行的稳定性，因此仅规定了两种极端情形，即国家政策调整和法律修改变化。

然而，对于投资人、债务人等主体而言，导致重整计划无法执行的因素更多的可能是“现实原因”，这也导致了理解上的分歧。有人认为必须严格遵守该要求；但也有人认为应允许对其进行扩张解释，原因在于前述规定中“等特殊情况”本身即作了兜底安排，如确实存在其他情形导致重整计划无法执行时，为全体债权人权益考虑，应允许对重整计划进行变更。

但是，出于维护重整计划执行的稳定性的考虑，对相关主体的主观意思提出了要求，即相关特殊情况的发生确属“在重整计划制定阶段不能合理预见”，该种意见也逐步成为多数做法，如《北京破产法庭破产重整案件办理规范（试行）》便有类似规定。

（二）如何理解“导致原重整计划无法执行”

这一条件要求特殊情形必须足以使重整计划无法执行，即重整目的无法实现，如何把握这一点是实务中的一个难点。在这方面，合理做法应该是针对不同主体的核心关注点制定不同标准。

第一，对债权人来讲，核心利益在于重整计划约定受偿目标能否如期实现。在重整计划执行过程中，特殊情况直接导致债权受偿目标无法实现的，或虽然可以实现目标但受偿条件在期限、方式等重要方面发生重大、实质变更时，可以尝试提出变更申请。

第二，对债务人来讲，核心利益在于企业能否如期存续。在重整计划执行过程中，特殊情况将严重影响到企业主体资格等能否保留时，可以尝试提出变更申请。

第三，对重整投资人来讲，核心条件在于是否持续具备投资条件，核心目的在于能否获得债务人特定资产、资质。在重整计划执行过程中，特殊情况使特定资产价值有大幅波动、特定资质展期及存续存在困难时，可以尝试提出变更申请。

这就要求参与主体在重整计划草案拟定时，应当进行充分且有针对性地考量，并在重整计划草案中设置执行变更条款。

三、重整计划执行中的变更需程序

（一）可以提出变更重整计划申请的主体

重整计划由债务人负责执行，管理人负责监督。因此，相关主体想要申请变更重整计划，需要向债务人或管理人提出申请，再由管理人召集债权人会议，或由债务人向人民法院申请召开债权人会议表决是否同意变更重整计划。

（二）是否可以多次申请变更重整计划

债权人会议决议同意变更重整计划的，管理人或债务人应自决议通过之日起 10 日内提请人民法院批准。

申请变更重整计划仅限一次，这既是为避免对全体债权人权益造成不当损害，也是为避免司法资源的浪费。如债权人会议决议不同意或者人民法院不批准变更申请，则人民法院经管理人或者利害关系人请求，应当裁定终止重整计划的执行并宣告债务人破产。

（三）人民法院裁定同意变更重整计划后，如何通过新的重整计划

人民法院裁定批准变更重整计划的，债务人或者管理人应当在 6 个月内提出新的重整计划，其间，债务人和管理人之间的分工究竟是怎样的？有法院明确规定，债务人不存在严重损害债权人利益的行为或者没有其他不适宜自行管理情形的，应由债务人自行负责管理财产和营业事务，并制作新的重整计划，管理人参照重整期间履行职责。

参照《企业破产法》对重整计划草案的表决规则，变更后的重整计划应提交因重整计划变更而遭受不利影响的债权人组和出资人组进行表决，债权及权益未受影响的主体不参与表决。债权人按照重整计划所受的清偿仍然有效，但债权已受偿部分不享有表决权。表决、申请人民法院批准重整计划以及人民法院裁定是否批准重整计划的程序与重整期间相同。

四、重整计划变更后对相关主体将产生的影响

由《企业破产法》及相关法院规定可知，债权人按照重整计划所受的清偿仍然有效，除非通过新的重整计划或其他形式另行作出约定，为原重整计划的执行提供的担保，不因人民法院裁定批准变更在原担保范围和期限内而无效。

第六章　如何处理债权受偿事宜?

第 25 问　施工方的工程款是否可以申请优先受偿?

对这个问题可以从什么样的施工方具有建设工程价款优先受偿权、施工方如何行使建设工程价款优先受偿权、是否存在更为优先的超级优先权三个方面进行解读。

一、如何确认施工方是否具有建设工程价款优先受偿权

首先可以确认的是，法律赋予了承包方对建设工程价款的优先受偿权。但长期以来，司法实践对该权利的行使主体存在争议，这也造成了该权利的适用困难。

(一) 如何界定享有建设工程价款优先受偿权的主体

承包方建设工程价款优先受偿权源于 2002 年 6 月 27 日生效的最高人民法院《关于建设工程价款优先受偿权问题的批复》(以下简称《批复》)。其中规定:“人民法院在审理房地产纠纷案件和办理执行案件中，应当依照《中华人民共和国合同法》第二百八十六条的规定，认定建筑工程的承包人的优先受偿权优于抵押权和其他债权。”

《批复》已于 2021 年 1 月 1 日失效，但其已成为司法实践共识，并通过《民法典》及相关司法解释得到了一定形式的保留与确认。

自《批复》实施之日起，关于“实际施工人是否享有建设工程价款优先权”，理论界及实务界便存在争议。实际施工人指的是并非建设工程施工合同承包人但由其具体施工的主体，包括非法转包、违法分包、借用资质进行挂靠的实际施工方。同意其享有优先受偿权的意见认为，虽然其并非合同约定的直接承包人，但实际施工人已经履行了义务，在建设工程质量符合要求

的情况下，应当保护包括农民工在内的特殊群体的利益。反对其享有优先受偿权的意见认为，其并非建设工程承包合同约定的合法承包人，允许实际施工人享有优先受偿权等于是在鼓励违法分包，这对保证建设工程质量也极为不利。

针对上述争议，最高人民法院民事审判第一庭于 2022 年 4 月 8 日表明了态度，即实际施工人不享有建设工程价款优先受偿权，只有与发包人订立建设工程施工合同的承包人才享有建设工程价款优先受偿权。实际施工人不属于“与发包人订立建设工程施工合同的承包人”。

（二）建设工程价款优先受偿权的具体顺位

根据前述相关法律规定可知，建设工程价款优先受偿权作为法定优先债权优于作为意定优先权的抵押权和普通债权。在破产程序中，建筑工程承包人有权随时要求管理人对相关建筑物进行处置，并优先获得处置价款，以抵偿债务人欠付的工程款。

二、如何行使建设工程价款优先受偿权

（一）建设工程价款优先受偿权的范围

法律赋予了承包人建设工程价款优先受偿权，但相关规定考虑到其他债权人权益，同时也对优先受偿价款的范围作了限制，即承包人优先受偿的建设工程价款包括承包人为建设工程应当支付的工作人员报酬、材料款等实际支出的费用，不包括因发包人逾期支付建设工程价款而需承担的利息、违约金、损害赔偿金等，该种做法同样符合破产程序公平清偿的原则。

（二）建设工程价款优先受偿权的实现方式

承包人实现建设工程价款优先受偿权的方式主要是请求人民法院对建设工程进行折价或司法拍卖，具体有如下两种方式：建设工程质量合格的，承包人可以按照其承建工程折价或者拍卖的价款向人民法院请求优先受偿。未竣工的建设工程质量合格的，承包人可以按照其承建部分工程折价或者拍卖的价款向人民法院请求优先受偿。

承包人是否必须通过法院或仲裁机构才能实现担保物权？实则不然，作为法定优先债权，承包人可随时向发包人主张，如发包人对此无异议，可以

直接实现；如发包人对此存有异议，则可选择通过法院或仲裁机构实现。因此，在破产程序中，承包人可在申报债权后，随时要求管理人以折价或拍卖方式对相关建筑物进行处置。

（三）建设工程价款优先受偿权的行权时间

法律并未明确规定超出法定期限再行主张的后果，但承包人应该在合理期限内行使建设工程价款优先受偿权。关于承包人超出法定期限再行主张优先权，普遍意见是，此种情况下承包人债权丧失了优先权而转为普通债权。承包人主张优先权的时间上限由“自建设工程竣工之日或者建设工程合同约定的竣工之日起六个月”至“自发包人应当给付建设工程价款之日起十八个月”的转变，其中，根据具体情况不同，“应当给付建设工程价款之日”包括竣工之日、完成结算之日、未验收而实际使用日、法院判令之日等。

因此，如承包人欲在破产程序中向管理人主张建设工程价款优先受偿权，建议先确认是否已届主张期限。

三、比承包人建设工程价款更为优先或可能影响其实现的其他债权类型

在承包人建设工程价款已属法定优先权的情况下，为什么其他超级优先权利会影响或阻碍建设工程价款优先受偿权的实现？根本原因在于法律规定的冲突或不统一造成了各主体不同的利益考量。

（一）商品房消费者享有的权利

《批复》规定“消费者交付购买商品房的全部或者大部分款项后，承包人就该商品房享有的工程价款优先受偿权不得对抗买受人”。该规定为商品房消费者超级优先权的出处。虽然《批复》已经失效，但商品房消费者对已竣工建筑享有的物权期待权及对在建工程享有的价款返还权具有超级优先权，已经成为司法共识。这是因为，与其他债权相比，该超级优先权涉及的是商品房销售者的生存权，理应被置于更高优先级地位。

可以参照最高人民法院《关于人民法院办理执行异议和复议案件若干问题的规定》等相关规定，从以下几个方面确认商品房消费者是否享有超级优先权：在人民法院查封或受理破产申请前，已签订合法有效的书面买卖合同；

所购商品房系用于居住，且买受人名下无其他用于居住的房屋；已支付的价款超过合同约定总价款的50%。

从上述规定中也可以了解到，企业作为商品房买受人且房屋并非用于员工居住时，不享有超级优先权的可能性极大。

（二）居住权

居住权为《民法典》新设权利类型，主要是为了满足居住权人生活需要而设立的用益物权。截至目前，法律对其并未有更多详细的规定。

相对于商品房消费者的超级优先权，居住权同样涉及相关主体的生存权。因此，如相关建筑物已被设定居住权，则将给承包人实现建设工程价款优先受偿权带来较大的困难，在尚未妥善解决建筑物居住权的情况下，管理人应更加审慎地对待承包的优先受偿请求权。

（三）税款债权

在破产程序中，税款债权问题主要集中在相关建筑物的处置上。管理人处置和变现相关建筑物，需依法向税务机关缴纳建筑物处置所得的流转税或增值税。在此过程中，存在税务机关以其对债务人在破产受理之前享有税款债权为由，要求一并进行清偿的可能性，特别是在建筑物过户需先行完成缴税的现行政策下。

（四）对刑事赃款赃物的优先追缴

“先刑后民”为我国的一项基本司法原则，对同一主体或财产的刑事调查或判决终结前，民事程序难以推进。在刑事机关已经介入并对相关建筑物采取了刑事扣押、查封等措施时，包括承包人建设工程价款优先受偿权在内的所有债权可能暂时都很难实现。

第26问　同一性质债权人的清偿比例是否一致?

公平清偿原则是破产程序的核心原则，要求对同一性质债权人设置同一清偿比例。这也是破产程序与其他债权清偿程序，尤其是强制执行程序的核心区别，强制执行程序强调的是顺位权益，而破产程序则是将所有债权人拉到同一起跑线。

公平清偿原则的具体要求是，在破产财产分配方案、重整计划草案、和解计划草案中必须对同一性质债权人设置相同的清偿率，禁止区别对待。

但是，不同于债务人主体经破产清算而归于消灭，债务人经破产重整、破产和解后，主体资格将得到保留，必然包含了债务人、债权人、投资人等主体相互之间的妥协与平衡。对应的，在司法实践中，法院允许特定情况下对同一性质的债权人设置不同的清偿比例。

一、以对同一性质债权人公平清偿为原则

近年来，债权人实现债权的途径与方式逐渐多元化。与通过强制执行不能实现债权就终止追索的传统做法相比，破产程序所附带的终极权利救济的理念和做法不断得到应用，这也是诸多顺位在后的强制执行申请人及时申请破产程序的原因，此时债务人资产无法清偿所有债权，也只可通过比例清偿的做法公平对待同一性质的债权人。具体清偿要求为，破产财产（将设定担保债权而被优先清偿的债务人财产排除在外）在优先清偿破产费用和共益债务后，依照下列顺序清偿：

1. 破产人所欠职工的工资和医疗、伤残补助、抚恤费用，所欠的应当划入职工个人账户的基本养老保险、基本医疗保险费用，以及法律、行政法规规定应当支付给职工的补偿金；

2. 破产人欠缴的除前述规定以外的社会保险费用和破产人所欠税款；

3. 普通破产债权。

破产财产不足以清偿同一顺序的清偿要求的，按照比例分配。

其中，前述清偿顺位的潜在逻辑是，第一类规定的是涉及债务人职工基本生存权利的债权，因此必须首先受偿；第二类规定的是涉及国家社保、税收公共利益的债权，因此第二顺位受偿；在完成前两顺位债权的清偿仍有财产后，才能对普通债权进行清偿。

二、对同一性质债权人设置不同清偿率为例外情形

与破产清算程序要求的绝对公平不同，破产企业重整对投资人来讲，本质上是特定的投资行为，必然要考虑到投入与产出比。因此，法院及管理人需要平衡债权人与投资人之间权益，在尽量保障债权人权益的前提下提高重整的成功率。

在多数破产和解程序中，需要股东等第三方主体出资才可与投资人达成和解。同理，股东等主体同样需要考虑和解成本，也可能会造成同一性质债权人清偿比例的不同。

债权人可能同意上述情形的根本原因是，即使受到同一性质不同清偿比例的不公平对待，通过破产重整或破产和解仍然可获得高于破产清算的受偿比例。

（一）什么情况下可以为同一性质债权人设置不同的清偿率

通过对相关规定及各地法院、管理人实务操作经验的总结，同性质债权人所获清偿率不同的可能主要有如下三种：

1. 重整计划草案为普通债权中的小额债权单独设置更高清偿率。

这是破产重整实际操作中的普遍现象，具体表现为两种情况。第一种是重整计划草案为普通债权中的小额债权单独设置更高清偿率，人民法院可以决定在普通债权组中设小额债权组。第二种是重整计划草案对全部普通债权根据债权额按不同比例分段清偿的，此时一般不再设小额债权组。需要注意的是，无论采取上述哪种方式，在统计表决通过率时均需将其统一纳入普通债权人的人数及债权金额进行计算。

采取上述做法的原因，与破产重整表决通过所需的人数、债权比例有关，即出席会议的同一表决组的债权人过半数同意重整计划草案，并且其所代表的债权额占该组债权总额的2/3以上的，即为该组通过重整计划草案。当所有债权人组均通过重整计划草案时，则重整计划草案获得表决通过。

在上述规定下，投资人可以对小额债权人设置较高的清偿率，可迅速获得债权人数量的优势，再根据情况与金额较大债权人协商，高效地通过重整计划草案。

2. 在相关主体自愿接受的情况下，和解协议草案对同一性质的债权设置不同清偿率。

通过和解协议草案所需的债权人数量及其所代表金额与重整计划草案一致。人民法院在裁定认可债权人会议通过的和解协议时，将核查“和解协议是否违反公平清偿原则，和解条件对于同一性质的债权是否平等”，如和解协议不符合前述要求，则人民法院可能不予裁定认可，但受到不平等对待的主体自愿接受的除外。

3. 社保、税收债权中的滞纳金等部分被确认为普通债权但进行劣后清偿。

通过前面的论述可以看出，对同一类型债权设置不同清偿率的例外情况一般发生在普通债权中，在社保、税款债权中很少存在。这是因为社保、税款债权代表国家公共利益，不允许被区别对待。但这并不意味着全部金额的社保债权、税款债权都能得到同等力度的保障。

社保、税务机关所申报的债权金额包括滞纳金、违约金等，相关法律及司法实践对滞纳金等部分金额的认定并不相同，分为统一认定为社保、税款债权与本金为社保、税款债权但滞纳金为普通债权两种做法。即便如此，根据《全国法院破产审判工作会议纪要》的规定，该行政惩罚性债权可能只有在普通债权被清偿完毕后债务人财产仍有剩余时才被清偿，即劣后清偿。

（二）对同一性质债权人设置不同清偿率需要注意的内容

1. 尽量争取被不公平对待债权人的同意

由上述内容可知，重整计划草案与和解协议草案有其通过所需债权人数量及其代表的债权金额，所以实践中确实存在被不公平对待的普通债权人组通过重整计划草案的可能性。但是，如果受到不公平对待的债权人同时也是权益受到调整的出资人，出资人不通过重整计划草案的可能性也很大。在此种情况下，通过重整计划草案依旧存在障碍，虽然法律赋予人民法院强制裁定通过的权力，但在司法实践中，法院很少行使该权利，多数还是诉诸债权人会议再行沟通与表决。

2. 确保被不公平对待的债权人受偿比例高于破产清算清偿率

在破产重整或和解中，虽然投资人或股东等和解出资人可以通过测算将投资成本控制在最低，但必须保证此时受到不公平对待的债权人的清偿率高于通过测算而得出的破产清算清偿率；否则，相关债权人便失去了投下赞成票的动力，很可能要求管理人宣告债务人破产并进行破产分配。

第 27 问　为什么破产费用和共益债务可以随时清偿，以及如何清偿？

对该问题的解答，笔者将从破产费用和共益债务可以随时清偿的原因、内容、清偿费用的来源及无法清偿的后果等方面展开。

一、破产费用和共益债务可以被随时清偿的原因及清偿内容

（一）破产费用和共益债务可以被随时清偿的根本原因

根本原因在于破产程序并非由债务人自行展开，为了消除各方之间的分歧和顾虑，需要由人民法院指定独立于债务人、债权人并且具有专业知识的第三方即管理人处理相关工作。

而管理人无论是为有效推进破产程序还是为实现债务人财产价值最大化，均需特定费用作为支撑。因此，实际上，破产费用和共益债务是推进破产程序、实现债权人权益的前提和根本保障。如果无法保证这两种费用，破产程序便不能启动和开展。

经对《企业破产法》及《北京市高级人民法院企业破产案件审理规程》等较为全面的地方司法文件规定进行梳理、归纳，就其具体内容，阐述如下。

（二）破产费用的具体内容

1. 定义

破产费用，是指在人民法院受理破产申请后发生的，为全体债权人的共同利益、保障破产程序顺利进行所必需的程序上的费用。

2. 具体内容

第一，破产案件的诉讼费。破产案件的诉讼费依据破产财产总额计算，按照《诉讼费用交纳办法》规定的财产案件受理费标准减半交纳，有最高金额限制，各地标准不一，北京要求不超过 30 万元。破产案件申请费不预交，从破产财产中拨付。

第二，管理、变价和分配债务人财产的费用。主要包括破产企业留守人员工资，催收破产企业债权所需费用，破产衍生诉讼中发生的费用，破产程序期间债务人财产、设施的保管、维护、仓储、运输、保险等费用以及审计、评估、拍卖、变卖债务人财产的费用。

第三，管理人执行职务的费用、报酬和聘用工作人员的费用。召开债权人会议所必需的会场租赁、材料、通信等费用应列入破产费用。债权人委员会及其成员履行职责所必需的费用，经债权人会议同意或者授权，可以列入

破产费用。在债务人破产案件受理前，尚未支付的公司强制清算费用、未终结的执行程序中产生的评估费、公告费、保管费等执行费用，符合《企业破产法》关于破产费用范围的规定的，可以列入破产费用。但此前债务人尚未支付的案件受理费、执行申请费，只可作为破产债权申报并清偿。

除此之外，债务人为金融机构的，经国务院金融监督管理机构核准而尚未支付的行政处置费用，可以列入破产费用。

（三）共益债务的具体内容

1. 定义

共益债务，是指人民法院受理破产申请后，为全体债权人的共同利益而由债务人财产负担的债务。

2. 具体内容

破产程序中共益债务包括：第一，因管理人或者债务人请求对方当事人履行双方均未履行完毕的合同所产生的债务。这是因为管理人或债务人继续履行合同将直接增加债务人可供清偿的财产总额，是对全体债权人有益的行为。第二，债务人财产受无因管理所产生的债务。第三，因债务人不当得利所产生的债务。第四，为债务人继续营业而应支付的劳动报酬和社会保险费用以及由此产生的其他债务。第五，管理人或者相关人员执行职务致人损害所产生的债务。第六，债务人财产致人损害所产生的费用。

对债权人来说，很容易将第四种情况与前述破产费用中的“破产企业留守人员工资”混同。二者的区别为，留守人员并非由管理人主动聘任，留守人员为债务人既有人员，管理人继续聘用的目的是保证破产企业继续运行；为债务人继续营业支付的劳动报酬和社会保险费用以及由此产生的其他债务系由管理人主动新聘用人员而产生的债务，其直接目的是增加债务人财产总额。

应当指出的是，管理人或者相关人员在执行职务过程中，因故意或者重大过失不当转让他人财产或者造成他人财产毁损、灭失，导致他人损害产生的债务作为共益债务，由债务人财产随时清偿不足以弥补损失时，权利人有权向管理人或者相关人员主张承担补充赔偿责任。

同时，上述债务作为共益债务由债务人财产随时清偿后，债权人有权以管理人或者相关人员执行职务不当导致债务人财产减少给其造成损失为由提起诉讼，并要求管理人或者相关人员承担相应赔偿责任。

二、破产费用和共益债务可从何处清偿

（一）从债务人财产中随时清偿

破产费用和共益债务自债务人财产中随时清偿是法律的明确规定。实践中争议较多的是，其与债务人担保财产的受偿顺位问题。对此，法律规定担保债权优先于破产费用和共益债务，具体要求是对债务人的特定财产在担保物权消灭或者实现担保物权后有剩余的，在破产程序中可用以清偿破产费用、共益债务和其他破产债权。

（二）在债务人无财产可供支出时，破产费用与共益债务如何清偿

在各地法庭受理的破产案件中，相当大比例的债务人为“三无”企业，这造成了包括管理人报酬在内的破产费用和共益债务无财产可供清偿。面对此种情况，实践中的做法有两种：

一是由债权人自愿垫付，后续自债务人财产（如有）中随时清偿。债权人垫付的方式或阶段同样分为两种情况。第一种情况为，法院在案件受理环节要求申请人垫付一定费用，具体数目各地法院要求不同，北京多为3万元，如后续债务人确有财产，申请人可要求返还；第二种情况为，管理人在破产程序中询问债权人是否具有自愿垫付的意愿。法院要求申请人垫付费用的做法在法律层面暂未得到明确规定，但已成为实践中的通行做法。

二是案件终结后，管理人向法院申请破产援助基金。但实践中的难题是目前并非所有地方政府及法院都设有援助基金制度。这种做法很可能在后续修改《企业破产法》时得到体现。

三、无法清偿破产费用和共益债务的后果

破产费用和共益债务的费用有如上多处来源，但确实存在申请人与债权人拒绝垫付、案件当地并无破产援助基金制度安排的情形。此时，破产案件的破产费用和共益债务便可能无法得到全部清偿甚至无法得到清偿。

对此，法律规定的做法及后果是：债务人财产不足以清偿所有破产费用和共益债务的，先行清偿破产费用；债务人财产不足以清偿所有破产费用或

者共益债务的，按照比例清偿；债务人财产不足以清偿破产费用的，管理人应当提请人民法院终结破产程序。人民法院应当自收到请求之日起 15 日内裁定终结破产程序，并予以公告。

在国家大力推进营商环境建设的背景下，法院审理破产案件的周期及质量为其核心要素。因此，无论是在后续的《企业破产法》修订还是各地政府在援助基金设立方面都取得了很大进步，相关问题也在不断得到解决。

第 28 问　哪些债权可能会被劣后清偿？

破产债权的劣后清偿在《企业破产法》层面并未有明确规定，其发展路径主要是在破产实践中养成通用做法，后各地法院通过地方司法文件、最高人民法院《全国法院破产审判工作会议纪要》的形式逐步达成共识。

一、什么叫作劣后债权或债权劣后清偿

（一）如何理解劣后债权或债权劣后清偿

在司法实践中，“劣后债权”或“债权劣后清偿”的说法并不固定。人民法院、管理人或将滞纳金、罚金等相关债权直接定性为劣后债权，或将相关债权定性为社保、税款或普通债权但均在普通债权之后进行清偿。

在具体清偿时，根据《企业破产法》的规定，清偿普通债权后仍有剩余的，可依次用于清偿破产受理前产生的民事惩罚性赔偿金、行政罚款、刑事罚金等惩罚性债权。

（二）设立劣后债权或债权劣后清偿制度的初衷

设立劣后债权或债权劣后清偿制度的根本目的仍是公平对待所有已知债权人，最大限度提高已知债权人的清偿比例。《企业破产法》规定的债权保护顺位依次是：关乎劳动者生存权的职工债权；代表国家公共利益的社保、税款债权；普通债权。

《企业破产法》及相关法律没有明确规定相关债权的清偿顺序的，人民法院或管理人可以按照人身损害赔偿债权优先于财产性债权、私法债权优先于公法债权、补偿性债权优先于惩罚性债权的原则合理确定清偿顺序。

以上述清偿原则为出发点，人民法院或管理人自然优先保障债权本金或

补偿性债权，将涉及的惩罚性部分金额或非债权性收益确认为劣后债权或位于普通债权劣后清偿，从而提高已知债权人的清偿比例，避免个别债权人惩罚性债权金额过大导致其他债权人清偿比例严重降低。此时，如果债务人财产清偿完毕普通债权后仍有剩余，则将对惩罚性部分金额进行清偿，力争在有限条件下通过制度设计，努力平衡所有已知债权人的权益。

二、哪些债权可能会被劣后清偿

根据对包括典型地方法院规定在内的相关法律规定的理解及实务操作经验的总结，以下债权或权益可能会被劣后清偿。

（一）民事惩罚性赔偿金债权

民事惩罚性赔偿金债权主要为债务人因未按要求履行法院生效判决文书而应承担的加倍部分债务利息，其计算标准为债务人尚未清偿的生效法律文书确定的除一般债务利息之外的金钱债务×日万分之一点七五×迟延履行期间。

（二）行政罚款、刑事罚金和没收违法所得等债权

这类债权中较为典型的是社保、税务机关在破产申请受理之前对债务人处以的滞纳金、罚款等部分债权金额，以及法院在破产申请受理之前通过判决书对债务人处以的罚金及没收的违法所得。

一个更加有争议的问题是，如何确认破产受理前债务人因欠缴税款而被处以的滞纳金性质？滞纳金性质确认方式主要有优先债权、普通债权、劣后债权三种。如将其确认为普通债权，又分为按照普通债权清偿比例统一清偿或劣后进行清偿两种做法。之所以会产生如此多的分歧，归根结底也是因为法律规定的不统一。

（三）债权人出资人的投资权益

破产企业的股权、股票持有人在股权、股票上的权利，在普通债权完全受偿后方可进行清偿。这里的争议点是，出资人投资权益与前述惩罚性债权相比较，哪一种更加劣后？

从理论上讲，如果债务人确定被宣告破产，则破产财产在分配后不应有剩余，因此该类劣后清偿在实务中比较罕见。与此同时，破产程序的核心原

则之一是公平清偿债权，据此，作为非债权的相关出资应当位于民事、行政、刑事惩罚性债权之后，同时还需要根据相关出资人对债务人进入破产程序是否承担责任进行确定。

（四）特殊债权人劣后清偿的分析

这一问题主要指向证券公司破产案件中对债权或出资人权益进行劣后清偿的问题。证券公司此类主体被单独列出进行强调，主要原因在于其案件受理流程及条件较为特殊，债权人数量众多，债权债务关系复杂，破产程序参与主体可能因此而不知所措。具体如下：证券公司因行政与刑事违规、违法而被罚款或被处以罚金或者没收财产的，人民法院将其认定为劣后债权，在债权人得到全部清偿后方可支付；证券公司对已知债务依法进行清偿后仍有剩余财产的，股东可要求按其持股比例进行分配。

三、劣后清偿是否一定会发生

根据前述劣后清偿的定义及类型可合理推论，只有在破产财产依照《企业破产法》规定的顺序清偿即普通债权依法被清偿完毕后仍有剩余的，方能进行劣后清偿。由此也可看出，实践中是否发生劣后清偿具有不确定性，需要视案件具体情况而定。并且因为劣后债权具有劣后清偿性及不确定性，不允许其与对债务人的债务进行抵销，从而最大限度保障全体债权人权益。

四、债权或股东出资权益被劣后清偿是否有可能被回转

首先要明确的是，《企业破产法》及相关法律并未对此作出规定。然而司法实践中又确实存在该种可能。因此，解决该问题可尝试参考适用《公司法》及具体判例。

该情形多数表现为，在破产财产分配完毕后，尤其是案件终结且债务人主体资格注销后，另有新债权人要求实现其债权，但破产财产分配方案并未对此作出预留、提存等安排。此时，法律是否允许新申报债权人的清偿请求及该请求如何实现？

就已被劣后清偿的债权而言，虽然其清偿顺位劣后于普通债权，但其本质上仍具有债权属性。据此，新申报的债权人很难撤销已经清偿的劣后债权以达到清偿其债权的目的。此时，新申报的债权人可尝试要求债务人、出资

人在劣后清偿所得款项范围内对其进行清偿。

除上述考虑外，已被清偿的劣后债权或出资人权益能否被回转，还需要考虑补充申报债权人未能及时申报的原因，如系出于故意或重大过失等原因未能依法申报，其诉求可能无法得到支持。

第29问 破产程序终结后，如债权人未能在破产程序中获得完全清偿，就剩余部分债权而言，是否还有其他救济途径？

在破产程序终结后，如债权人未能在破产程序中获得完全清偿，就剩余部分债权而言，视具体条件不同，债权人可选择从“债务人”“保证人”“清算责任人”“管理人”四个路径进行维权。

一、及时向债务人或管理人行使受领已被提存破产财产分配额或追加分配的权利

在破产程序中，债权人行使受偿权的条件并未成就或债务人并未有财产可供清偿。在破产程序终结后，受偿条件成就或债务人出现可供清偿财产的，关于提存及追加分配具体适用条件如下。

（一）在破产程序终结后，债权人如何依法受领被提存的破产财产分配额

在破产程序中，债权人对破产财产享有的以下三种分配额将被提存：

1. 附生效条件或者解除条件的债权分配额将被依法提存

债权最终的实现具有不确定性，管理人依法将其分配额进行提存。法律规定的提存截止日为债权人会议表决通过的最后分配公告日。截至最后分配公告日，生效条件成就或者解除条件尚未满足的，管理人将提存额交付给债权人。生效条件未成就或者解除条件满足的，管理人将提存分配额分配给其他债权人。

2. 债权人未受领的破产财产分配额将依法被提存

与上述附生效条件或者解除条件的债权能否最终成就的不确定性不同，这种情况下，债权人的债权已经被确认，但是债权人并没有在规定时间内及时受领。自债权人会议表决通过的最后分配公告之日起满2个月，相关债权

人仍不领取的，视为其放弃受领分配的权利，管理人或人民法院有权将提存的分配额分配给其他债权人。

由上可知，法律规定的最后分配公告日一般在破产程序终结前，但在司法实践中，部分管理人确实会基于多种因素考虑将最后分配公告日放宽至破产程序终结后，所以债权人为保护自己的权益应当及时关注破产程序进展及相关截止日期。

3. 破产财产分配时，诉讼或者仲裁未决的债权分配额将被依法提存

与前述第二种分配额被提存系债权人主观原因不同，诉讼或者仲裁未决的债权被提存无法由相关主体控制，结合诉讼、仲裁程序办理周期较长的特征，对于该类被提存债权分配额，相关债权人自破产程序终结之日起满 2 年仍未受领分配的，人民法院则将提存的分配额分配给其他债权人。

（二）在破产程序终结后，债权人如何要求债务人或管理人进行追加分配

1. 债权人可以要求追加分配的具体情形

自破产清算程序终结之日起 2 年内，有下列情形之一的，债权人可以请求人民法院依照破产财产分配方案进行追加分配：

（1）发现债务人企业在破产申请受理之前 6 个月内，在债务人企业具有破产原因的情况下，仍对个别债权人进行清偿。

（2）发现债务人企业在破产申请受理之前 1 年内有不当处理财产行为，包括：无偿转让财产；以明显不合理的价格进行交易；对没有财产担保的债务提供财产担保；对未到期的债务提前清偿；放弃债权。

（3）发现债务人企业存在可被认定为无效的财产处置行为，包括为逃避债务而隐匿、转移财产的，虚构债务或者承认不真实的债务。

（4）发现债务人的董事、监事和高级管理人员利用职权从企业获取的非正常收入和侵占的企业财产。

（5）因纠正破产程序中错误支出的款项或错误认可的债务而追回的款项。

（6）破产程序终结后发现破产人有应当供分配的其他财产的情形。

尽管有前述规定的情形，如果可以追加分配的财产不足以支付分配费用，法院或管理人将不再追加分配，由人民法院将相关财产上缴国库。

2. 追加分配的程序

债权人向人民法院提出追加分配申请后，由人民法院作出裁定。人民法院在必要时可以根据职权直接裁定追加分配。

追加分配涉及的资产变现和具体分配工作通常仍由管理人办理。同时，法院还将根据管理人能否继续履行职责，决定由法院直接或另行指定管理人开展相关工作。此外，如果破产程序因为无财产可供分配而终结，法院还将根据破产终结之前案件具体办理情况决定是否重新设立案号。

二、在未依法申报债权的情况下，要求按照重整计划或和解协议约定的条件行使权利

债务人企业经过破产清算程序而归于注销，债权人未按要求依法申报债权的，在破产清算程序终结后，不存在继续要求债务人进行清偿的可能。

与破产清算不同，在破产重整、和解程序中，债务人是由于重整投资人、和解出资人的投入而存续的，并且为公平、一次性地解决债务人企业债务危机，法律允许未依法申报的债权人在重整计划、和解协议执行完毕后按照重整计划、和解协议规定的清偿条件行使权利。

法律保护的是善意主体的合法权益。因此，即便是在破产重整、和解程序中，未及时申报债权人想要行使上述权利，也要避免因故意或重大过失而未依法申报债权的情形。

三、就未受清偿的部分，要求保证人或担保人继续承担保证或担保责任

对于债权人来说，无论是破产程序还是现有的担保设计都是实现债权的手段，最大程度实现债权人权益是破产程序的核心原则。

破产程序不构成保证责任或担保责任得以豁免的理由。破产程序终结后，破产人的保证人、担保人和其他连带债务人对债权人依照破产清算程序未受清偿的债权，依法继续承担清偿责任。担保人承担担保责任后，无权再向和解协议或者重整计划执行完毕后的债务人追偿。

如果债权人知道或者应当知道债务人破产，既未申报债权也未通知担保人致使担保人不能提前向债务人行使追偿权，担保人可就该债权在破产程序中可能受偿的范围内免除担保责任。

四、要求负有清算及配合清算义务的责任人员承担连带责任

在债务人具有破产原因的情况下，有限责任公司的股东及股份有限公司的董事和控股股东、实际控制人等依法负有清算责任的人，应及时履行破产申请义务。在债务人企业进入破产程序后，债务人法定代表人、财务管理人员和其他经营管理人员有义务配合管理人进行清算工作。

清算义务人未及时履行破产申请义务，导致债务人主要财产、账册、重要文件等灭失，致使管理人无法执行清算职务，给债权人利益造成损害的，或者债务人有关人员不配合清算致债务人财产状况不明的，相关责任人员应承担损害赔偿责任。

有关人员拒不承担责任的，管理人可依职权向法院提起诉讼，管理人未主张的，个别债权人可以代表全体债权人提起上述诉讼。管理人或债权人在破产程序中、破产程序终结后均可主张权利。

五、要求履行不力的管理人承担赔偿责任

管理人接受法院指定后，应当勤勉尽责并忠实执行职务，管理人未能依法履职而给包括债权人在内的主体造成损害的，需依法承担赔偿责任。有两种典型的情形：

第一，管理人因过错未依法行使破产撤销权，致使债务人财产遭受不当减损的，债权人有权向人民法院提起管理人责任纠纷并要求管理人承担相应的赔偿责任。

第二，管理人及其有关人员在履行职责过程中，因故意或者重大过失不当转让他人财产或者造成他人财产毁损、灭失，导致他人损害产生的债务为共益债务，在共益债务由债务人财产随时清偿后，债权人有权以管理人及其有关人员执行职务不当导致债务人财产减少给其造成损失为由提起管理人责任纠纷并要求管理人及其有关人员承担相应的赔偿责任。

第三篇

企业股东、法定代表人、管理人员篇

第一章　破产程序会对破产企业股东、法定代表人产生什么影响？

第1问　破产申请受理后，企业法定代表人有哪些须承担的法律责任和义务？

与破产企业的其他机构或岗位不同，一般认为法定代表人的行为即代表公司意思表示，其对公司的了解及掌握情况更为广泛和深刻，因此承担的责任与义务也更多。法定代表人不仅要对企业进入破产程序之前作出的行为负责，特定情况下在破产程序中还需要继续代表债务人行使相关权利义务，更需要在破产程序中全面配合管理人清算工作并承担相关责任。

一、企业法定代表人需对进入破产程序之前的何种行为承担法律后果

（一）需法定代表人承担责任的情形

核心要求只有一点，在企业进入破产程序之前，法定代表人代表企业作出了《企业破产法》禁止的减少债务人财产总额且有损债权人权益的行为，或者直接成为相关行为的受益者，需要依法承担赔偿或返还责任。具体情况如下：

损害债务人可供清偿的财产总额的行为，是指在破产案件受理前6个月内的个别清偿行为、破产案件受理之前一年内的可撤销财产处置行为及破产案件受理之前的无效财产处置行为。关于这方面的详细介绍和解释，在其他部分已有阐述，本处不再重复，直接陈列相关行为。

第一，破产案件受理之前6个月内的个别清偿行为，主要指的是在人民

法院受理破产申请前6个月内，债务人在具有破产原因时，仍对个别债权人进行清偿。

第二，破产案件受理之前1年内的可撤销财产处置行为，包括无偿转让财产、以明显不合理的价格进行交易、对没有财产担保的债务提供财产担保、对未到期的债务提前清偿、放弃债权。

第三，破产案件受理之前的无效财产处置行为，包括：为逃避债务而隐匿、转移财产；虚构债务或者承认不真实的债务。

如法定代表人进行了包括前述情况在内的相关行为且确实损害了债权人权益，应当依法返还相关财产或承担对应赔偿责任。如果法定代表人从中受益，则需要根据具体情况确定法定代表人是否要承担民事责任或刑事责任。

（二）法定代表人更换后是否就无须承担责任了

在实践中出于多种考虑，实际控制人可能会安排不实际参与企业经营或没有承担能力的人员担任法定代表人，以求达到自身免责的目的。然而，法定代表人的变更并不一定意味着责任的豁免。继任法定代表人知道原法定代表人从事相关行为或者人民法院认为之前法定代表人需要就其在职期间相关行为继续承担责任等情况下，原法定代表人仍需就其相关行为承担法律责任。

二、进入破产程序后，法定代表人是否就不再代表债务人行使任何权利义务了

企业进入破产程序后由管理人接管，债务人印章需相应更换为管理人公章及财务专用章。多数主体据此认为，在债务人进入破产程序后法定代表人无须再履行自身职责。

事实上，企业进入破产程序并不意味着债务人自身权益不受保护，当涉及债务人自身权益事项时，法定代表人仍需继续履行权责。例如，法定代表人代表债务人参加债权人会议，对管理人审查的债权依法提出异议；在破产和解尤其是自行和解中，法定代表人代表债务人签署和解协议。但除上述特定情况外，法定代表人不可再自行代表企业作出决策。

三、法定代表人如何承担配合清算义务

在企业进入破产程序后，法定代表人受到的限制主要是需依法履行配合

清算义务，其相关要求较多，拒不履行将承担相应的法律后果。

（一）法定代表人需要承担的配合清算义务

1. 在管理人接管之前，妥善保管其占有和管理的财产、印章和账簿、文书等资料。

如前所述，除非法定代表人是名义上的且不实际参与企业经营，否则法定代表人在很大程度上实质掌握着企业，因此必须妥善保管相关资质证照，否则将承担无法清算的法律责任。

此外，法律对于法定代表人的该种保管行为不仅体现在破产清算程序中，在公司解散后的自行清算及强制清算中，法定代表人都被施加了该种要求。在此过程中，禁止法定代表人再行代表债务人企业作出任何有损债务人及债权人权益的行为。

2. 根据人民法院、管理人的要求进行工作，并如实回答询问。

按照法院及管理人要求向管理人如实陈述并进行交接为该部分的核心工作，也是最容易出现问题的情况之一，法定代表人或因客观、主观原因，拒不向管理人进行移交。此时，管理人及人民法院将采取包括但不限于各类通知、住所地踏勘、拘传、拘留、罚款、搜查、强制交付等措施要求其履行。

因此，法定代表人必须认真对待此事，及时将债务人资料移交给管理人，包括资质证照、银行密钥、企业系统登录账户及密码等核心资料。如确非自身原因导致无法履行的，亦应积极与管理人沟通，说明情况并将自身并不实际参与企业运营或者相关资料由其他主体掌握管理的线索提供给管理人，目的亦是证明自身并非故意或重大过失，尽可能避免承担责任。

3. 列席债权人会议并如实回答债权人的询问。

不同于其他债务人机构或岗位，法院一般要求法定代表人必须参与第一次债权人会议，并接受法院、债权人、管理人的询问，法定代表人可委托代理人参与会议。

4. 未经人民法院许可，不得离开住所地。

5. 不得新任其他企业的董事、监事、高级管理人员。

前述第 4、5 项要求的目的均是督促法定代表人完成配合清算义务。需要提示的是，在普通案件中，并非绝对禁止法定代表人“未经人民法院许可，不得离开住所地”。但在重大、复杂案件中或法院、管理人明确要求不得离开的情况下，法定代表人需依法履行，否则有可能被采取司法强制措施；如确需离开住所地的，可单独向法院申请。

（二）法定代表人拒不履行配合清算义务的法律后果

在法定代表人拒不履行前述配合义务时，应当根据情况及程度不同分别承担民事赔偿责任、司法责任和刑事责任，具体如下：

1. 因其行为造成管理人无法清算且损害债权人权益时，依法承担民事赔偿责任。

法定代表人怠于履行或拒不履行配合义务导致管理人无法清算或造成债务人财产减少而损害债权人权益的，管理人或个别债权人有权依法向法院主张，由法定代表人承担赔偿责任。

目前法律规定将债权人可提起诉讼的时间由“仅在破产程序终结后”变更为“破产程序中及破产程序终结后均可”。债权人欲在破产程序中发起诉讼，可向管理人寻求协助。在破产程序终结后，债权人可持法院出具的“因法定代表人拒绝移交而无法清算”“因法定代表人行为导致无财产可供分配”等裁定书，再行向法院起诉，要求法定代表人承担责任。

2. 审理破产案件的法院视情况对法定代表人处以各类司法强制措施。

可能对法定代表人处以各类司法强制措施的情形主要有以下几种：

（1）经人民法院传唤，无正当理由拒不列席债权人会议的，人民法院可以拘传，并依法处以罚款；拒不陈述、回答的，或者作虚假陈述、回答的，人民法院可以依法处以罚款。

（2）拒不向管理人移交财产、印章和账簿、文书等资料的，或者伪造、销毁有关财产证据材料而使财产状况不明的，人民法院可以依法处以罚款。

（3）拒不向人民法院提交或者提交不真实的财产状况说明、债务清册、债权清册、有关财务会计报告以及职工工资的支付情况说明和社会保险费用的缴纳情况说明的，人民法院可以依法处以罚款。

（4）违反规定，擅自离开住所地的，人民法院可以予以训诫、拘留，可以依法并处罚款或对其作出不准出境的决定。

3. 行为构成犯罪时，依法承担刑事责任。

在司法实践中，法定代表人承担刑事责任的主要原因是其存在利用职务便利侵占债务人财产或故意销毁企业会计账簿等违法行为。这也再次说明了，企业进入破产程序并非法定代表人免责的理由。

因此，法定代表人应当依法配合法院及管理人进行上述工作，如有特殊情况可及时与法院、管理人进行沟通，避免自身承担相关法律责任。

第2问　企业被申请破产了，对股东会产生什么影响？

企业进入破产程序对股东的影响是多方面的，主要集中在履行出资实缴义务、出资权益被调整、依法承担相关赔偿责任、股东兼任法定代表人时的配合义务及责任承担四方面。

一、股东未完成实缴或存在抽逃出资的需依法完成补缴义务

《企业破产法》《民法典》等法律法规均将企业进入破产程序规定为股东出资加速到期的法定情形，其目的是增加债务人可供清偿的财产总额，从而最大限度提高债权人清偿比例。

管理人接收债务人企业后，依法核查财务账务、银行流水、工商底档等材料。如果确认有线索表明债务人股东未缴或抽逃出资的，在先行向相关股东出具书面追缴通知后，股东仍然拒绝履行，管理人则具有了提起追收未缴之诉的初步证据。待进入庭审程序后，法院将要求股东提供证据证明其已完成实际缴纳注册资本。详见后面“进入破产程序后，股东没有缴纳注册资本金的，还需要补缴吗”部分内容。

二、在破产清算、破产重整、破产和解中，股东出资权益将被调整

（一）在破产清算中，股东出资权益将被清零或劣后清偿

企业经过破产清算后将进行注销，注销后股东出资权益不再存在。法律明确规定，在企业注销之前的分配阶段，股东出资权益不属于破产债权，在普通债权、各类惩罚性债权均清偿后且仍有剩余可再进行分配。

（二）根据破产重整计划方案的不同，股东出资权益可能被清零或得到部分保留

与破产清算程序不同，企业经过破产重整程序后主体得以保留，但前提是需经过重整投资人的投资。

从理论上讲，重整投资人介入的方式多种多样，有单纯借款、资产投入、资金投入、债转股等各类形式。然而实践中，多数债权人为提高自身清偿比例及增加对应保障，通常会要求投资人投入资金或资产并受让股权成为股东而非仅仅以单纯的借款介入。

对于投资人而言，破产重整投入具有明显的优势，多数重整投资人的目的是获取债务人较为稀缺的资质或资产。在此种情况下，重整投资人一般也要求将债务人原出资人权益归零或受让原出资人所持有的债务人大多数权益，从而达到持有既有债务人或重整后新设立债务人全部或控制比例权益的目的。

同时，为最大限度保证债权人权益，债务人的出资人在重整期间不得请求投资收益分配，详见后文“在重整期间，作为破产企业的出资人，可以要求进行收益分配吗”内容。

（三）在破产和解中，通常需债务人出资人再行投入，才有可能实现和解目的

与破产清算相比，破产和解的目的是保障债务人主体资格或核心资质、资产的存续。同时，相较于破产重整，破产和解中的股东更多的是要保持自身的股权不变。

在这种情况下，破产和解的结果往往取决于债务人出资人或其指定、引入的进行和解投入的第三方。对于债务人出资人来说，大概率要继续进行投入。在债务人出资人进行和解投入过程中，如果其不是单一股东，为保障自身权益，可考虑在和解协议中与债务人约定将和解投入转化为增资或其他合法形式的权益。

三、债务人出资人在需直接承担赔偿责任的情形

（一）未依法及时履行破产申请义务而损害债权人权益时需承担相应赔偿责任

债务人企业已解散未进行清算或者未清算完毕，资产不足以清偿债务的，

包括有限责任公司的股东、股份有限公司的董事和控股股东等在内的依法负有清算责任的主体，应当向人民法院申请破产清算。

相关主体怠于履行义务，未及时申请破产清算，导致债务人主要财产、账册、重要文件等灭失，致使管理人无法执行清算职务，损害债权人利益的，管理人有权向相关出资人主张赔偿。管理人未能进行主张时，个别债权人可以代表全体债权人提起上述诉讼，因此获得的赔偿归入债务人财产。这种情况下，可能需要债务人出资人直接承担相关责任。这同时也是在提示债务人出资人，不能认为企业解散就结束了，还需要及时进行清算与破产申请工作。

（二）利用不当方式侵占债务人财产时需被依法追回或承担相关赔偿责任

如果股东通过虚假交易、不当关联交易直接侵占债务人财产甚至存在股东与债务人企业人格混同的，管理人将依法追回被侵占的财产。在股东拒绝履行或无财产可供追回而损害债权人权益时，管理人或个别债权人有权据此发起诉讼，请求法院判令其承担返还或赔偿责任。

四、债务人出资人兼任法定代表人时可能承担更多的义务与责任

从理论上讲，债务人出资人可以在企业中兼任多个职务。相应的，在出资人义务之外，其亦需承担相关角色的责任与义务。其中，债务人出资人兼任公司法定代表人的情况居多，因此，该部分重点阐述兼任法定代表人需承担的责任。

（一）法定代表人需承担的配合义务

如在“破产申请受理后，企业法定代表人有哪些须承担的法律责任和义务”部分所述，在企业进入破产程序后至程序终结前，法定代表人需承担的配合义务有：妥善保管其占有和管理的财产、印章和账簿、文书等资料；根据人民法院、管理人的要求进行工作，并如实回答询问。

其中，核心工作是依法、依要求向管理人移交其占有的公司相关材料；列席债权人会议并如实回答债权人的询问；未经人民法院许可，不得离开住所地；不得新任其他企业的董事、监事、高级管理人员。

在实践中，法院或管理人要求法定代表人履行上述义务的形式，通常是

将法院作出的通知发给法定代表人，并在此基础上，通过现场沟通和书面记录、电话沟通等形式，对管理人关于财产和业务的询问作出答复。

（二）法定代表人拒不履行配合义务的法律后果

如在“破产申请受理后，企业法定代表人有哪些须承担的法律责任和义务”部分所述，法定代表人拒绝履行法律规定的配合义务，需承担民事赔偿、司法及刑事三方面责任。

民事赔偿责任主要是指法定代表人拒绝移交或因其原因造成账册、财产下落不明等拒绝履行配合清算义务，造成管理人无法清算或债务人财产不当减少，管理人或债权人可直接要求或通过诉讼的方式要求其承担连带或造成损失范围内的赔偿责任。

需承担司法责任的情形是经管理人或法院多次要求，法定代表人有能力而不履行或拒绝履行配合清算义务。在此情况下，管理人可以请求法院对法定代表人采取警告、罚款、拘留、限制出境等处罚措施以敦促履行。

实践中，法定代表人承担刑事责任的可能性较小，但也绝非危言耸听。例如，在海航集团破产重整案件中，相关人员即被依法施加刑事强制措施，主要原因在于其拒绝履行义务的程度较高或存在包括职务犯罪在内的各类违法行为。

五、对股东的建议

因此，在企业经营过程中，股东认为自身认缴注册金额较高，可视情况依照《公司法》规定的程序依法作出减资决定。在企业清算过程中，股东应及时识别债务人是否存在法定破产原因并及时向法院申请进入破产程序。在企业破产程序中，股东应依法配合人民法院、管理人工作。

第3问　进入破产程序后，股东没有缴纳注册资本金的，还需要补缴吗?

我国《公司法》规定的注册资本缴纳制度由“实缴制”转变为“认缴制”。“认缴制”赋予股东期限利益，允许股东在章程规定的认缴期日再行缴纳。但“认缴制”也有两个要求：一是股东实际出资需满足公司运营需求；

二是股东认缴并非可以无限期不缴纳，在特定情况下股东出资将加速到期。法定的股东出资加速到期情形之一便是企业进入破产程序，该规定目的是最大限度保障债权人权益。

因此，企业进入破产程序后，股东需按管理人要求及时补缴尚未缴纳的注册资本金。

一、管理人要求股东履行出资义务的程序

（一）管理人以何种形式要求股东补缴出资

《企业破产法》将股东尚未缴纳的出资归入债务人财产，要求债务人股东在企业进入破产程序后及时补缴。否则，管理人将依法向债务人股东追收未缴出资。

股东在管理人要求的期限届满后仍未缴纳的，管理人将以债务人名义，以债务人股东为被告，向受理破产申请的法院提起追收未缴出资之诉，此时出资期限尚未届满或者超过诉讼时效均无法成为债务人股东的抗辩理由。

实践中，是否提起追收未缴出资之诉或立案是否会被驳回，还取决于债务人财产能否负担相关诉讼费用。多数案件中的债务人并无任何财产或既有财产无法足额负担相关支出，此时管理人将召开债权人会议，提请参会债权人表决是否自愿垫付相关费用并对诉讼及执行存在的风险作出提示。债权人自愿垫付的，可正常向人民法院提起追收未缴之诉，否则管理人提起的诉求将因未依法交纳诉讼费而被驳回。

（二）管理人如何判定债务人哪些股东需补缴出资

在实际操作中，管理人会通过如下形式来确认债务人股东是否完成实缴。

1. 直接向相关股东进行确认

在破产程序中，管理人与相关主体进行沟通并制作笔录为法律规定的履职形式之一。通常情况下，确认股东出资情况为笔录的固定内容，如股东直接给予肯定或否定，管理人将视情况决定后续工作。

2. 综合相关材料与信息进行判断

规范的股东出资操作是，股东进行银行转账时，性质备注为出资款，公司收到出资款依法在会计科目中列为出资款。基于此，将股东认缴及实缴出

资情况登记至企业信用信息公示系统，并体现在企业年度审计报告中。

在此基础上，管理人一般通过公开检索企业信用信息系统、核查企业工商底档、银行流水、财务账册、审计报告等途径进行综合判断。其中，股东以货币出资的，重点核实资金是否到账以及以何种名义到账；股东以股权等其他形式的资产出资的，重点核实是否符合法律规定的实质与形式要件，包括是否依法评估作价、是否转移登记至债务人名下等。

二、如何区分股东出资与股东借款

归纳起来，股东需补缴出资的情形包括截至破产申请受理之日已届或未届出资期限应缴而未缴的情况及因抽逃出资行为而需被依法追回的情况。其中，实践中争议较多的是，如何区分股东出资与股东借款。

（一）如何区分股东汇入公司的款项是注册资本还是借款

股东缴纳出资的性质是追缴出资诉讼中常见的争议焦点。

第一，在股东是否已经履行出资义务方面。最高人民法院《关于适用〈中华人民共和国公司法〉若干问题的规定（三）》（以下简称《公司法司法解释三》）第20条规定，如果双方对股东是否已履行出资义务存在争议，原告提供对股东履行出资义务产生合理怀疑证据的，被告股东应当就其已履行出资义务承担举证责任。在司法实践中，管理人在对相关材料进行判定时，如其中某一环节存在瑕疵或出现问题，管理人就有了提起诉讼的初步依据。

第二，多数股东主张其汇入公司的所有款项都应作为出资。如前所述，如相关款项的汇入流程符合规范的会计操作，则被法院驳回的可能性较小；但如相关款项性质并不明确，或者存在公司向股东转款但性质不明的情况，股东出资被法院驳回的可能性则较大。

（二）如何区分公司汇入股东账户款项的行为是抽逃出资还是借款

《公司法司法解释三》第12条规定，股东存在下列行为的可认定为抽逃出资：在公司成立后，相关股东的行为符合制作虚假财务会计报表虚增利润进行分配；通过虚构债权债务关系将其出资转出；利用关联交易将出资转出；其他未经法定程序将出资抽回的行为等情形之一且损害公司权益的。

前述情形为明显且易于区分的抽逃出资行为。但实践中，更多的是不易区分的股东抽逃出资与股东借款行为。就此，根据对相关案例的总结，股东向公司转出款项的定性需综合转款时间、金额大小、是否支付利息、是否约定偿还期限、是否履行内部决策程序等因素来进行判定，如转款行为发生在公司成立后不久、转款金额较大或等于出资金额、未约定利息及归还期限，则属于抽逃出资的可能性较大。

三、在破产重整过程中，股东是否仍需补足出资款

破产重整并不能使股东获得出资豁免。在破产重整程序中，尚未足额出资的股东仍需完成补缴。在重整投资人注入资本且受让债务人全部股权的情况下，破产重整的趋势在一定程度上由债权人会议与投资人之间协商一致的方案确定。在该种情形下，如债权人会议、债务人原有股东、重整投资人一致同意，重整投资人出资款已包含债务人原有股东未缴纳的出资款项或重整投资人自愿承担由此造成的后续风险，此时债务人原有股东可能无须补缴出资。

四、股东拒绝补缴出资的法律后果

（一）管理人将依职权发起追收未缴出资之诉并在股东拒绝履行生效判决义务时向法院申请对股东采取强制执行措施

如前所述，股东确实未完成实缴出资义务的，管理人有权要求相关股东按时补缴。股东拒绝履行的，管理人将依法向法院提起诉讼并要求法院判令相关股东履行法定义务。股东仍拒绝履行生效判决的，管理人将依法向法院申请对相关股东采取限制高消费、限制出境及列入失信被执行人等强制执行措施。

管理人未及时通过法院进行权利主张，或在破产程序终结后债务人企业主体资格被注销的，相关债权人可代位行使前述提起诉讼及申请强制执行的权利。

（二）在股东同时符合“未履行配合清算造成债务人财产不明或无法清算”时，向法院申请对股东采取司法、行政甚至刑事强制措施

除相关股东未缴出资外，债务人无其他任何财产的，存在管理人将相关股东拒绝履行出资义务的行为视为拒绝履行配合义务的可能性，特别是股东同时兼任法定代表人、财务负责人等职务的，管理人可能据此向审理破产案

件的法院申请对相关股东采取司法拘留、不准出境的措施，对构成犯罪的依法追究刑事责任。

（三）要求协助抽逃出资的相关责任主体在股东未缴出资本息范围内承担连带责任

管理人或债权人要求相关股东依法补足欠缴注册资本，股东拒绝履行或确无履行能力的，管理人或债权人有权请求法院判令协助抽逃出资的其他股东、董事、高级管理人员或者实际控制人对欠缴注册资本承担连带责任。

第 4 问　股东为维持企业经营向企业出借的款项，能提前收回吗?

在企业破产程序中，当企业赖以经营的资金来自股东借款时，应根据股东实缴出资情况、款项用途、破产程序具体情况等因素判断该借款的性质。

一、在股东未完成实缴出资义务时，其向企业借出的维持运营的款项需要根据具体情况决定是被不予清偿还是劣后清偿

（一）在股东未完成实缴义务情况下，股东向企业借出的借款主要用于偿还企业债权人欠款的，相关借款很有可能被管理人确认为出资款而不予清偿

我国《公司法司法解释三》第 13 条第 2 款明确规定，公司债权人请求未履行或者未全面履行出资义务的股东，在未出资本息范围内对公司债务不能清偿的部分承担补充赔偿责任的，人民法院应予支持；未履行或者未全面履行出资义务的股东已经承担上述责任，其他债权人提出相同请求的，人民法院不予支持。此时，企业股东出资直接用于公司清偿债务，司法实践中较多案例将此时的借款视为相关股东实际履行出资义务。

（二）在股东未完成实缴义务情况下，向企业借出的借款主要用于企业日常经营的，相关借款很可能被视为股东规避出资的手段，从而位于普通债权、其他惩罚性债权之后被清偿

维持公司日常运转是股东出资最基本的作用之一，如果相关股东长期不缴纳出资，只是通过向企业借款的形式维持公司正常运转，将作为公司法基

石原则的“股东按出资比例承担风险与享有收益”转换为“通过债权对公司享有固定收益”，实际上是规避其出资义务，这对其他债权人也是不公平的。

针对该情形，多数司法判例将此时向企业借出的借款确认为劣后债权，位于普通债权、其他惩罚性债权之后被清偿。在一定程度上，可将其与股东出资权益被劣后清偿的情况等同视之。

二、在已完成实缴出资义务的情况下，根据向企业借出款项用途的差异，相关借款可能被视为普通债权或担保债权、职工债权等优先进行清偿

（一）如相关借款仅用于日常运营所需的对外开支，则相关款项可能被视为普通债权或担保债权

在这种情况下，当确定企业与股东不存在人格混同，且相关借款已经企业决策程序并签署借款协议时，则相关股东借款与企业向其他主体借款无异，为普通债权。如公司为相关借款提供担保或保证，则相关借款债权转为担保债权，股东可依法要求管理人优先进行清偿。

其中，要注意如何判断股东与企业之间是否确实存在人格混同关系。公司人格混同，是指在相关股东滥用法人独立地位及股东有限责任时需对公司债务承担连带责任。人格混同常见情形有：股东用公司的资金偿还股东的债务，或者将公司的资金供关联公司无偿使用，不作财务记载；股东无偿使用公司资金或者财产，不作财务记载；股东自身收益与公司盈利不加区分，致使双方利益不清；公司账簿与股东账簿不分，致使公司财产与股东财产无法区分；公司的财产记载于股东名下，由股东占有、使用。

对此，破产程序相关主体需整体把握前述因素，综合判断股东与企业之间的具体情况，有效把握审慎适用与当用则用之间的尺度。如果最终确认股东与企业之间确实存在人格混同的情形，那么上述对普通债权或担保债权的认定极大可能会被推翻。

（二）如相关股东借款被用于垫付职工债权，原则上按照垫付的职工债权性质优先进行清偿

该原则已被《全国法院破产审判工作会议纪要》所确认，也成为司法实

践中管理人常用做法。该做法主要目的在于鼓励对职工生存权的保护，推动完善职工欠薪保障机制。除此之外，如果股东代为垫付职工住房公积金，实践中也可能被视为职工债权性质，从而得到优先清偿。

（三）如相关股东借款被用于垫付社保、税款债权，股东是否有权要求按照社保、税款债权优先进行清偿？

对于这个问题，现行法律法规并没有作出明确规定，管理人的做法也并不一致。部分管理人将其视为维持公司运营必需的投入，列为普通债权；另有管理人参照前述垫付的职工债权做法，将其列为社保、税款债权，原因是社保、税款欠款事关国家与公共利益，股东对其进行垫付的行为同样值得鼓励。

三、特殊情况下，股东借款性质的认定存在不确定性

（一）在破产重整程序中，股东借款可能被优先清偿

破产重整程序的特殊之处在于，债权人需获得尽可能高于破产清算条件下的清偿率，重整投资人需尽快完成投资程序从而减少投资成本与风险。从一定程度上讲，如权益受影响的出资人或债权人同意、重整投资人表示认可，不排除存在重整计划草案内容高于法定标准或突破法定要求仍被表决通过的案例。本质上，我国破产程序由“法院中心主义”逐步转换为“债权人中心主义”。

在此背景下，不排除股东未完成实缴义务，但用于企业运营的相关借款在相当程度上可能被视为职工、社保、税款债权进行优先清偿，也不排除投资人为了同时获得权益受到调整的出资人兼债权人的两份表决权，而对其相关要求作出特定程度或形式的让步。

（二）在关联企业实质合并重整程序中，在特定情况下，股东向子企业借款可能会归于消灭，不再进行清偿

1. 关联企业实质合并重整的适用条件

我国人民法院审理关联企业破产案件的基本原则为，尊重企业法人人格的独立性及对关联企业成员的破产原因进行单独判断并适用单个破产程序。但是，当关联企业成员之间存在法人人格高度混同、区分各关联企业成员财

产的成本过高且严重损害债权人公平清偿利益时，可例外适用关联企业实质合并破产方式进行审理。

2. 法院确认债务人是否满足实质合并重整的核心条件

由于实质合并重整涉及的债务人主体众多，波及的地域范围广，更有甚者，类似北大方正集团实质合并重整案、海航集团破产重整案等案件更是直接影响到了某个或多个产业及产业链。

所以，法院在审查实质合并重整申请时通常十分谨慎。在审查过程中，综合考虑多种因素，如关联企业之间的利益关系、资产的混同程度及持续时间、增加企业重整的可能性、债权人整体清偿利益等方面，作出是否允许进行实质合并重整的判断。

3. 关联企业进入实质合并重整程序的法律后果

适用实质合并重整后，各关联企业原则上合并为一个企业，其财产作为合并后统一的破产财产，这样做的目的是整合各关联企业全部财产从而集中提高债权人整体清偿率。对应的，适用实质合并重整的关联企业之间的债权债务归于消灭，由各关联企业的债权人在同一破产程序中按照法定顺序公平受偿。

所以，如果股东及子公司作为关联企业适用实质合并重整后，股东向子公司借款以维持子公司经营，尤其是在股东与子公司之间互负债权债务时，股东对子公司的借款债权将依法归于消灭，不再获得清偿。

第5问　在重整期间，破产企业的出资人可以要求进行收益分配吗？

在重整期间，债务人出资人不得请求投资收益分配，可以从如何理解重整期限、债务人出资人不得请求投资收益分配的原因、如何保证债务人出资人不进行投资收益分配、债务人股东是否可以请求进行“破产抵销”、如何追回破产企业出资人在重整期间收到的出资权益等方面进行探讨。

一、如何理解并执行相关规定

（一）如何确定重整期限

对于债务人出资人而言，一个比较重要的问题就是重整期间的起止时间如何确定。

重整期间为自人民法院裁定债务人重整之日起至重整程序终止。法院裁定重整之日较易理解，那么如何理解破产重整程序的终止？具体而言，人民法院在如下情况下可能裁定重整程序终止：债务人的经营状况和财产状况继续恶化，缺乏挽救的可能性；债务人有欺诈、恶意减少债务人财产或者其他显著不利于债权人的行为；由于债务人的行为致使管理人无法执行职务；债务人或者管理人未按期提出重整计划草案；人民法院裁定批准重整计划；重整计划草案未获得通过且未获法院裁定批准，或者已通过的重整计划未获得批准。

其中，除“人民法院裁定批准重整计划”这一情形外，法院在裁定终止重整程序时，将一并宣告债务人破产。

由上可知，重整计划被通过并执行之前或债务人被宣告破产之前，债务人出资人不得请求进行收益分配；重整程序终止之后，债务人出资人仍持有重整后主体权益份额的，可依法、依约进行权益分配；如因被宣告破产而进入清算程序，在各类债权被清偿后仍有剩余的，债务人投资人可请求进行分配。

（二）例外情况

《企业破产法》第 77 条第 2 款规定，在重整期间，债务人的董事、监事、高级管理人员不得向第三人转让其持有的债务人的股权。但是，经人民法院同意的除外。因此，在人民法院同意的情况下，债务人的董事、监事、高级管理人员可转出其持有的债务人股权，这在一定程度上可以理解为出资人进行的权益分配或止损行为。

二、债务人出资人不得请求投资收益分配的原因

归根结底是因为债权人出资人在重整期间请求权益分配将极大阻碍破产程序进程。

（一）对债权人权益的损害

允许债务人出资人在重整期间进行权益分配最直接、最明显的损害就是，将直接减少债务人财产总额。如果债务人重整失败进入清算程序，那么最终

的债权受偿比例可能会低于测算的清算程序下的清偿比例，这实际上损害了全体债权人权益。

（二）重整投资的主要方式为股权介入

破产重整中最常见也是最重要的一种方式是投资人投入资金受让债务人全部或部分股权。在重整期间，管理人的核心工作便是对债务人进行清算合资，重整投资人的核心工作也是对债务人资产和负债等情况进行尽职调查。因此，如果允许债务人出资人继续进行出资权益分配，一方面将无法确定债务人资产负债情况，另一方面将会动摇投资人的投资信心与决心。

三、如何防止债务人出资人进行投资收益分配

（一）管理人接收企业时

管理人在接收债权人企业时，也将接收债务人相关资质证照，同时将债务人全部资金转入管理人临时账户进行集中存管与使用，此时债务人出资人收取收益的可能性较小。

但由于法院裁定至管理人接收之前有空窗期，无法排除出资人在此期间仍然收取出资权益。面对此种情形，管理人应当如何应对？法院在裁定受理重整之后会向债务人、股东等相关主体发出配合法院、管理人清算的通知，告知其权利义务。管理人在接收后，可依法要求违法收取权益分配的股东进行返还。

（二）债务人自行管理时

在债务人自行管理时，确实存在其继续向出资人进行出资权益分配的可能，这就需要充分发挥管理人的监督作用。但是考虑到管理人的监督作用可能有限，管理人可能会考虑单独接收并修改债务人资金流动相关的账号、密钥等，或者与债务人建立资金调动的联合机制，债务人划出资金需要由管理人及其指定的人员一致同意。

四、在重整期间，债务人股东可否请求以其投资人分配收益与债务人进行“破产抵销”

《企业破产法》及相关司法解释对此并无明确规定，但法律明确禁止的情形有两种，分别为债务人股东因欠缴债务人的出资或者抽逃出资对债务人

所负的债务与债务人对其负有的债务进行抵销，债务人股东滥用股东权利或者关联关系损害公司利益对债务人所负的债务与债务人对其负有的债务进行抵销。

从理论上讲，单纯的债务人出资权益与其对债务人享有的权益可以进行一定的抵销。但是进入破产重整程序后，债务人最终情况不明，相对应的，出资人收益分配是否最终可被清偿也存在不确定性。同时，破产抵销对债务人出资人而言，本身即是一种“分配形式”。

五、如何追回破产企业出资人在重整期间收到的出资权益

（一）管理人依职权追回

出资人在重整期间违法收取破产企业出资权益的，管理人有权依法追回。但问题是现阶段相关案例较少，维权路径尚不明晰，目前亦无单独的案由对此进行支撑。对此，建议尝试使用“损害债务人利益赔偿纠纷”这一概括案由进行维权。

（二）重整投资人依法要求股东承担违约责任

为保持重整企业价值稳定，重整投资人通常不允许债务人在重整期间发生重大、突发事件。如果约定，债务人出资人在重整期间不得通过任何形式自债务人处获得收益，否则将中止投资协议并需承担相关违约责任，重整投资人可依据重整协议约定要求出资人承担违约或赔偿责任。

（三）债权人要求赔偿或连带责任

如果确因出资人违法获取出资人权益而重整失败，导致债权人清偿率降低时，债权人如何维权？法律对此并无明确规定，个别债权人可尝试以债务人出资人为被告，以“损害债务人利益赔偿纠纷”为案由，向法院起诉要求债务人出资人承担赔偿或连带责任。

综上可知，在债务人重整期间，出资人不得请求债务人或利用自身优势表决权的地位强行进行出资权益分配，否则需承担相应的法律责任。如果出资人要减少投资损失，在企业进入破产重整之前，可以考虑通过法律规定的减资程序进行减资，但该种方式也可能无法实现出资人目的。

第6问　在破产程序中，企业股东或法定代表人如何避免被追究责任？

在企业破产程序中，股东主要承担补缴出资义务和无法清算的后果，法定代表人需承担配合清算义务及法律后果。有基于此，建议股东及法定代表人从以下方面着手以降低被追究责任的可能性。

一、对股东的建议

（一）合理设定认缴出资额，并根据具体情况决定是否通过股权转让、企业减资等合法形式降低被追缴出资的风险

在我国实行注册资本认缴制之后，大量股东在背离自身经济情况及企业实际需求的前提下提高认缴出资额以显示企业实力。但是，认缴并非可以无限期，在企业破产等法定情形下，股东出资加速到期，此时股东需以认缴出资额为限承担股东责任。因此，在企业设立之初，股东应根据客观需要确定认缴出资额，切莫随意增加。

同时，在企业经营中，如股东认为自身无法承担认缴出资额所附带的法律责任，则可考虑通过依法减资、转让股权等方式合法降低自身风险。其中，减资需经过股东会表决通过、清产核资、公告、债权清偿等法律及章程规定的程序；股权转让需优先询问企业其他股东的受让意愿以保障企业股东的优先受让权；如无人有意向受让，可依法对外转让。对受让股东而言，如欲避免在破产程序中被追责，可考虑在股权转让协议中就相关事实的确认、对相关责任的划分作出约定，尽到合理注意义务。

（二）积极回应管理人追缴出资的要求

在管理人依法向股东发出补缴出资的要求后，如股东确有缺额需补缴，需按照要求进行补缴；如为股权代持，则需及时提供代持协议；如暂无履行能力，则可与管理人积极进行沟通，争取延长履行时间、利息减免；如确因没有履行能力而被法院采取强制执行措施，可在企业经清算被注销后，尝试向法院申请解除强制执行措施。

（三）在企业解散后，积极履行清算责任，在债务人符合破产原因情况下，依法履行破产申请义务

根据公司法规定，有限责任公司的股东、股份有限公司的董事和控股股东负有清算义务。而《企业破产法》第7条第3款规定，企业法人已解散但未清算或者未清算完毕，资产不足以清偿债务的，依法负有清算责任的人应当向人民法院申请破产清算。如相关人员未及时履行破产申请义务，导致债务人主要财务账册、重要文件等灭失，致使管理人无法执行清算职务，损害债权人利益，管理人或债权人有权要求股东等主体承担赔偿责任。

因此，在企业清算过程中，如果股东特别是风险承受能力较差的股东发现债务人有资不抵债的线索或信息，应当及时向法院提出破产申请。在此过程中应尽量保管债务人财务账册，如无法接触到相关材料，应当保留相关材料在何处由谁保管的证明，这样做的目的是证明股东已经尽到合理注意义务以减少后续被追责的可能。

（四）中小股东需积极证明自身并未委派董事、并未参与企业经营

如果管理人或相关债权人以股东怠于履行义务而造成无法清算的后果，要求所有股东承担连带责任，可能对中小股东造成不公。

因此，中小股东在诉讼过程中，除做好前述申请清算、保管财务账册工作外，需举证证明已积极采取措施履行清算义务，或者证明自身既不是企业董事会或者监事会成员，也没有选派人员担任该组织成员，且从未参与企业经营管理，或者证明自身消极行为与债务人财务、账册的丢失不具有因果关系，主张自身不应当对企业债务承担连带清偿责任。

二、对法定代表人的建议

（一）增强企业合规经营意识，健全财务及档案管理机制

企业法定代表人应当增强合规经营意识，特别是健全财务及档案管理机制，一方面可以减少高级管理人员隐匿、转移债务人财产情况的出现；另一方面减少了债务人财务、账册丢失的可能。根据《企业破产法》的规定，法定代表人核心义务在于向管理人进行全面移交，而法定代表人可能承担民事赔偿、司法处罚、刑事责任的情形也基本与债务人的财务、账册有关。

因此，在企业正常经营过程中，法定代表人务必要重视对财务账册及相关档案的保管，在企业进入破产程序后，法定代表人需积极履行财务、账册的移交义务。如确不掌握，法定代表人可积极向管理人进行说明并提供具体留存地点。

（二）积极履行配合义务

在企业破产程序中，法定代表人的核心义务便是积极配合管理人工作，具体内容包括妥善保管其占有和管理的财产、印章和账簿、文书等资料；根据人民法院、管理人的要求进行工作，并如实回答询问；列席债权人会议并如实回答债权人的询问；未经人民法院许可，不得离开住所地；不得新任其他企业的董事、监事、高级管理人员。

部分债务人主动申请进入破产程序的目的之一是解除执行法院对法定代表人的强制执行措施。因此，无论法定代表人最终能否完成前述配合工作，均需积极主动履行，避免消极回避，与管理人保持良好沟通，争取在债务人被宣告破产后申请管理人协助解除相关措施。

（三）“挂名”法定代表人积极举证自身并未实际参与企业经营

企业实际控制人出于各种考虑，会安排其亲属、与企业无关的第三人、企业职工担任法定代表人。在企业进入破产程序后，如“挂名”法定代表人不能及时证明其并未实际参与企业经营，被法院或管理人认定为拒不履行配合义务的可能性很大。

对此，建议实际控制人及与企业无关第三人及时向管理人说明情况，并考虑提供企业经营文件中的签字与自身笔迹的对比、自身居住地与公司经营地并未在同一地区、自身并未参与企业经营及实际控制人提供的情况说明等方面的材料。对企业职工而言，可考虑提供实际控制人下达有关法定代表人事务命令的证明、自身任职系由实际控制人安排的证明、自身日常工作内容并未涉及法定代表人事务的证明及实际控制人参与企业经营事务表决的证明等方面的材料。

无论何种“挂名”，相关人员及时向法院或管理人提供实际控制人及相关财产、资料的线索或信息是最重要的。

第7问　管理人接管企业时，破产企业的法定代表人需要配合哪些工作？

在破产企业法定代表人有责任向管理人移交的前提下，这个问题可以更多地从法定代表人与管理人如何进行移交来展开论述。

一、法定代表人应及时、全面、连续地向管理人进行移交

这也是法定代表人在破产案件中进行移交时必须遵守的原则。管理人只有在完全接收的基础上，才有可能对债务人继续进行清产核资工作并从中梳理债务人财产线索，从而确认如何开展财产追收行为。因此，法定代表人或相关人员是否依法配合管理人接收工作将直接影响破产工作可否继续进行。因此，法定代表人等相关主体需慎重对待移交工作。

1. 什么是及时移交

第一，法院会要求破产企业法定代表人在法院受理破产申请之后的15日内，向法院提交财产状况说明、债务清册、债权清册、有关财务会计报告以及职工工资的支付和社会保险费用的缴纳情况。这样做的目的有二：一是让法院尽可能详细地了解和掌握破产企业和债务人情况；二是防止法定代表人后续不依法履行移交工作职责。

第二，在管理人依法被指定后，首要和核心工作就是接收工作，管理人一般将视案件复杂程度、债务人经营及财产体量等因素确定合理的移交期限，通过书面函告、电话、邮件、公告等方式要求法定代表人限期进行交接。在法定代表人拖延履行或拒绝履行的情况下，管理人将请求审理破产案件的法院对法定代表人采取强制执行措施。在此过程中，如果法定代表人确实因客观原因无法按时移交，需及时向管理人说明情况，以免被管理人或法院认定为故意或重大过失不履行移交义务，从而被追究相关责任。

2. 什么是全面移交

在破产案件中，无论是由管理人负责还是债务人自行管理的财产和营业事务，都要求法定代表人对包括债务人企业人员、财产、物品等在内的所有材料及信息进行“全面”移交，根据债务人经营范围及业务的不同，移交的侧重点也有差异，概括起来，法定代表人“全面”移交的范围包括但不限于

以下内容：

第一，银行账户余额及K卡、保险、证券、网络资金、车辆、不动产、实物、固定资产、税控盘等财产；

第二，营业执照（正本及副本）、社会保险登记证、社保一证通、税务一证通、住房公积金一证通、机构信用代码证（如有）、银行开户许可证、公司章程原件、企业统一社会信用代码证明（如有）、各类合同及协议等文书；

第三，企业公章、财务专用章、法人代表章、发票专用章、合同专用章等各类印章；

第四，验资报告、各类审计报告（年度审计、专项审计、税审）、总账、明细账、现金日记账、银行日记账、记账凭证、现金盘点表、银行对账单、空白发票、转账支票、现金支票、发票等各类财务资料。

3. 什么是连续移交

实践中，相关企业财产及资料较多，交接工作通常无法一次完成。在此种情况下，法定代表人应当按照管理人的要求，先将债务人重要的资质、证照、印章及财产移交给管理人，后续分批次并尽快完成移交。在此过程中，多数法定代表人对于能否申请变更法定代表人身份存在疑问。法律对此没有明确规定，但为履行需要考虑，管理人通常会致函市场监督管理局等部门请求协助，在破产程序终结之前不得同意法定代表人更换其身份的请求。

特别需要注意的是，在债务人破产清算后，主体已被注销，此时管理人接收的相关账册等资料如何保管，目前暂无统一明确的法律规定，各地做法也有所不同。有地方要求将相关材料移送至当地档案馆，具体如何进行衔接又是个问题。管理人可能会将相关材料再次移交给股东或法定代表人，此时法定代表人仍需根据管理人及法院要求履行不同程度的接收义务。

二、法定代表人向管理人进行移交的方式

根据案件情况的不同，管理人通常会采取两种移交及保管方式，分别为转移债务人财产并自行保管、在债务人场地原地保管。

前者指的是债务人法定代表人或其指定的人员将债务人财产及资料等转移至管理人指定的场所。后者指的是管理人出于对案件负责、材料较多或重整企业实际运营的需要等原因，在办理交接手续后，通过贴封条、拍照录像或聘用专人管理、监控等方式将债务人财产仍旧保留在债务人场所进行管理。

无论管理人采取何种方式进行接收，法定代表人及其指定人员必须按要求予以配合，也应当制作详细的财产或交接清单，并由管理人与法定代表人签字。

三、法定代表人在办理交接时，应回答管理人关于财产及业务的询问

管理人接收债务人财产时，通常会询问法定代表人关于债务人的财产及业务信息或线索，法定代表人需如实回答，不可隐瞒或提供虚假信息。双方沟通内容将通过谈话笔录的形式固定下来，这也是法律允许的管理人履行职责的方式之一。

四、法定代表人在办理交接前后，应继续履行维持债务人企业所必需的相关工作

法定代表人交接之前或过程中，债务人继续经营的，法定代表人或相关责任人员在接到管理人要求的通知后，仍需继续履行企业运营必需的工作职责，如根据实际情况继续进行报税，避免出现“非正常户”等影响破产程序继续推进的情况。

五、禁止法定代表人在移交之前及移交期间进行个别清偿等有损债权人权益的行为

法院受理破产申请之后至管理人正式接收之前，存在一定的空白期。虽然法院及管理人会通过公告等各种方式公示债务人已进入破产程序的事实，第三方企业信用信息系统也会及时同步，但仍无法实现对所有主体破产信息的覆盖。

正因如此，法定代表人仍有机会继续代表债务人对外进行相关行为，如进行个别清偿、财产转移等行为。前述相关行为都是法律明确禁止的，一旦发生，不仅必须追回所涉财产，法定代表人或相关责任人员还可能承担不利

的法律责任。

六、法定代表人不配合管理人移交工作需承担的法律后果

如“破产申请受理后，企业法定代表人会面临哪些限制”部分所述，债务人法定代表人负有配合清算的义务，依法向管理人进行移交便是核心义务。法定代表人或其指定人员不配合管理人进行移交导致无法清偿、债务人财产减少从而损害债权人权益，则需承担民事赔偿、司法处罚或刑事责任。

如果法定代表人的不配合最终导致管理人无法开展清算，债权人可向法院提起诉讼，要求法定代表人承担连带责任，审理破产案件的法院也有权根据管理人申请或依职权对法定代表人作出拘留、罚款、限制出境等处罚决定。如因法定代表人故意销毁债务人财务账册而导致无法移交，法定代表人需依法承担相关刑事责任。

第 8 问　破产企业负责人的哪些行为可能会被认定为隐匿、转移财产及这样做的后果？

《企业破产法》并未明确规定“隐匿、转移财产行为”的具体行为方式，实践中可能存在多种多样的行为。其中，隐匿即为明知债务人存在某些财产而通过各种方式隐瞒并拒不向管理人提供，转移则是通过各种方式将属于债务人的财产剥离出债务人资产负债表或财产清单。无论何种方式，核心原则是债务人相关人员具有明显的主观恶意。

现行法律虽并未规定具体行为方式，但可以从《企业破产法》明确禁止的个别清偿行为、可撤销财产处置行为、无效财产处置行为进行反推。在确认相关人员从事相关行为是出于让企业逃避债务或直接据为己有时，就有可能被认定为“隐匿、转移财产”。

一、破产企业相关人员隐匿、转移财产的行为

（一）将企业的资金、设备、产品、货物等财产全部或部分予以隐瞒、藏匿

“隐匿财产”行为基本上有两种方式：在企业资产负债表、财产清单中不登记或少登记债务人所有的财产或故意隐匿已在债务人财务资料中登记的

财产。此时需从以下几个方面理解和把握相关行为：

1. 能够被隐匿不进行登记、不予列明的财产多数为无须经过国家相关机关进行登记的财产，类似不动产、需依法登记的汽车、船舶等财产很难不被体现在债务人财产资料中。

实践中，债务人常见的做法包括但不限于用债务人相关人员的个人账户收取本应属于债务人的资金；拒不将企业重要设备登记或列明在企业资产负债表中，可能由债务人指定的主体进行代持。

2. 债务人财产登记信息不详细、不具体或财产被隐匿后不被使用都将增加管理人追回的难度

例如，债务人相关人员将登记在债务人名下的车辆隐匿后，不进行使用；或者在债务人财产资料中登记的某一批衣服未具体登记品牌、型号，这些行为直接增加了管理人追回工作的难度。

（二）通过虚构债务或者承认不真实的债务转移债务人财产

如何确认相关债务是否为虚构或不真实？主要是通过核查相关交易是否真实存在。管理人通常要核查相关协议项下银行转账凭证、交易凭证、发票、运输单、签收单、仓储单等重要资料，债务金额较大时也可能实地查验或探勘。如经管理人核查后确认相关债务为虚构或并非真实存在，将依法追回所涉债务人财产。

（三）通过无偿转让财产转移债务人财产

主要是通过赠与或无理由、无依据的调账方式减少债务人财产，将相关财产转让给债务人、股东、法定代表人或其指定的利益相关方。通过无偿转让财产转移债务人财产较为直接和明显。

（四）通过以明显不合理的价格进行交易的方式转移债务人财产

主要表现为以明显不合理的低价转出债务人财产或以明显不合理的高价购入相关财产，直接或间接减少债务人财产总额。如交易相对方为债务人、股东、法定代表人及其关联方时，主观恶意更为明显。

（五）通过对没有财产担保的债务提供财产担保的方式转移债务人财产

主要表现为在并不具有必要性和正当性的情况下，股东、法定代表人对

债务人享有的债权或者第三人对债务人享有的债权，通过直接实现或法院实现担保物权的方式，取得相关财产的所有权，达到转移债务人财产的目的。

（六）通过对未到期的债务提前清偿的方式转移债务人财产

主要表现为没有正当理由，提前对未到期或最终能否成就存在不确定性的债务进行清偿。如相关债务为虚构或并非真实存在，那么相关主体转移债务人财产的目的暴露无遗。

（七）通过放弃债权的方式转移债务人财产

主要表现方式包括放弃对第三方的债权及对股东、法定代表人、高级管理人员等利害相关方的债权。在前六种方式下，债务人、股东或法定代表人可能会以提供折扣的方式要求第三方向债务人关联方偿还债务；此种方式则直接减免对股东等利害相关方享有的债权，相关主体无须支付对价即可直接获得债务人相关财产所有权。

（八）通过与关联企业进行交易、资产置换等方式转移财产

在进行关联交易或资产置换时，必须遵守公平原则。如果进行资产置换，则需先行聘请中介机构对置换双方的财产进行评估作价，否则相关行为可能涉嫌故意转移债务人财产。

实践中，相关主体通常通过故意作低债务人财产价值、作高对方资产价值、不作价评估或者以债务人优质资产置换对方劣质资产等方式达到转移债务人财产的目的。

二、破产企业相关人员隐匿、转移债务人财产需要承担的法律后果

破产企业相关人员隐匿、转移债务人财产的行为为《企业破产法》《民事诉讼法》《刑法》等相关法律所禁止，其同时也属于“逃废债”的方式之一。

近年来，各地法院陆续出台相关规定，防止相关人员通过破产实现“逃废债”的目的，如齐齐哈尔市中级人民法院发布的《关于在审理企业破产案件中防范和打击逃废债行为的规定》、重庆破产法庭发布的《关于在审理企业破产案件中防范和打击逃废债务行为的工作指引（试行）》、河

北省高级人民法院发布的《关于在审理破产案件中防范逃废债行为的意见（试行）》等，均对通过破产程序实现“逃废债”的做法作出了禁止及处罚规定。

如果破产企业相关人员确实存在隐匿、转移债务人财产的行为，那么根据不同情况，破产企业相关人员需要承担以下三种形式的责任。

（一）依法向管理人返还其转移、隐匿的债务人相关财产

如债权人相关人员确实存在上述八种行为，根据《企业破产法》规定，管理人有权依法行使撤销权、确认相关行为无效，向相关主体追回被隐匿、转移的财产；相关财产已不存在或被损毁的，则相关主体需承担赔偿责任。

（二）债务人通过相关人员转移、隐匿财产而逃避执行义务时可能由法院进行司法处罚

债务人为逃避强制执行义务，指示相关人员隐匿、转移相关财产，恶意阻却执行法院依法执行的，执行法院有权根据情节轻重予以罚款、拘留；构成犯罪的，依法追究刑事责任。

（三）满足条件的情况下，依法承担刑事责任

债务人及其法定代表人有上述情形之一的，可能构成职务侵占罪，虚假破产罪，隐匿、故意销毁会计凭证、会计账簿、财务会计报告罪等。

特别需要注意的是，司法实践中虚假破产罪相关的案例较少，适用标准也未确定。但随着国家对“逃废债”行为的打击力度不断加大，最高人民检察院、公安部于2022年4月6日发布了《关于公安机关管辖的刑事案件立案追诉标准的规定（二）》，对虚假破产罪的立案标准进行了明确，具体如下：隐匿财产价值在50万元以上的；承担虚构的债务涉及金额在50万元以上的；以其他方法转移、处分财产价值在50万元以上的；造成债权人或者其他人直接经济损失数额累计在10万元以上的；虽未达到上述数额标准，但应清偿的职工的工资、社会保险费用和法定补偿金得不到及时清偿，造成恶劣社会影响的；其他严重损害债权人或者其他人利益的情形。

三、对破产企业相关人员的合规建议

通过上述内容可以看出，债务人及相关人员不得隐匿、转移债务人财产

以避免承担相关责任。如有正当的、合法的理由及依据从事相关行为时，应避免出现前述情形，做到行为真实、合法。

当管理人或法院确认行为确属隐匿、转移时，相关人员应积极与管理人进行沟通，提供相关材料证明自身并非恶意并根据要求返还财产、赔偿损失，避免性质恶化和责任升级。

第9问　破产申请受理后，企业的财务人员、高级管理人员是否可以“置身事外”吗？

在管理人认为有必要且经人民法院决定的情况下，破产企业的财务人员、高级管理人员同样需要承担“破产申请受理后，企业法定代表人会面临哪些限制”及“企业被申请破产了，对股东会产生什么影响”部分所述的义务与责任。除此之外，高级管理人员尤其是财务人员还需承担一些特定的限制义务，具体如下。

一、经人民法院决定后，破产企业的财务人员、高级管理人员也需要承担一般的配合清算义务

（一）破产企业的财务人员、高级管理人员并不是必须承担配合清算义务

一般认为，破产企业法定代表人行为全面代表了企业意思表示。因此在企业破产程序中，主要由法定代表人承担配合管理人进行清算的义务。并且在多数案件中，在法院受理破产申请之前，包括财务人员在内的高级管理人员均已离职，所以一般情况下也只能由法定代表人履行配合清算义务。

但在必要情况下，法院也可决定前述人员同样需要配合管理人进行清算工作，如有关财产信息与线索只由财务人员等高级管理人员所掌握、相关人员仍然在职或破产企业财产、负债情况复杂。实践中较为常见的情形是，在债务人企业进入破产程序之前，相关人员虽已离职，但他们中的大多数是被集团公司调至集团其他公司，管理人一般会要求相关人员随时进行配合，否则将请求法院作出相关通知或决定。

（二）破产企业财务人员、高级管理人员需要承担的配合清算义务

与法定代表人承担的配合清算义务一致，在必要且经人民法院决定的情况下，破产企业财务人员、高级管理人员需要承担的配合清算义务如下：

1. 妥善保管其占有和管理的财产、印章和账簿、文书等资料；
2. 根据人民法院、管理人的要求进行工作，并如实回答询问；
3. 列席债权人会议并如实回答债权人的询问；
4. 未经人民法院许可，不得离开住所地；
5. 不得新任其他企业的董事、监事、高级管理人员。

在法院已作出相关决定的情况下，相关人员必须按照要求配合开展工作，不能以已离职、不清楚情况等理由拒绝配合，否则可能要承担相应法律责任。

二、破产企业高级管理人员需承担的特殊义务

破产企业高级管理人员除承担前述一般的配合清算义务外，根据具体情况要求还可能要承担下列特殊的义务或限制。

（一）相关人员是否可以继续在破产企业任职存在不确定性

在企业进入破产程序后，管理人有权根据企业及案件具体情况决定是否解除与企业既有职工的劳动关系及是否重新聘用相关工作人员。一般情况下，法院受理破产的企业中有很大一部分在破产申请受理前已经停止运营，企业与高级管理人员也已经终止劳动关系。如果双方未能在破产申请受理之前解除劳动关系，管理人在接收企业后大多也要着手解除工作。

实践中也存在特殊情况。例如，在企业破产重整和解过程中，相关高级管理人员具有企业所必需的资质、经验或行业地位等直接或间接影响企业能否存续的因素，进而影响重整投资人或和解投资人的介入意愿时，管理人极大可能选择继续维持与相关人员的劳动关系。

（二）高级管理人员自公司获取的非正常收入需依法被追回

如在“哪些债权可能会不被认可”部分所述，为确保在企业具有破产原因情况下，所有债权人处于同一起跑线上，《企业破产法》设置了高级管理人员非正常收入需要被依法追回的制度，以达到公平对待债权人的目的。

1. 何为高级管理人员的“非正常收入”

破产企业高级管理人员自企业获取的非正常收入，是指在债务人有企业破产原因时，高级管理人员利用职权获取的绩效奖金、普遍拖欠职工工资情况下获取的工资性收入及其他非正常收入。

2. 高级管理人员向管理人返还非正常收入后，是否有救济途径

如破产企业高级管理人员确实存在前述非正常收入，管理人将依法通过协商、诉讼等方式予以追回。然而，《企业破产法》禁止的是高级管理人员在企业具有破产原因而拖欠其他职工工资情况下，获取的高于职工平均工资的收入，对于其依法应获取的合法收入仍予以保护。

因返还绩效奖金及其他非正常收入形成的债权，高级管理人员可将其作为普通债权申报并获得清偿。因返还普遍拖欠职工工资情况下获取的工资性收入而形成的债权，按照该企业职工平均工资计算的部分作为拖欠职工工资申报并获清偿；高出该企业职工平均工资计算的部分，可以作为普通债权申报并获得清偿。

三、破产企业财务人员需承担的特殊义务

企业的财务工作具有敏感性和重要性，破产企业财务人员是负有配合清算义务的主体之一。在某种程度上，企业财务工作的质量将直接影响到管理人各项工作的进程。因此，在破产案件进程中，破产企业的财务人员不同于其他高级管理人员，在一定情况下需承担更多或更细致的配合工作。

（一）依法向管理人进行移交并回答相关询问

在破产企业财务人员依法全面向管理人移交各类财务资料过程中，管理人将向其询问债务人主要资产、资金的去向及对外投资等信息。实践中，问题主要集中于移交的财务资料是否有缺失、债务人与股东等关联主体之间是否存在关联交易、债务人资产情况、债务人对外所负债务清单、债务人是否存在利用财务人员个人账户等非企业账户进行收款的行为等。在此过程中，财务人员需要根据事实进行答复并签字确认陈述内容。因此，财务人员既不要瞒报，也不要虚假多报，客观地向管理人说明相关问题发生的前因后果，避免自身承担陈述不实的法律后果。

（二）配合破产专项审计、评估工作

在相关机构开展审计、评估过程中，管理人不仅需要配合提供相关财务资料，还需要对审计、评估人员列出的问题清单一一作出答复。但限于管理人信息掌握及专业知识的局限性，多数情况下，相关问题清单最终需要财务人员逐个进行答复，并签字确认。在此过程中，财务人员需据实答复，如无法确认或不知情，尽量向审计、评估或管理人提供相关线索，尽到全面配合义务，避免出现被认定为“怠于履行配合清算义务”的情况。

（三）配合管理人处理税务相关工作

在破产清算案件中，因债务人已经停止运营，基本不再产生新的纳税义务，但仍需按照规定继续报税，否则在注销主体资格时将面临较大困难。

在破产重整案件与破产和解案件中，多数企业进入破产程序后仍在继续运营，此时更需依法处理报税、纳税等专业财务工作。但管理人缺少专业财务知识，通常情况下仍然需要破产企业人员继续配合开展相关工作。在这个过程中，财务人员要尽可能地予以配合，如果在实际操作时遇到困难，也应该向管理人解释详细的操作步骤。

（四）必要时，作为证人或第三人配合管理人参与相关诉讼

在管理人依法通过诉讼方式追收股东、次债务人、高级管理人员等主体所欠破产企业款项时，法官在庭审时会对相关财务细节进行询问，由于相关工作并非由管理人实际进行，所以不排除管理人向法院申请要求当时经手的财务人员出庭作证并进行情况说明的可能。此种情况下，建议相关财务人员按照法院要求出庭，据实说明情况，避免被采取相关司法措施。

第 10 问　破产企业高级管理人员未履行勤勉义务是否会在破产程序中被追责？

破产企业高级管理人员确实存在违反忠实、勤勉义务的行为，且给债务人或股东造成损害的，管理人或股东有权在企业破产程序中追究其责任，要求其承担返还、赔偿责任或刑事责任，法律也确实设置了相应的责任追究机制。破产企业高级管理人员的行为造成债务人破产的，在企业破产程序终结

后仍要承担一定的责任。

一、企业高级管理人员的忠实、勤勉责任

（一）企业高级管理人员的范围

根据《公司法》《合伙企业法》等规定及通俗理解，企业高级管理人员包括董事、监事、执行层中的管理人员。根据各企业章程规定及实际情况的不同，除董事、监事、合伙人外，具体还可能包括（总）经理、副（总）经理、执行事务合伙人、财务负责人、上市公司董事会秘书等对企业经营管理有重要影响的人员。

（二）企业高级管理人员的忠实、勤勉义务的具体内容

由于所有权和经营权分离，相较于股东、出资人、法定代表人，高级管理人员在企业经营中更加亲临运营一线，对企业的财产和信息有更加实质的掌握。为保障债务人及股东权益不受侵害，高级管理人员在领取企业给予的高额报酬的同时，亦需承担具体的、明确的忠实、勤勉义务。

对于义务的具体内容，《公司法》第148条已经给出了较为明确具体的规定。因此其他类型企业，如无明确规定，可参考适用《公司法》规定，也可以根据企业章程或权力机构的要求执行。需要把握的核心原则是其行为是否侵占了本应属于企业的资源及收益，是否最终侵害了债务人、股东及债权人权益。企业高级管理人员不得有如下行为：

1. 挪用公司资金；

2. 将公司资金以其个人名义或者以其他个人名义开立账户存储；

3. 违反公司章程的规定，未经股东会、股东大会或者董事会同意，将公司资金借贷给他人或者以公司财产为他人提供担保；

4. 违反公司章程的规定或者未经股东会、股东大会同意，与本公司订立合同或者进行交易；

5. 未经股东会或者股东大会同意，利用职务便利为自己或者他人谋取属于公司的商业机会，自营或者为他人经营与所任职公司同类的业务；

6. 接受他人与公司交易的佣金归为己有；

7. 擅自披露公司秘密；

8. 利用职权收受贿赂或者其他非法收入，侵占公司的财产；

9. 违反对公司忠实义务的其他行为。

二、在企业破产程序中，管理人如何追究高级管理人员违反忠实、勤勉义务的责任

企业高级管理人员违反忠实、勤勉义务的方式有多种且相关行为多发生于企业破产之前。那么管理人应通过何种方式追究相关高级管理人员的何种责任是一个关键问题。

（一）如何把握高级管理人员相关行为是否应被追责

实践中，企业进入破产程序后，管理人一般针对高级管理人员以下几种情形启动相应追责机制：利用职务之便，直接非法侵占债务人企业财产；确实利用了法律、企业章程及企业权力机构赋予的职权及便利并获取了本应属于企业的机会及收益；收受贿赂等违法犯罪行为；《企业破产法》禁止的债务人破产受理之前6个月内对个别债权人的清偿行为、1年之内的可撤销行为及无效处置行为。

（二）管理人可以要求高级管理人员承担的责任

总结起来，根据债务人高级管理人员违反忠实、勤勉义务行为具体情况的不同，高级管理人可能需返还应属于企业所有的收入、赔偿给公司造成的损失或承担违法犯罪的刑事责任。

如果债务人高级管理人员存在上述九种行为，由于其收入为占用企业资源所得，其相关收入应归企业所有。债务人高级管理人员存在上述行为或者执行公司职务时违反法律、行政法规或者章程规定给企业造成损失的，应当依法承担赔偿责任。债务人高级管理人员存在职务侵占、贪污受贿等犯罪行为的，管理人将依法请求有关机关追究其刑事责任。

（三）管理人应以何种案由提起相关民事诉讼

由上述内容可知，债务人高级管理人员违反忠实、勤勉义务的行为类型不同，管理人要求高级管理人员承担的责任不同，其涉及的权利基础也不完全相同。因此，管理人在实际追究高级管理人员相关民事责任时可能会基于不同的请求权基础与法律关系而适用不同的案由。

对此，最高人民法院《民事案件案由规定》给出了统一案由“损害债务人利益赔偿纠纷”，这是因为无论高级管理人员行为属于何种类型，其实质上都损害了债务人的合法权益，同时在破产程序中由管理人代表债务人依法行使相关权利确实也更加便利。

三、出资人可否在企业破产程序中要求高级管理人员向其承担责任

如债务人高级管理人员相关行为直接损害了出资人合法权益，那么在破产程序中股东是否有权直接要求相关人员承担赔偿责任呢？就该问题，目前法律并无明确法律规定，实践中相关案例也极少，因此该问题尚无固定答案。

从理论上讲，高级管理人员的此种行为对出资人而言属于侵权行为，行为主体限于出资人与高级管理人员。因此，无论企业处于何种阶段，出资人均有权要求相关人员承担责任，也因此，《民事案件案由规定》专门规定了“损害股东利益责任纠纷”这一案由。

在企业进入破产程序后，法律优先保障的是债权人权益。如相关人员行为既损害了债务人权益也损害了股东权益，此时应当如何取舍也是一个后续需要继续探索的问题，也希望将来出具明确规定及典型案例对此作出释明。

四、破产程序终结后，负有责任的高级管理人员还需承担的责任

如确认债务人企业破产确系高级管理人员不当行为所致，高级管理人员在破产程序中承担前述对应责任后，仍需接受信用惩戒。具体为，自破产程序终结之日起 3 年内不得担任任何企业的董事、监事、高级管理人员。这既能起到惩戒作用，也有示范效应，加之高级管理人员的非正常收入被收回，这些措施综合提高了高级管理人员的违法成本。3 年的限制期也给予了相关人员反省和重新开始的机会。

第二章　破产企业股东、法定代表人个人可否申请破产？

第 11 问　公司股东、法定代表人欠债无力偿还，是否可以申请个人破产？

所谓个人破产，是指个人因生产经营、生活消费导致丧失清偿债务能力或者资产不足以清偿全部债务，向法院申请通过破产程序清理债务。不同于发达国家已经形成成熟、完善的个人破产体系之情况，目前我国在法律层面并无“个人破产法”，个人破产处于仅在个别地区先试先行出台相关地方规定的探索阶段。

同时，我国设定个人破产宗旨是“保护诚实而不幸的人”。公司股东、法定代表人在欠债无力偿还的情况下，向法院申请个人破产，首先要确定其居住地是否设有个人破产或相关制度，在此基础上确认其情况是否符合当地规定的个人破产申请条件。对此，相关内容可从如下方面展开。

一、我国关于个人破产的相关规定

如前所述，目前我国个人破产处于探索阶段，有关部门及各地与此相关的规定梳理如下。

（一）政策开端

2019 年 6 月 22 日，国家发展和改革委员会发布《加快完善市场主体退出制度改革方案》。该方案第二部分“规范市场主体退出方式”下“（二）建立健全破产退出渠道”规定：“在进一步完善企业破产制度的基础上，研究建立非营利法人、非法人组织、个体工商户、自然人等市场主体的破产制度，扩大破产制度覆盖面，畅通存在债权债务关系的市场主体退出渠道。”这为我国个人破产制度的探索提供了政策支持。

（二）我国第一部个人破产地方规定

2020年8月26日，深圳市第六届人民代表大会常务委员会第四十四次会议通过了《深圳经济特区个人破产条例》，并于2020年8月31日正式发布。该条例被誉为我国第一部个人破产规定，其出台亦被视为我国“个人破产时代”的到来。

该条例参考《企业破产法》，对个人破产相关流程涉及的问题均作出了详细规定，并将个人破产整体分为个人破产、个人重整、个人和解三大类。

2022年5月17日，深圳破产法庭发布《加强个人破产申请与审查工作的实施意见》，就申请人提出个人破产申请前，应当经过破产事务管理部门的专门面谈辅导，并按照要求提交材料，完成申请个人破产信息采集表等事项作出了详细指引。实施意见的颁布主要是为对个人破产进行公正、高效的审查，防止滥用个人破产程序，防范破产欺诈行为。

（三）个人债务集中清理的相关地方规定

除上述《深圳经济特区个人破产条例》外，各地也进行了有意义的探索，但均以“个人债务集中清理”的名义进行规定，旨在达到集中清理个人债务、修复信用和债权人受偿的目的，并以此作为试点，从中总结出个人破产制度因素，从而逐步建立起当地个人破产相关制度。各地先后颁布的具体规定如下：

1. 2019年4月26日，台州市中级人民法院发布《执行程序转个人债务清理程序审理规程（暂行）》；

2. 2019年10月21日，苏州市吴江区人民法院发布《苏州市吴江区人民法院关于个人债务清理的若干规定（试行）》；

3. 2020年12月1日，山东省东营市中级人民法院发布《东营市中级人民法院〈关于个人债务清理的实施意见（试行）〉》；

4. 2020年12月2日，浙江省高级人民法院发布《浙江法院个人债务集中清理（类个人破产）工作指引（试行）》。

二、申请个人破产需要具备的条件

目前我国仅在部分地区就“个人破产”或“个人债务集中清理制度”开展了试点工作。所以，公司股东、法定代表人能否向法院申请个人破产及申请后是否被受理均存在不确定性。

通过对上述规定进行总结，笔者认为个人破产申请最终能否被受理，需从“债务人居住地及社保缴纳情况”“个人是否具备破产原因所需的积极条件”“个人是否存在不予受理的消极条件”三方面进行综合判定。

需要说明的是，前述规定对该三个问题具体要求大致相同，但也存在细微差异。因此在解答该三个问题时，笔者将尽量总结共同点。如果相关规定明确具体，也可将其作为典型规定直接引用，起到启发和指引的作用，当然最终仍然需要按照当地规定进行操作。

（一）对个人居住地及社保缴纳情况的具体要求

上述规定均要求自然人债务人具有当地户籍或在出具相关规定的政府或法院辖区内居住，并参加当地社会保险或缴纳个人所得税连续满 3 年。因此，相关个人申请“个人破产”，需先确认自身符合户籍、居住及社保缴纳条件，如不符合，则可能无法启动或需待条件满足后再行向相关法院进行申请。

（二）个人破产申请被法院受理需具备的条件

核心要求与《企业破产法》规定的破产原因一致，即自然人必须符合“不能清偿到期债务，资产不足以清偿全部债务或者明显缺乏清偿能力”的要求。此外，不同申请主体需向法院提供不同材料。以《深圳经济特区个人破产条例》规定为例，阐述如下：

1. 债务人自身申请时，需提交的材料。

（1）个人破产申请书。需载明拟申请的破产程序、债务人基本情况、破产原因及经过说明等内容。其中，破产原因及经过说明包括负债过程、款项用途与流向、债务未能偿还的原因等。

（2）债务人身份、居住地、职业、收入、社保、纳税状况、征信记录等方面的证明材料。

（3）债务人家庭成员及其近亲属基本信息、配偶职业及收入等情况说明。

（4）个人财产、共同财产清册。载明本人财产、与他人共有的财产，以及财产种类、数额、存放地点等。

（5）个人债务、共同债务清册。载明债权人名称及联系方式、与债权人的关系，以及欠各债权人的债务本金、利息、违约金（注明计算利息、违约金的截止时间）、有无财产担保等。

（6）合法雇佣他人的名单、工资支付和社保缴纳情况，以及证明材料。

（7）债务人承担赡养、抚养、扶养义务的情况说明。载明被赡养人、被抚养人、被扶养人姓名及其与债务人的关系，有无其他赡养、抚养、扶养义务人，以及债务人应当承担义务的份额等。

（8）申请破产前两年内处置价值五万元以上财产或者发生五万元以上交易的情况说明，以及证明材料。

（9）破产事务管理部门出具的申请人完成面谈辅导证明。

（10）申请人诚信承诺书。

（11）人民法院认为应当提交的其他材料。

此外，债务人申请个人破产重整及破产和解的，还应当提交重整、和解计划或者可行性报告。

2. 债权人申请时，需提交的材料。

（1）个人破产清算申请书。载明申请人、被申请人基本情况、申请债务人破产清算的事实和理由。

（2）申请人、被申请人的身份信息资料。

（3）被申请人的居住情况，与债务人最后一次联络情况。

（4）申请人单独或者共同持有被申请人到期债权五十万元以上的证明材料。载明债权人名称及联系方式、与债务人的关系，以及欠债权人的债务本金、利息、违约金（注明计算利息、违约金的截止时间）、有无财产担保等。

（5）经书面或者法定程序要求债务人清偿债务的证明等相关材料。

（6）破产事务管理部门出具的申请人完成面谈辅导证明。

（7）申请人诚信承诺书。

（8）人民法院认为应当提交的其他材料。

（三）可能阻碍个人破产申请被受理的消极情况

并非所有个人破产申请均会被受理，那么何种情况下，法院会不予受理个人破产呢？主要有如下几种：

1. 有履行能力而拒不履行生效法律文书确定义务的；

2. 因赌博、挥霍消费等不良原因导致不能清偿债务的；

3. 申请人有虚假陈述、提供虚假证据等妨害破产程序行为的；

4. 申请人基于转移财产、恶意逃避债务、损害他人信誉等不正当目的申请破产的；

5. 违反忠实义务、勤勉义务，致使所在企业破产的；

6. 怠于履行清算义务，致使企业无法进行清算或无法完整清算的；

7. 妨害审理程序、执行程序、破产程序进行的其他行为。

但很明显的是，尽管各地规定不尽相同，但我国个人破产或债务集中清偿制度保护的对象是“在债务形成、清偿、执行及破产等整个程序中始终诚信的人”。

第 12 问　个人申请破产比企业申请破产更严格吗？

如在“公司股东、法定代表人欠债无力偿还，是否可以申请个人破产”部分所述，我国还没有统一的“个人破产法”，尚处于探索阶段。因此，确切来讲，相较于企业破产申请的“有法可依”，法院对待个人破产申请更加慎重。

一、法院在受理个人破产或个人债务集中清理案件时为何较为谨慎

造成这种情况的原因有很多，包括规定的缺失、各地法院管辖的冲突以及对现实因素的考量，详细阐述如下。

（一）各地有关个人破产规定的缺失，导致法院在具体办理相关案件时依据不足

规定缺失是导致各地法院谨慎对待个人破产或个人债务集中清理案件的直接原因，也是目前各方建议尽快出台“个人破产法”的原因。在国家尚未出台“个人破产法”、当地法院未出台相关操作指引的情况下，贸然裁定受

理个人破产的申请，不仅无法执行后续程序，更可能造成与其他法律规定的冲突，因此，法院通常会裁定不予受理。现阶段，即便是已经开展个人破产试点的地区，因开展个人破产试点的法院数量极少，该法院出台的规定及总结的经验是否可以直接被试点地区的其他法院采用也存在不确定性，试点地区的其他法院通常需要请示上级法院确定能否采用。

（二）“个人破产法”的缺失，造成了审理个人破产案件法院与审理债务人其他案件法院之间的协调困难

“个人破产法”一直未出台的原因是多重的，因为“个人破产法”不仅涉及破产法体系，还会引起诉讼程序、执行程序等众多法律体系的联动。

在缺乏统一法律规定的情况下，如何协调破产受理法院与审理债务人其他案件法院之间的冲突成为审理法院面临的最直接的障碍。在受理破产法院辖区之外，已有其他法院在先对债务人采取了强制执行措施时，执行法院更多的仍是保障债权人权益，这就直接阻碍了个人破产程序的推进。也正因此，《苏州市吴江区人民法院关于个人债务清理的若干规定（试行）》直接将“在苏州市吴江辖区外有作为被执行人、被告或者被申请人的应负或者可能应负金钱给付义务的在执、在诉、仲裁、公证债权案件，但该案件债权人自愿参与本规定程序的情形”规定为适用该规定的除外情形。

（三）相比企业，识别自然人是否诚信难度更大

个人财产与企业财产不同，企业需依法制定完备的财务管理制度且其相关财产被依法登记、备案；而个人财产具有分散且易转移、隐匿的特点，个人财产也并非全部需要登记。同时，个人财产与家庭财产容易混同且难以区分。此外，个人在借助家庭成员或亲属的力量下是否仍然具备破产原因存在不确定性。

上述因素增加了法院识别自然人债务人是否诚信、是否具备破产原因的难度，这也是相关地方规定法院需在受理个人申请时“对债务人诚信行为进行破产受理前识别”而非参照《企业破产法》在“破产程序中进行识别”的原因。但即便如此，也无法完全排除债务人失信行为的存在。例如，台州市中级人民法院便以“债务人未向人民法院及管理人如实申报全部的财产及收

入情况从而无法认定其诚信处置和清偿债务”为由，终结债务清理程序并交由执行部门恢复对债务人的执行措施。

（四）债务人或与债务人相关的个人破产，意味着债权人丧失了权利保障的“最后一道防线”

当债务人为企业时，在穷尽手段而无法自债务人企业获得清偿时，如果企业股东及法定代表人等主体符合《公司法》《企业破产法》等相关规定的条件，即便债务人企业已被注销，债权人仍有可能自前述相关个人处获得清偿，这即是“最后一道防线”。

在这种情况下，如果企业相关负责人再行通过个人破产或个人债务集中清理获得债务豁免，可能会招致债权人的反对，法院因此而采取谨慎态度的可能性也极大。

二、如何提高个人破产、个人债务集中清偿申请被受理的可能性

结合前述原因、各地法院规定及做法，个人如欲提高破产申请被受理的可能性，可从如下几方面着手。

（一）合理适用个人执行转破产程序

各地法院在受理个人破产申请或个人债务集中清理申请案件时，均会要求个人债务人提供自身流水、财务清单等材料证明自身符合诚信要求，否则个人破产申请很有可能被驳回。如果已经过一轮或多轮强制执行程序而无法偿还债务，个人债务人可以将更具公信力的执行法院裁定书作为证据提交，以证明自身确实符合个人破产原因，也不存在失信行为。

例如，台州市中级人民法院发布的《执行程序转个人债务清理程序审理规程（暂行）》第2条便将“债务违约时间在一年以上并已进入执行程序”及“经人民法院查控财产或已经过强制执行措施后，财产不足以清偿全部债务，或者无适当财产可供处置并清偿债务”作为个人执行转破产的启动条件。

（二）自然人与其控制企业存在人格混同时，及时提请合并进行债务清理

自然人难以单独提起破产申请时，如果其控制的企业已经进入破产程序，可以尝试在企业破产程序中一并提出个人破产申请。这是因为，根据我国相

关法律法规，如果个人与企业存在财产混同，那么个人需要对相关债务承担连带责任，在企业已进入破产程序的情况下，如果个人与企业存在财产混同，则个人初步具有了申请“个人破产”的正当理由。正如苏州市吴江区人民法院发布的《关于个人债务清理的若干规定（试行）》便将“因法定或约定原因对企业债务承担民事责任且该企业已进入破产程序的企业经营者或其他有关人员”纳入了适用主体，同时对“法定或约定原因”作出了解释，其中便有“个人财产与企业财产混同的”情形。

（三）有效利用债务人控制企业的破产程序，提高个人诚信的可信度

如果个人控制的企业已进入破产程序，个人作为股东、法定代表人或其他负责人员依法进行了配合义务，在企业破产程序终结后，个人可考虑提交企业破产程序中的相关文书以证明自身符合诚信要求，提高法院受理个人破产的可能性。

（四）在先及时与各债权人做好沟通，并尽量达成协议

个人与债权人和企业与债权人之间不同，企业破产所附带的商业特征极为明显，而个人与债权人之间的债权债务关系往往建立在人身关系的信任之上，带有更多的个人情感和主观情绪。如果个人债务人贸然直接进入破产程序，必然引起债权人的强烈抵触，进而导致破产程序或者个人债务集中清理程序难以推进。

因此，如个人确实需要申请破产，建议提前与债权人沟通，减少债权人的抵触情绪，尽可能达成初步协议，提高个人破产成功率。

第 13 问　个人申请破产后，债务就会被免除吗？

个人申请破产后，其对外所负债务并不必然得到豁免，更不必然立即得到豁免。所负债务能否得到豁免以及何时得到豁免需要结合多方面因素进行判断，包括“个人破产或债务清理具体类型”“是否设有免责考察期”“是否存在失信或违反规定的行为”等。

如在本书“公司股东、法定代表人欠债无力偿还，是否可以申请个人破产”部分所述，目前我国在个别地区开展了试点工作且存在共性之处。因

此，可以通过归纳其相同点的形式对本问题作出解答，但各地区规定确有差异，在具体操作时需严格按照当地规定进行。

一、个人破产或个人债务集中清理的类型

我国目前仅有的个人破产地方规定即《深圳经济特区个人破产条例》，该条例参照《企业破产法》规定，将个人破产分为个人破产清算、个人破产重整和个人破产和解三类。而其他地方相关规定则将个人债务集中清理分为债务清算清理、债务重整清理。虽然各地具体称谓虽略有不同，但均未规定债务和解清理。

其中，个人破产清算或债务清算清理主要适用的情形是债务人确已符合破产原因且无法偿还，而重整类或和解类主要适用的情形是债务人有未来可预期的收入。有基于此，就更容易理解后续所述的不同类型下的债务豁免的不同要求。

二、在个人破产程序中，债务人所负债务如何才能被豁免

如前所述，目前我国各地已有的个人破产相关规定对具体申请作出了分类，并相应设置了不同的债务豁免机制。

经过对各地相关规定进行梳理和总结，个人破产清算或个人债务清算清理及个人破产重整、和解或个人债务重整清理对应的债务豁免相关规定如下。

（一）什么类型的个人破产或债务清理需要设置债务豁免考察期

在破产清算或债务清算清理程序中，个人需在债务豁免考察期届满后向法院申请，请求裁定免除债务人未清偿债务。

而在破产重整、和解或债务重整清算程序中，债务人无须经过债务豁免考察期，在履行完毕重整计划或和解协议后一定时间内便可直接向法院申请免除未清偿债务，或无须申请即可得到豁免。

（二）如何计算债务豁免考察期

现阶段，对于债务豁免考察期的起算点及周期，各地规定各有不同：

《深圳经济特区个人破产条例》规定债务豁免考察期是“自人民法院宣告债务人破产之日起三年”，同时约定了“视为考察期届满”的三种情形，依次是：债务人清偿剩余债务或者债权人免除债务人全部清偿责任；债务人

清偿剩余债务达到三分之二以上，且考察期经过一年；债务人清偿剩余债务达到三分之一以上不足三分之二，且考察期经过二年。山东省《东营市中级人民法院关于个人债务清理的实施意见（试行）》亦采取类似做法。

《浙江法院个人债务集中清理（类个人破产）工作指引（试行）》规定的考察期为人民法院裁定终结个人债务集中清理程序后五年；如所有债权人均同意免除剩余债务并终结执行，则不再设置免责考察期。

（三）债务豁免考察期届满后，债务人的“不得免除行为”

法院面对债务人的豁免申请，通常会核查债务人是否存在“不得免除行为”。

那什么是“不得免除行为”呢？各地均规定主要从多个方面进行综合判断，如债务人是否如实履行法院作出的限制高消费决定、是否存在失信行为、是否履行配合义务及在考察期是否按照要求如实汇报收入、支出等。

1. 限制高消费

限制高消费主要是指，在法院受理债务人申请之后至案件终结之前，要求债务人不得有相关消费行为。概括起来，基本与最高人民法院《关于限制被执行人高消费及有关消费的若干规定》一致，主要包括如下行为：

（1）乘坐交通工具时，选择飞机、列车软卧、轮船二等以上舱位；

（2）在星级以上宾馆、酒店、夜总会、高尔夫球场等场所进行消费；

（3）购买不动产或者新建、扩建、高档装修房屋；

（4）租赁高档写字楼、宾馆、公寓等场所办公；

（5）购买非经营必需车辆；

（6）旅游、度假；

（7）子女就读高收费私立学校；

（8）支付高额保费购买保险理财产品；

（9）乘坐G字头动车组列车全部座位、其他动车组列车一等以上等其他非生活和工作必需的消费行为。

2. 是否存在失信行为

主要是核实债务人是否存在故意隐瞒财产信息，转移、隐匿财产，拒不如实答复管理人询问及虚假承诺等行为。如确实存在，法院一般不允许债务人提出的免除未清偿债务之申请。

3. 配合义务

配合义务基本与《企业破产法》要求一致，主要是向管理人进行移交、如实提供信息、禁止个别清偿、出席债权人会议等。

4. 是否违反了考察期的如实汇报义务

债务人进入债务豁免考察期并不意味着债务人不再受管理人的监督。为确保债务人不存在隐匿、转移财产行为和保障债权人权益，管理人一般会要求债务人在考察期间定时向管理人汇报收入、开支等情况，并按要求提供相关凭证。

如最终证实债务人违反了上述义务，法院很可能将驳回免责申请并终结破产或债务清理程序。

三、是否所有债权均可被豁免

如前所述，个人破产或债务集中清理制度目的是给予“诚实而不幸”的个人“新生”，因此，在债务人符合条件的情况下，法院将给予其一定程度的债务豁免权。当然，在保障债务人生存权或发展权时，也不应舍弃债权人对应权利。

由此，我国各地相关规定也将涉及债权人生存权的赡养费、抚养费、薪酬、人身损害赔偿金等债权，涉及社会与公共利益的社保、税款债权，因债务人故意隐瞒或恶意侵权而形成的债权等排除在豁免债权范围之外。

四、法院裁定免除债务人未清偿债务后，债权人是否就无法向债务人追偿了

如经审核，法院裁定免除了债务人未清偿债务，对债务人来讲，是否就意味着“万事大吉”了？对债权人来讲，是否就意味着无法向债务人追偿了？

实际上，这个问题需要从两方面理解。第一，个人破产或债务集中清偿制度针对的仅是案件受理之前发生的债权债务关系，并不能一劳永逸地解决个人债务问题。在个人破产或债务集中清偿案件结束后，如果债务人再次对

外负担债务，仍需依法依约偿还债务。第二，如果有证据证明法院是在债务人欺诈行为下作出的债务免除裁定，那么相关法院有权撤回债务免除裁定，相关债权人可继续向债务人进行追偿。

第 14 问　个人破产制度是否会“石沉大海”？

根据对目前我国相关政策及实务的理解，从相关各地立法动态及实务操作可以看出，我国个人破产制度并未“石沉大海”，实则是“方兴未艾”。随着全国各地对营造良好营商环境的推进，我国破产制度只会加快推进，在这个过程中，同样需要对相关个人破产制度给予充分关注。

一、我国个人破产制度方兴未艾的具体表现

如在“公司股东、法定代表人欠债无力偿还，是否可以申请个人破产”部分所述，自国家发展和改革委员会于 2019 年 6 月 22 日发布《加快完善市场主体退出制度改革方案》鼓励探索我国自然人破产制度以来，我国对个人破产的探索进入了快速发展期，具体表现如下。

（一）各地均在深入推进个人破产立法试点工作

目前，我国深圳、山东、江苏、浙江等地已发布了明确的规定。但需要了解的是，个别法院规定的出台并非“单点行为”，而是在各省市统一贯彻国家“逐步建立个人破产制度”要求的背景下进行的试点工作，尔后在总结试点工作经验基础上，形成全省统一做法。

以山东地区为例，《东营市中级人民法院〈关于个人债务清理的实施意见（试行）〉》的出台背景是，山东省高级人民法院已在先发布了《关于探索个人债务清理程序推进个人破产制度试点的通知》，将济南市、淄博市、东营市中级人民法院，高青县、东营市东营区人民法院、德州市陵城区人民法院作为个人破产制度试点法院，在总结各地经验基础上，逐步建立山东省个人破产相关制度。

（二）深圳个人破产试点机制的全方位完善与展开

与其他地区目前仅有个别法院出台相关解释或操作指引不同，深圳作为我国个人破产制度示范先行区，不仅出台了法律位阶更高的规定，而且不断

完善相关配套规定，使实践中对于个人破产的操作更加顺畅。

首先，《深圳经济特区个人破产条例》由深圳市人民代表大会常务委员会通过并发布，对深圳市范围内的相关机关与主体均有约束力，减少了该规定在当地施行的制度障碍，避免了深圳各级法院之间、人民法院与行政机关之间难以协调的问题。

其次，前述条例出台后，深圳市陆续出台了包括《深圳市个人破产信息登记与公开暂行办法》《深圳破产法庭加强个人破产申请与审查工作的实施意见》《深圳市个人破产案件管理人名册管理办法（试行）》等在内的多部规定，并成立了全国首家个人破产事务管理机构，即深圳市破产事务管理署，从信息系统、行政支持、管理人管理等方面全力支持和保障当地个人破产制度的开展。

深圳地区的上述做法，为我国其他地区以及后续全国统一建设个人破产制度提供了充分的、有意义的经验。

（三）江西个人破产首案产生的突破与示范效应

2022 年 1 月 6 日，贵溪市人民法院作出（2022）赣 0681 申破 1 号民事裁定书，受理李某的个人债务清理（个人破产清算）申请，该案系江西省首例个人破产案件，债务人负债金额为 2.74 亿元。之所以单独介绍该案，是因为其具有的突破效应，即在我国并未有“个人破产法”且江西省及当地法院亦未出台相关规定的情况下，审理法院请示上级法院，参照适用了《企业破产法》，这在一定程度上具有法律适用的突破性，这也说明了个人破产理念已逐步深入我国司法实践。

（四）个人破产案件的受理数量不断上升

截至 2022 年 7 月 28 日，涉及个人破产的案件数量为 127 件，涉及个人债务清理的案件数量为 33 件。在我国个人破产和个人债务集中清理制度推行实践仅有两年左右的背景下，上述数据充分说明了司法实践主体对个人破产理念的接受度越来越高。

（五）有关个人破产的研究成果与立法建议层出不穷

除上述立法与实务情况外，我国关于个人破产的理论研究与立法建议也在不断涌现。近年来，有关个人破产的各类研究成果不断输出，一些学者或人大代表连续几届坚持向全国人民代表大会提出个人破产相关立法建议。

二、我国个人破产制度并未“石沉大海”反而会继续前进的原因

（一）这是我国加快推进营造良好营商环境的需要

近年来，为了营造良好营商环境，从中央到地方，各级政府都在大力推进相关举措，司法领域的破产案件审理周期即是其中一项重要指标。相较于已经拥有成熟机制的企业破产审理，个人破产仍有较大前进空间。当然，我国对相关制度的探索也绝不会停止。

（二）这是各地法院进行溯源治理及减少“诉累”的需要

为减少法院“诉累”，各地法院目前正在开展溯源治理，目的亦是提高审判效率，减少司法资源的浪费。

其中，多个债权人对同一个人债务人提起的诉讼、强制执行申请所形成的“诉累”不在少数，尤其是在个人债务人已丧失清偿能力的情况下，相关司法行为更是收效甚微。在此种情况下，个人破产或个人债务集中清理作为一种能够在很大程度上一次性解决问题的制度显得尤为重要。

（三）这是个人修复信用的需要

对个人尤其是创业者或企业经营人员来讲，如果由于生活特别是创业而无法偿还债务，或为维持其生存权，或为保障其发展权利从而为社会创造出更多价值，均应给予其“重生”的机会，尤其是在全球经济下行等客观背景下，为数较多的个人债务人无力偿还并非有意为之，此种情形下设立个人破产制度则显得更为紧迫。

三、作为个人尤其是“创业人员”或“企业经营人员”，该如何做好准备

（一）及时关注立法动态

综上可知，并非所有地区的个人都可以向法院申请个人破产或个人债务集中清理。因此，有相关需求的个人需及时关注这方面的立法试点或代表案例。在“个人破产法”尚未出台之前，综合自身情况，选择最合适的地区或法院提起相关申请，以尽早解决个人债务危机，获得“重生”。

（二）积极尝试，适时提出申请

从目前我国的相关规定来看，个人即使具备规定条件也只能在个人破产试点地区才能提起申请。但是上述江西个人破产首案也在提示相关主体，如确认自身符合规定，可以根据我国政府或各地法院有关推进个人破产的政策精神，积极向所在地法院提起，法院可能会依法受理。

（三）在创业或经营过程中合法经营，减少适用个人破产的阻碍因素

根据我国各地规定可知，相关法院受理个人破产或个人债务集中清理申请的核心要素是申请人必须诚信。这就要求个人不管是在生活、创业还是在经营企业时都必须诚实守信，以免丧失“自我救赎”的最后途径。

第四篇

担保人篇

第 1 问　在债务人破产情况下，担保人是否可以免责？

《企业破产法》旨在实现债务人财产价值最大化以充分保障债权人的合法权益，而担保制度正是为了维护债权人的财产权益。对债权人来讲，在破产程序中依然可以通过担保制度来实现权利，债权人对其债权的实现路径享有选择权。因此在债务人进入破产程序后，担保人并不当然免责，在债权人要求时，其依旧需要按照在先约定或法定要求承担担保责任，仅在特定情况下担保人才能免责。具体阐述如下。

一、债权人可在破产程序中的何种阶段要求担保人承担责任

如前所述，对债权人来讲，破产程序与实现担保债权并不冲突。因此，债权人可选择在破产程序前、破产程序中、破产程序终结后要求担保人承担清偿责任。

（一）债权人如何在债务人进入破产程序之前实现担保债权

无论债务人企业是否进入破产程序，债权人均可通过与法院沟通协商来实现担保物权。在此过程中，有如下几个与该程序相关的要点，案由为“申请实现担保物权”，向担保财产所在地或担保物权登记地基层人民法院提起相关程序。人民法院受理申请后，经审查符合法律规定的，裁定拍卖、变卖担保财产，当事人依据该裁定可以向人民法院申请执行；不符合法律规定的，裁定驳回申请，当事人可以向人民法院提起诉讼。在此过程中，人民法院重点审核的内容包括：(1) 主合同是否有效；(2) 是否办理担保登记；(3) 是否超过担保期间；(4) 担保财产范围是否确定；(5) 被担保债权范围及诉讼时效情况等。

当然，如担保人确实认为法院裁定存在问题，损害了自身合法权益，可在知道或应当知道其权益被损害之日起 6 个月内申请撤销准许实现担保物权的裁定。

于债权人而言，如欲在破产程序中实现担保债权，同样需要适用上述协商或特别程序。

（二）在债务人进入破产程序后，债权人可通过哪些方式要求担保人承担责任

在债务人进入破产程序后，债权人要求担保人承担责任的方式有两种：其一，跨过债务人层面直接向担保人主张要求其承担相应责任，具体程序大致与破产受理前相同；其二，债权人在破产程序中先行向破产管理人进行债权申报，再向人民法院申请，要求担保人承担担保责任。那么在此过程中，债权人需及时与债务人、担保人沟通，以便将债权申报、清偿、担保清偿等信息在多方主体之间同步，担保人也可主动要求债权人说明情况，从而保证自身后续向债务人进行追偿的权利不受损害。

（三）破产程序终结后，债权人是否可以要求担保人继续承担责任

如前所述，对债权人而言，破产程序与实现担保债权的程序并非互斥。因而在破产程序终结后，债权人仍有部分债权未被清偿的，依然可要求担保人在其担保责任范围内继续承担责任。同时，这也为担保人作出了警示，在为其他第三人的债务而向债权人提供担保时，务必谨慎、合理设定担保债权的范围、担保物价值，并可通过债务人提供反担保等必要措施尽量减轻自身后续负担。

二、担保人承担责任的形式

（一）担保人承担责任的边界

通常而言，担保人对签订的担保协议、抵押担保登记等承担责任。关于债权范围，若相关债权金额确定，担保人按约定及要求承担即可；若相关债权系附利息债权，且利息随着履行期延长不断增加，担保人有权行使与债务人相同的权利，即要求自人民法院受理破产申请之日起对担保债务停止计息。关于担保财产价值，需依据担保协议、人民法院拍卖与变卖情况而定，担保物最终价值不足以清偿全部担保债权的，需依据担保协议的具体条款确定是否需要补足。

这也提示担保人，在对外签订担保协议时，需根据实际情况合理、谨慎设定担保债权的范围、担保物价值，并增加预设条款，为担保物价值与担保债权之间有出入时提出解决方案。

（二）担保人清偿全部债务后，如何维护自身权益

若担保人已将债权人的全部债权清偿完毕，则可以代替债权人在破产程序中依法进行债权申报及受偿。需要特别注意的是，在债权人的债权未获全部清偿前，担保人不得直接代替债权人在破产程序中进行受偿，但可就债权人通过破产分配和实现担保债权等方式获得清偿的总额中超出债权的部分，在其承担担保责任的范围内请求债权人返还。

反之，若债权人在债务人破产程序中并未得到全部清偿，则有权请求担保人继续承担担保责任。但由于破产清算制度旨在通过司法程序，强制将债务人的全部财产变价及公平分配，以一次性了结债务人的全部债务，故在担保人承担担保责任后，无法再向和解协议或者重整计划执行完毕后的债务人进行追偿。

（三）若担保人也进入破产程序，是否可以免责

如担保人进入破产程序，债权人也可向其申报债权。此时，对担保人而言，债权人对其特定担保物享有优先受偿权，因此担保人进入破产程序也并非其免责事由。若债务人并未进入破产程序，担保人的管理人可以就担保人实际承担的清偿额向主债务人或其他债务人依法行使求偿权。如债务人与担保人均进入破产程序，在担保人承担责任后则无法再向债务人进行求偿。债权人在双方破产程序中的受偿总额不得超过其债权总额。

这也再次提醒大家，在向债权人提供担保时，除可以要求债务人提供反担保外，还应及时对债务人经营及财务状况进行核查，以避免陷入自身与债务人同时进入破产程序而丧失追偿权的不利局面。

三、担保人可以免责的情形

根据最高人民法院《关于适用〈中华人民共和国民法典〉有关担保制度的解释》第 24 条规定，如债权人知道或者应当知道债务人破产，既未向管理人申报债权也未通知担保人，致使担保人不能预先行使追偿权的，担保人就该债权在破产程序中可能受偿的范围内免除担保责任，但是担保人因自身过错未行使追偿权的除外。

之所以作出该规定，是因为破产程序在保障债权人合法权益的同时，也

需兼顾担保人的合法权益、担保人对债务人破产事实及进程的知情权，否则在一定层面上可视为债权人自行“放弃”了实现债权的机会。该规定既对债权人实现债权提出了主动性要求，也为担保人提供了维护自身权益的途径。

第2问　破产程序终结后，担保人责任是否随之结束及如何减少担保债权实现的阻碍？

既然债权人可以选择在破产程序或担保债权程序中实现债权，那么在债权人未获完全清偿的情况下，担保人责任并不必然随着破产程序的终结而结束，也不受重整计划或和解协议的影响，担保人仍需就剩余债权继续承担责任。只有在特定情况下，担保人才可被免责。

一、担保人为何不因破产程序而免责

担保制度已经为债权人的权利实现提供了路径保障，若再行将破产程序作为担保人的免责事由，非但会对担保制度造成一定的冲击，更存在滋生虚假破产的道德风险或犯罪的可能性。也正是基于此种考虑，《民法典》对于担保物权消灭的情形仅规定有主债权消灭、担保物权实现、债权人放弃担保物权、法律规定担保物权消灭的其他情形。

二、债权人为减少担保债权实现的阻碍需关注的问题

避免使债权人权利受损，了解担保物权的生效和实现要件是重中之重，具体可从以下几方面入手。

（一）主债权是否合法有效及是否签订担保协议

众所周知，只有在法律允许的范围内形成的债权才可能受到担保制度的保护，类似以欺诈、胁迫等不法手段形成的债权并不受法律保护。担保行为的具体表现形式包括抵押、质押、留置等，但无论采取何种方式设定担保物权，均需以书面协议为依据，协议需对主债务履行期限、担保范围、担保财产的数量等重点内容作出约定，否则相关抵押可能因无法登记等原因而未生效，更有可能被担保人推脱甚至在诉讼过程中无法得到法院认可。

（二）担保物权是否已经被设立

该问题主要讨论的是，在主债权及担保物权符合法定的实质要件情况下，

是否也满足形式条件。具言之，根据《民法典》的相关规定设立不动产及机动车、飞机、船舶等特定动产的抵押权必须依法在主管机关进行登记；设立动产及权利质押权时，标的物是否已经交付给债权人或已由其占有。若未满足前述条件，则担保物权其实并未被设立。

（三）相关财产是否属于禁止抵押的范围

需要重点说明的是，并非所有的财产均可被设定担保物权，如担保人所提供财产属于被法律禁止设定担保物权的，则债权人自然也自始不存在向担保人主张权利的基础。以抵押为例，以下属于法定不得被抵押的财产：（1）土地所有权；（2）耕地、宅基地、自留地、自留山等集体所有土地的使用权，但是法律规定可以抵押的除外；（3）学校、幼儿园、医院等以公益为目的的事业单位、社会团体的教育设施、医疗卫生设施和其他社会公益设施；（4）所有权、使用权不明或者有争议的财产；（5）依法被查封、扣押、监管的财产；（6）法律、行政法规规定不得抵押的其他财产。

（四）主债权是否消灭或诉讼时效是否届满

若主债权因某种原因已消灭或已因超过诉讼时效的保护期间而丧失了胜诉权，则担保人有权拒绝债权人要其实现担保物权的请求。而主债权的诉讼时效起止时间分别为债权履行期限届满、债权人知道或者应当知道债权被侵害之日起 3 年内。超过前述期限，债权人再行向担保人主张要求其承担责任的，担保人有权拒绝履行。

（五）同一担保物上是否有顺位在先的且已登记的担保债权人

债权人应及时并重点关注的是，在同一担保物之上是否存在多个担保权利，特别是在相关的担保物权均已登记、公示的情况下。之所以重点关注该种情况，是因为虽然后顺位的担保物权人向人民法院申请实现担保物权不受此影响，但在法院裁定同意实现担保物权的情况下，拍卖、变卖担保财产所得价款的债权清偿顺序仍需依照债权登记的时间先后确定。为此，在设定担保物权时，债权人需尽量对担保财产是否有在先担保进行审查并对应设定违约条款。

三、担保人减少自身损失的措施

上述注意事项同样对担保人适用，即在债务人或债权人不具备或不违反前述要求的情况下，担保人有可能减少或豁免自身责任。

（一）明晰担保物权是否完全符合设立及生效要件

考虑到实践中，存在大量债务人、债权人及担保人签署担保协议后未及时进行登记的情况，故在债权人要求担保人履行责任时，担保人可参考人民法院在诉讼过程中的审判标准，要求债权人提供主合同、登记权证等详细材料进行审核。若发现确实未进行登记，担保人便可以担保债权并未依法设立而拒绝债权人的请求。

（二）及时关注主债权是否已经消灭

为避免出现担保人不知主债权已消灭，而债权人仍要求担保人履行责任的情况，担保人应及时关注相关债权债务的进展情况。在担保协议中对债权人、债务人的通知义务及对应的违约或赔偿责任作出明确约定，是有力的保障措施。

（三）在向债权人清偿后，及时代替债权人在破产程序中清偿

担保人对债权人清偿全部债权后，可依法代替债权人在破产程序中进行受偿。在债权人的债权未获全部清偿前，担保人不得代替债权人在破产程序中受偿；但仍有权就债权人通过破产程序进行财产分配和实现担保债权等方式获得清偿总额中超出债权的部分，在其承担担保责任的范围内请求债权人返还。因此，在担保人清偿完毕债权后，应注意及时参与并跟进债务人的破产程序，与破产管理人保持沟通并按照要求申报债权提交证明材料，获得破产财产的分配权以尽可能减少自身损失。

（四）视债权人是否履行了通知义务决定是否行使豁免权

具体而言有以下两种情形：其一，在债权人知道或者应当知道债务人破产，既未申报债权也未通知担保人，致使担保人无法行使追偿权时，担保人就该债权在破产程序中可能受偿的范围内免除担保责任；其二，未经担保人书面同意，即在担保人不知情的情况下，债权人允许债务人转移全部或者部分债务时，担保人有权不再承担相应担保责任。究其原因也是担保物权设立的底层基础系债务人与担保人之间的信任关系。

第3问　破产企业的保证人是否可以申报债权?

通常情况下，破产企业的保证人有权向破产管理人进行申报，以主张现实追偿权或将来追偿权。例外情况下，债务人、保证人均被裁定进入破产程序的，保证人履行保证责任后则不再享有求偿权。

一、保证人为何可以申报债权

破产程序的核心目的之一是最大限度保障债权人权益，且破产程序与担保制度、保证制度并不冲突，因此在债务人进入破产程序时，保证人并不当然享有免责权，具体表现如下：

在破产程序中，债权人可选择申报债权，也可单独或同时要求保证人承担责任；在破产程序终结或终止后，债权人未获完全清偿的，保证人亦需就剩余债权继续承担保证责任。具体法律规定如下：

《企业破产法》第124条规定："破产人的保证人和其他连带债务人，在破产程序终结后，对债权人依照破产清算程序未受清偿的债权，依法继续承担清偿责任。"

在破产重整程序中，债权人对债务人的保证人和其他连带债务人所享有的权利，不受重整计划的影响。

和解债权人对债务人的保证人和其他连带债务人所享有的权利，不受和解协议的影响。也就是说，在和解协议中，和解债权人与债务人达成的债务减免或延长还款期限的协议，效力不及于债务人的保证人或者连带债务人，保证人和连带责任人仍应依原基础合同约定的还款金额和还款期限履行担保责任或者清偿义务。

正是基于保证人随时被债权人要求承担保证责任，因而在确保债权人权益已有法律保护路径的情况下，也需兼顾保障保证人对债务人的求偿权。

二、保证人如何实现现实追偿权

所谓通过在破产程序中申报现实追偿权，是指债务人的保证人先行代替债务人清偿债务后，再以其对债务人的求偿权为限申报债权。为最大限度保障自身权益不受损害，保证人在申报现实追偿权时，需重点注意如下四点。

（一）在向债权人进行清偿时，需重点核查是否存在债权豁免情形，并及时与债务人企业管理人沟通

保证人在向债权人承担责任时，务必注意审查主债权是否存在已经超过诉讼时效的保护期间、债务转移未通知保证人等可使自身获得债权豁免的情形，且保持与债务人的沟通，以避免因保证人在向债权人履行责任后丧失对债务人的求偿权而使自身遭受不可挽救损害情况的出现。这也是考虑到主债权债务关系的履行周期可能较长，保证人难以全面了解当前状况；同时避免出现债权人、债务人恶意串通以损害保证人合法权益的情况，最终避免出现在向债权人承担责任后无法再行向债务人追偿的情况。

（二）在向债权人清偿债权时，需注意清偿的范围与金额，避免超范围清偿而无法在破产程序中进行申报与清偿

在被债权人要求承担保证责任时，保证人需重点核查保证债权的构成、金额与范围，以便及时将可能无法向债务人追偿的部分排除在外，主要有如下三方面：

1. 利息金额

根据《企业破产法》第 46 条第 2 款之规定，附利息的债权，在法院裁定受理破产申请之日停止计息。因而若债务人进入破产程序后，债权人向保证人主张承担责任，保证人可依法拒绝承担破产受理之日后产生的利息金额。

2. 违约金、罚息

综合《全国法院破产审判工作会议纪要》等相关规定以及破产案件的司法实践，滞纳金、罚息等惩罚性债权通常位于普通债权之后进行劣后清偿，但因破产企业的破产财产有限，通常难以对普通债权全部清偿，遑论排在其后的劣后债权。而违约金因存在补偿性、惩罚性之分，在实践中确认其为普通债权还是劣后债权尚有争议。因此，保证人应慎重对待债权人该部分请求，视具体情况决定是否进行清偿。

3. 补充申报破产债权的费用

法院发布的债务人破产公告或管理人寄发的债权申报通知，会告知债权申报期限并要求债权人在期限内申报债权。债权人未在要求期限内申报的，

虽可以在破产财产分配方案提交债权人会议表决之前补充申报，但此前已进行的分配，不再对补充申报人进行分配，为审查和确认补充申报债权所产生的费用，由补充申报人自行承担。

因《企业破产法》及相关司法解释仅规定补充申报人需要承担相关审查和确认费用，并未对收费的具体方式及金额作出明确要求，因而在司法实践中，通常由破产管理人报人民法院后自行根据案件情况制定收费标准。若相关债权金额较大，对保证人来讲，无疑是较大的负担，因此，保证人确需与债务人管理人及时进行确认，并视具体情况决定是否要求债权人承担该部分支出。故而债权人在法官或管理人要求的申报期之外要求保证人承担责任的，保证人需及时确认破产案件中是否存在已经进行分配的情形或补充申报人需承担相关费用的要求。

（三）在先签署保证协议时，合理设置通知与免责条款

对保证人而言，若想通过实现现实追偿权等方式来减少自身损失，债权申报的金额及申报时间尤为重要。故建议保证人在签署保证协议时，增加预设条款，约定在主债权发生变更甚至发生破产事项时，债权人、债务人负有及时向保证人进行告知的义务；否则，保证人可在债权人、债务人违约范围内获得责任豁免，以减少自身损失。其实保证人非常容易忽视该情形，但随着经济下行，破产案件数量增多，也倒逼着保证人必须更加注意相关条款的设置。

（四）债权人是否能逾期要求保证人承担责任

破产程序终结后，债权人就破产程序中未受清偿部分要求保证人承担保证责任的，应在破产程序终结后 6 个月内提出。如债权人超过此期限提出，保证人可拒绝其主张。

三、保证人申报将来追偿权时需要注意的要点

（一）保证人申报将来追偿权的前提

所谓将来追偿权，是指债务人的保证人在尚未代替债务人清偿债务时，以其未来代替债务人向债权人清偿债务后产生的债权直接向管理人申报债权。但需要注意的是，若债权人此前已经向管理人申报全部债权，则保证人不可

再向债务人管理人预先行使求偿权。

（二）非因保证人原因而无法申报将来追偿权时，保证人如何进行救济

根据最高人民法院《关于适用〈中华人民共和国民法典〉有关担保制度的解释》第24条之规定，债权人知道或者应当知道债务人破产，既未申报债权也未通知担保人，致使担保人不能预先行使追偿权的，担保人就该债权在破产程序中可能受偿的范围内免除担保责任，但是担保人因自身过错未行使追偿权的除外。

担保人与保证人虽然并不等同，但两者同为担保法律体系中的概念，故保证人也可在一定程度上参考适用担保制度。

四、在债务人、保证人均进入破产程序的情况下，保证人如何处理其对债务人的追偿权

就该问题，最高人民法院《关于适用〈中华人民共和国企业破产法〉若干问题的规定（三）》第5条第1款作出规定，债务人、保证人均被裁定进入破产程序的，债权人有权向债务人、保证人分别申报债权。

债权人向债务人、保证人均申报全部债权的，从一方破产程序中获得清偿后，其对另一方的债权额不做调整，但债权人的受偿额不得超出其债权总额。保证人履行保证责任后不再享有求偿权。

第4问　担保人承担债务后，能否向破产企业追偿?

如在本书“作为破产企业的保证人，是否可以申报债权”部分所述，在担保人已向债权人清偿债务的情况下，可在破产程序中通过向债务人的管理人申报债权的方式行使现实追偿权。这也意味着在债务人破产程序终结之前，担保人对债务人均可行使追偿权，只是最终受偿的金额视破产企业的财产状况而定。因此，担保人更加关心的是，在破产程序终结后，是否仍然可以向债务人进行追偿。

根据《企业破产法》及相关法律的规定，担保人承担担保责任后，不可向和解协议或者重整计划执行完毕后的债务人进行追偿，自然也不可向已经清算而注销的债务人进行追偿。

一、在债务人破产程序终结后，担保人为何不能对债务人进行追偿

本质上是由于破产清算制度旨在通过司法程序，强制将债务人的全部财产变价及公平分配，以一次性了结债务人的全部债务，从而实现债务人主体从市场退出或通过破产重整程序获得新生的目的。

在破产清算程序中，债务人经清算完毕得以注销，担保人进行追偿的基础及对象已不存在；在破产重整或和解程序中，重整投资人或和解出资人也系欲以一次性出资方案代替债务人在对应比例范围内处理债务问题，同时获得债务人的实际控制或经营权，最终实现债务人的“重生”。允许担保人在破产程序终结后对债务人行使追偿权，非但对投资人有失公平，更是会瓦解重整、和解制度存在的基础。

二、是否存在例外情形

从理论层面上讲，如能确认债务人及相关负责人员存在虚假破产、通过破产程序进行“逃废债”情形，可视情况考虑追究相关责任人员的赔偿责任。但在司法实践中，存在操作难度。

三、担保人如何尽可能地减少损失

此处的减少损失，是指在担保人无法在破产程序终结后再行向债务人主张追偿权的背景下，如何尽量减少自身损失，可从以下六点进行考虑：

（一）在提供担保时做好对债务人资产负债情况的尽职调查

该点看似只是基础的风险提示，其实真正能够做到的担保人并不多。实践中，担保人大多基于亲属关系、朋友关系、合作关系等信任原因为债务人提供担保，因而往往不会进行详细的资产调查。但在目前经济下行的大背景下，企业因资金周转不良等原因随时可能进入破产程序，因而在为债务人提供担保时，担保人尤需谨慎，至少要避免在已确认债务人处于资不抵债的情况下为其提供担保。

此外，根据尽职调查结果细化担保物权的具体范围。通常情况下，担保物权的担保范围包括主债权及其利息、违约金、损害赔偿金、保管担保财产和实现担保物权的费用。但由于法律允许当事人另行约定，所以在尽职调查

结果并不理想但担保人又不得不提供担保时，便可根据主债权具体情况及自身债务承受能力合理设定担保范围，尽量减少自身可能遭受的损失。

（二）尽量要求债务人提供反担保

如债务人资产负债情况不甚理想，可要求债务人提供反担保以确保自身利益。如此一来，即便债务人后续进入破产程序，仍可依法对债务人或第三人特定财产享有优先受偿权，以此减少自身损失。尤其是因担保合同无效承担了赔偿责任的担保人，可尝试按照反担保合同的约定，在其承担赔偿责任的范围内请求反担保人承担担保责任。

（三）尽量通过破产程序获得债权清偿，减少承担不可追偿额

担保人在破产程序终结后，无法向债务人进行追偿，从而倒逼担保人尽可能通过在破产程序中申报债权或要求债权人申报债权，以便获得受偿的方式减少自身实际承担的债务金额。虽然根据最高人民法院《关于适用〈中华人民共和国民法典〉有关担保制度的解释》第24条的规定，债权人知道或者应当知道债务人破产，既未申报债权也未通知担保人，致使担保人不能预先行使追偿权的，担保人就该债权在破产程序中可能受偿的范围内免除担保责任。但适用该规定时，需要达到较高的证明标准。

因此，在签订担保协议时，明确约定债权人、债务人对担保人享有的破产事项通知义务以及未能履行该义务时的赔偿责任，将是保障担保人权益的有力手段。

（四）合理约定实现担保债权的方式，以求担保财产变现金额最大化

根据目前法律规定并结合司法实践，实现担保债权的方式通常有：担保物权人将担保财产自行拍卖、变卖并就所得的价款优先受偿；依照民事诉讼法有关实现担保物权案件的规定申请拍卖、变卖担保财产；担保权人与担保人双方协议实现三种方式。担保人可根据实际提供担保物的特质及法律属性，以担保财产变现价值最大化为原则，对其变现方式进行单一或综合的约定。

通常情况下，担保财产变现后的价值超出担保债权金额的部分应归担保人所有，不足部分担保人也不需要进行补足，以双方在先约定为准，因此，在签订担保协议时务必考虑周全，提前进行风险防控。

（五）担保物毁损、灭失时，担保人是否可以因此免责

答案是否定的。设定担保物权的财产毁损、灭失的，因担保物毁损、灭失而产生的保险金、补偿金和赔偿金等代偿物，仍然属于担保财产。担保期间，担保财产毁损、灭失或者被征收等，担保物权人可以就获得的保险金、赔偿金或者补偿金等优先受偿。被担保债权的履行期限尚未届满的，也可以提存该保险金、赔偿金或者补偿金等。

因此，担保人在确认设立担保债权的情况下，也需尽到合理的保管义务，一旦担保物因担保人的过失出现毁损、灭失等情形，而获得的保险金等替代物价值低于担保物价值，此时不足部分可能需要担保人进行补足，若担保物毁损、灭失而不能获得赔偿更是如此。

（六）担保人可否转让担保财产

在此以抵押权举例说明。根据《民法典》第 406 条之规定，抵押期间，抵押人可以转让抵押财产。当事人另有约定的，按照其约定。抵押财产转让的，抵押权不受影响。抵押人转让抵押财产的，应当及时通知抵押权人。抵押权人能够证明抵押财产转让可能损害抵押权的，可以请求抵押人将转让所得的价款向抵押权人提前清偿债务或者提存。转让的价款超过债权数额的部分归抵押人所有，不足部分由债务人清偿。

第 5 问　企业作为债权人，在已申报债权的情形下，如何向担保人行使权利？

正如此前反复强调的，对债权人而言，担保程序与破产程序并非必须“二选一”，其可根据自身需求同时向债务人申报债权及要求担保人承担责任人。本问题的重点是如何向担保人行使权利。

一、及时向债务人申报债权并要求管理人将审查结果通知担保人

在收到债权申报通知后，债权人应在规定期限内向管理人提交申报材料，并对有无财产担保事项进行重点说明。明确主债权效力、期限、担保范围、诉讼时效等要素是实现担保物权的前提，但若由担保权人直接向担保人进行主张，往往容易产生纠纷而无法协调一致，由债务人或管理人出面与担保人

进行沟通可能会更加顺利。因双方本身存在的信任基础，关于权利、程序进展的沟通效率也会更高。因此，在债务人管理人确认担保债权的基础上，担保债权人应提示管理人及时将审查结果送达担保人，以便担保人后续能够及时实现担保物权。实践中，也确有人民法院采取该种措施。例如，《北京市高级人民法院企业破产案件审理规程》第 174 条规定，对于债权人会议核查的债权，如该债权有担保人的，管理人应将审查情况书面告知担保人。担保人有异议的，可以要求管理人更正。管理人不予更正的，担保人可以在收到不予更正决定之日起 15 日内，向受理破产案件的人民法院提起债权确认诉讼。逾期未起诉的，该债权确定。

二、通过法定程序或方式实现担保物权

实现担保物权通常有两条路径：一是由担保债权人、担保人通过协商进行解决；二是向人民法院申请适用实现担保债权特殊程序。需要特别关注的是人民法院通过拍卖、变卖方式实现担保物权的程序性规定。

（一）债权人与担保人协商确认实现担保物权的期限与方式

该方式主要是指债务人不履行到期债务或者发生当事人约定的实现担保债权的情形，担保权人与担保人协商以担保财产折价或者以拍卖、变卖该担保财产所得的价款优先受偿。若以该种方式进行，担保权人需重点注意以下两点，以避免相关协议被认定为无效或相关行为被撤销而使自己陷入不利处境。

1. 达成以担保财产折价抵债的约定必须在债务履行期限届满前

公平原则是实现担保物权法律程序的核心原则之一，既要在担保权人与担保人之间进行利益平衡，也要平等对待担保人的其他债权人。若担保物实际价值高于主债权金额，对担保人及担保权其他债权人则不利，甚至无法排除担保人双方恶意串通逃避债务的可能；反之，则对担保权人的权益有所损害。

因此，我国现有法律规定尚不允许担保双方在签署担保协议时直接约定或债务履行期限届满前约定“债务人到期不履行债务的，担保财产便归担保权人所有”，否则将被视为无效条款，只能再次回到担保财产价款优先受偿

的途径上来。

2. 协议损害其他债权人利益的，其他债权人可以请求人民法院撤销该协议

承接上文，无论担保双方是直接约定以物抵债还是协议约定以拍卖、变卖担保财产所得的价款优先受偿，其条款内容均不能损害其他债权人的合法权益；否则，其他债权人有权请求人民法院撤销相关协议。较为常见的损害其他债权人利益的主要表现方式包括：折价、拍卖价或变卖价低于担保物实际价值；直接侵害其他债权人的受偿顺位权益，使其他债权人丧失或减少本可享有的担保财产变现份额。

（二）通过向法院申请适用“实现担保物权特别程序”的方式行使权利

在担保双方就实现担保物权的方式或期限无法达成一致时，担保权人可依法向人民法院申请适用“实现担保物权特别程序”。“在债务人破产情况下，担保人是否可以免责”这一部分已对相关内容进行了陈述，本处则着重介绍在法院裁定拍卖、变卖担保财产后，法院具体如何办理的程序性规定。

1. 委托评估机构

关于是否必须委托评估机构对担保权进行评估，法律并未作出强制要求，当事人可根据担保物具体状态、双方意愿等因素综合确定，具体如下：

根据最高人民法院《关于人民法院民事执行中拍卖、变卖财产的规定》（以下简称《拍卖、变卖规定》）第4条之规定，对拟拍卖的财产，人民法院可以委托具有相应资质的评估机构进行价格评估。对于财产价值较低或者价格依照通常方法容易确定的，可以不进行评估。当事人双方及其他执行债权人申请不进行评估的，人民法院应当准许。对被执行人的股权进行评估时，人民法院可以责令有关企业提供会计报表等资料；有关企业拒不提供的，可以强制提取。

2. 确定拍卖保留价

上述《拍卖、变卖规定》第5条规定，拍卖应当确定保留价。拍卖财产经过评估的，评估价即为第一次拍卖的保留价；未作评估的，保留价由人民法院参照市价确定，并应当征询有关当事人的意见。如果出现流拍，再行拍卖时，可以酌情降低保留价，但每次降低的数额不得超过前次保留价

的20%。

3. 拍卖程序

司法实践中，担保权人关注最多的是，担保财产可拍卖几次。通常来讲，动产至多可拍卖两次，若两次均流拍人民法院可以采取以物抵债方式进行处置；不动产或其他财产权利，至多可拍卖三次，若三次均流拍人民法院可以采取以物抵债方式进行处置。《拍卖、变卖规定》详细如下：

第二十四条　对于第二次拍卖仍流拍的动产，人民法院可以依照本规定第十六条的规定将其作价交申请执行人或者其他执行债权人抵债。申请执行人或者其他执行债权人拒绝接受或者依法不能交付其抵债的，人民法院应当解除查封、扣押，并将该动产退还被执行人。

第二十五条　对于第二次拍卖仍流拍的不动产或者其他财产权，人民法院可以依照本规定第十六条的规定将其作价交申请执行人或者其他执行债权人抵债。申请执行人或者其他执行债权人拒绝接受或者依法不能交付其抵债的，应当在六十日内进行第三次拍卖。

第三次拍卖流拍且申请执行人或者其他执行债权人拒绝接受或者依法不能接受该不动产或者其他财产权抵债的，人民法院应当于第三次拍卖终结之日起七日内发出变卖公告。自公告之日起六十日内没有买受人愿意以第三次拍卖的保留价买受该财产，且申请执行人、其他执行债权人仍不表示接受该财产抵债的，应当解除查封、冻结，将该财产退还被执行人，但对该财产可以采取其他执行措施的除外。

4. 变卖程序

如前所述，在不动产或者其他财产权第三次拍卖流拍且申请执行人或者其他执行债权人拒绝接受或者依法不得抵债的，人民法院可以对其进行变卖处置。除此之外，是否还有其他与变卖有关的规定？就此，《拍卖、变卖规定》作出了规定：

第三十一条　对查封、扣押、冻结的财产，当事人双方及有关权利人同意变卖的，可以变卖。

金银及其制品、当地市场有公开交易价格的动产、易腐烂变质的物品、季节性商品、保管困难或者保管费用过高的物品，人民法院可以决定变卖。

第三十二条　当事人双方及有关权利人对变卖财产的价格有约定的，按照其约定价格变卖；无约定价格但有市价的，变卖价格不得低于市价；无市价但价值较大、价格不易确定的，应当委托评估机构进行评估，并按照评估价格进行变卖。

按照评估价格变卖不成的，可以降低价格变卖，但最低的变卖价不得低于评估价的二分之一。

变卖的财产无人应买的，适用本规定第十六条的规定将该财产交申请执行人或者其他执行债权人抵债；申请执行人或者其他执行债权人拒绝接受或者依法不能交付其抵债的，人民法院应当解除查封、扣押，并将该财产退还被执行人。

第6问　企业债权人对破产企业财产享有担保权的，何时可以行使优先受偿权?

企业破产系主债权加速到期的法定情形，此时担保债权也同步到期。因而债务人进入破产程序后，债权人可随时向其主张实现担保债权；而在破产重整程序等特殊情况下，担保债权可能存在暂停行使的情形，详细情况如下。

一、在破产清算、破产和解程序中，债权人何时可以行使优先受偿权

在破产清算及破产和解程序中，对债务人特定财产享有担保权的债权人可随时向管理人主张就该特定财产变价处置行使优先受偿权。一般而言，对债务人的特定财产享有担保权的债权人，自人民法院裁定受理破产清算、破产和解申请之日起，便可行使该权利。

且上述情形中，管理人应当依法对该资产及时进行变价处置，不得以须经债权人会议决议等为由拖延或拒绝，但因单独处置担保财产会降低其他破产财产的价值而应整体处置的除外。也正是基于该考虑，各个地区具体实务操作略有差异，以《北京市高级人民法院企业破产案件审理规程》为例，在人民法院对债务人裁定宣告破产后，对债务人特定财产享有担保权的债权人可以就该特定财产行使优先受偿权。

二、在破产重整程序中，债权人何时行使以及如何行使优先受偿权

（一）在重整期间，对债务人的特定财产享有的担保权为何被暂停行使

不同于破产清算程序，破产重整程序的核心目的在于使债务人了结“身前事”以获得“新生”，而企业“重生”往往需具备两个关键要素：企业具有可持续的重整价值；而维系重整价值则必然需要保持债务人财产的完整性，从而获得更好的重整投资关注及信用评价。

同样的，法律要求在破产程序中要兼顾保护担保物权人的合法权益与破产企业重整价值。在受理破产重整申请后，管理人或者自行管理的债务人应当及时确定其上设有担保物权的债务人财产是否为重整所必需。若认为该担保物并非重整所必需，管理人或者自行管理的债务人则应当及时对担保物进行拍卖或者变卖处置，拍卖或者变卖担保物所得价款在支付拍卖、变卖费用后优先清偿担保物权人的债权。

（二）在担保物权暂停行使期间，担保物权人如何进行权利救济

1. 担保权人在何种情形下可以要求恢复行使担保物权？

《企业破产法》第 75 条规定，在担保物有损坏或者价值明显减少的可能，足以危害担保权人权利时，担保权人可以向人民法院请求恢复行使担保权。

2. 恢复行使担保物权的申请不被批准时，担保债权人应该怎么办？

根据《全国法院民商事审判工作会议纪要》“十、关于破产纠纷案件的审理”下“112. 重整中担保物权的恢复行使”之规定，在担保物权暂停行使期间，担保物权人根据《企业破产法》第 75 条的规定向人民法院请求恢复行使担保物权的，人民法院应当自收到恢复行使担保物权申请之日起 30 日内作出裁定。经审查，担保物权人的申请不符合第 75 条的规定，或者虽然符合该条规定但管理人或者自行管理的债务人有证据证明担保物是重整所必需，并且提供与减少价值相应担保或者补偿的，人民法院应当裁定不予批准恢复行使担保物权。担保物权人不服该裁定的，可以自收到裁定书之日起 10 日内，向作出裁定的人民法院申请复议。人民法院裁定批准行使担保物权的，管理人或者自行管理的债务人应当自收到裁定书之日起 15 日内启动对担保物

的拍卖或者变卖，拍卖或者变卖担保物所得价款在支付拍卖、变卖费用后优先清偿担保物权人的债权。

三、担保债权人是否一定会获得担保物全部变现价款

拍卖或者变卖担保物所得价款在支付拍卖、变卖费用后优先清偿担保物权人的债权。需要注意的是，根据最高人民法院《关于审理企业破产案件确定管理人报酬的规定》第13条规定，管理人对担保物的维护、变现、交付等管理工作付出合理劳动的，有权向担保权人收取适当的报酬。管理人与担保权人就上述报酬数额不能协商一致的，人民法院应当参照本规定第2条规定的方法确定，但报酬比例不得超出该规定第2条限制范围的10%。该规定第2条第1、2款规定："人民法院应根据债务人最终清偿的财产价值总额，在以下比例限制范围内分段确定管理人报酬：（一）不超过一百万元（含本数，下同）的，在12%以下确定；（二）超过一百万元至五百万元的部分，在10%以下确定；（三）超过五百万元至一千万元的部分，在8%以下确定；（四）超过一千万元至五千万元的部分，在6%以下确定：（五）超过五千万元至一亿元的部分，在3%以下确定；（六）超过一亿元至五亿元的部分，在1%以下确定；（七）超过五亿元的部分，在0.5%以下确定。担保权人优先受偿的担保物价值，不计入前款规定的财产价值总额。"

因此，如担保物确为债务人占有，且管理人为担保物的维护、变现、交付等管理工作付出了合理劳动，如管理人负责具体处理担保物拍卖且办理过户等相关手续等，拍卖或者变卖担保物所得价款需在支付拍卖、变卖费用以及管理人报酬后，再清偿担保物权人的债权。这也再次提示担保权人在签订担保合同时需合理约定担保物的保管及处置相关条款。

四、未实现担保债权时，担保债权人是否可以行使表决权

因破产清算与破产和解程序并不影响担保物权的实现，因此无论担保权人是否实现了担保物权均不享有表决权，尤其是对财产分配方案以及和解协议草案。而在破产重整程序中则不然，如前所述，进入破产重整程序后通常会暂停担保物权的行使。为了维持债务人的重整价值，特殊情况下管理人甚至会采取其他措施，如为了债务人能够继续运营而向外借款时，有可能

再次对担保物设定抵押。根据《民法典》第 414 条规定:“同一财产向两个以上债权人抵押的，拍卖、变卖抵押财产所得的价款依照下列规定清偿:(一)抵押权已经登记的，按照登记的时间先后确定清偿顺序;(二)抵押权已经登记的先于未登记的受偿;(三)抵押权未登记的，按照债权比例清偿。其他可以登记的担保物权，清偿顺序参照适用前款规定。”

由此可见，在破产重整程序中，担保权人的权益确实存在着受到不同因素影响的可能性。因此，如担保物权被暂停行使，将会单独设立担保权人组，对重整计划草案等进行表决，表决通过的标准与其他债权组一致，即出席会议的担保债权表决组的债权人过半数同意重整计划草案，并且其所代表的债权额占担保债权总额的 2/3 以上。

第 7 问　对破产企业股东的股权设定质押的，质押权人是否具有优先权?若没有，质押权人如何进行权利救济?

理论上通常认为，债权人因其债权对债务人的特定财产设有担保物权或者享有特别优先权，而在债务人破产程序中对该特定财产享有优先受偿的权利。因此，这一权利又被称为破产优先受偿权。我国《企业破产法》第 109 条规定:“对破产人的特定财产享有担保权的权利人，对该特定财产享有优先受偿的权利。”

但破产企业股东对破产企业即债务人享有的股权并非债务人财产，因此，质押权人无法对债务人行使优先受偿权。

那么对股权质押权人而言，是否就意味着没有任何途径实现其股权质押权利?毕竟债务人进入破产清算后，其股权价值通常因为资不抵债而趋向于零。就该问题，《企业破产法》并未给出明确的实现路径与方式，但对股权质押权人来说，又确实需要在破产程序中进行权利救济。就此，可供参考的也基本是处于探讨阶段的实务分析，具体如下。

一、通过受偿出质股东获得的破产财产分配款而尽可能实现部分质押权利

根据《民法典》第 430 条第 1 款的规定，质权人有权收取质押财产的孳

息，但是合同另有约定的除外。需要特别注意的是，综合考虑《公司法》《企业破产法》等相关法律的立法原意以及实践经验，破产企业的股权、股票持有人在股权、股票上的权利，通常系于普通债权及民事惩罚性赔偿金、行政罚款、刑事罚金等惩罚性债权完全受偿后进行清偿。

此外，债务人能够进入破产清算程序，也系由于其符合“资不抵债且不能清偿”等条件，此时债务人股东权益为零甚至是负数，因此，质押权利人通过本部分所述路径实现权利的现实可能性极小。

当然，对股票质押权人而言，实现质押债权并不意味着要放弃申报主债权，两者并不冲突，为了尽量减少损失，债权人仍需及时向管理人申报债权。

二、在破产重整程序中，考虑通过“债转股”的形式实现股权质押权

该方式是目前实务中讨论较多的情形之一，主要系通过股权质押人、债务人、重整投资人三方的磋商与谈判，将股权质押人对债务人享有的债权转化为重整后债务人的股权。该方式存在一定的合理性，毕竟股权质押会在一定程度上对投资人产生影响，有基于此，“债转股”也成为债务人破产重整的常见方案之一。但不同的是，常见的“债转股”方式中的债权人多为普通债权人或对债务人特定财产享有担保物权的债权人，而本处所指的“债转股”中的债权人则是对债务人股东财产享有优先受偿权的债权人，因此目前的实务操作探讨中暂未给出详细、明确的路径。但破产重整制度本身最大的特征即是谈判与制衡，对重整投资人而言，究其根本仍属于投资行为，在不违反法律禁止性规定的前提下，只要投资主体无异议，相关制度的创新与选择便具有合理性。

三、在破产和解程序中，通过与债务人股东谈判提高清偿率

就破产和解程序而言，常见的方式有债务减免、债务延期、和解出资人出资等。其中，债务人股东尤其是百分百持股的股东希望继续掌握债务人核心资产或特许经营资质等稀缺资源，此时则需要保证债务人主体的存续以及确保己方对债务人的持股比例占优势或实际控制。为此，债务人股东作为和解出资人，代债务人向已知债权人清偿债务，具体清偿比例需各方协商后落

实到和解协议中。而在此过程中，股权质押权人可尽量利用自身身份优势与债务人股东对清偿期限、金额、方式进行沟通，以争取获得更多清偿。

四、为避免股权质押目的落空，债务人可提前做好的防范措施

如前所述，一旦债务人进入破产程序，无论是债务人本身的偿债能力还是股权价值，均无法完全满足股权质押权人的清偿需求。在股权质押设立之初即需采取相关措施以尽可能地防范利益受损。

（一）尽可能要求债务人提供多重担保

在设立股权质押之时，质押权人需重点做好三方面工作：（1）对股权进行评估，在此过程中需重点核查可证明债务人资产负债状况的财务资料，避免在债务人所有者权益已经为零甚至为负数时因不知情而接受相关股权作为质押标的物；（2）根据拟质押股权的估值情况，要求债务人或其利害相关方提供多重担保，若对债务人以自身财产提供质押存有顾虑，那么常见的措施是要求提供股权质押的股东同时提供保证方式的担保；（3）及时办理股权质押登记手续，根据《民法典》相关规定，对于不同类型的权利，其质押的生效条件也不尽相同，而以股权出质的，质权自办理出质登记时设立。如此做的目的，就是避免在股权质押设立之初便存在债权人无法优先受偿的重大隐患。

（二）预设质押股权保值条款

保值条款涉及多方面的内容。从《民法典》规定来看，主要包括以下四种：（1）质押人（出质股东）的行为足以使质押股权价值明显减少的，质押权人有权请求出质股东停止其行为；（2）有证据显示出质股权价值明显减少的，出质权人有权要求出质股东提供与减少的价值相应的担保；（3）出质股东不提供替代担保的，质押权人有权要求债务人提前清偿债务；（4）约定在质押期间，质押权人有权收取出资股权所享有的股息、红利等孳息。

为实现上述条款的预设目的，质押权人需密切关注出质股权价值的变动情况，首选方案系在质押协议中增加相应条款，即出质股东应定期向质押权人提供财务资料以证明其出质股权价值，尤其是在股权价值处于下降趋势时，同时质押权人有权要求出质股东提供替代担保。

除此之外，质押权人可视出质股票的市场流通情况再行决定是否同意在质押期间转让质押股权，原因在于，《民法典》第443条第2款规定，出质人转让股权所得的价款，应当向质权人提前清偿债务或者提存。故此，若出质股票具有价值高、流通性强等特征，在出质股东提出转让请求时可以予以考虑，以期达到提前实现质押权利的目的，形成“双赢”局面。

（三）在债务人进入破产程序后，积极寻求实现质押权利的方式

虽然对质押权人而言，债务人进入破产程序后，并未存在直接、有效的途径可以实现质押优先权，但也并不意味着债权人只能坐以待毙。质押权人可视债务人及案件具体情况，主动采取包括但不限于前述提及的三种方式，提高己方债权的清偿比例。

由此可见，对担保权人而言，接受债务人或第三方提供的担保是一项具有前瞻性的系统工作，相比之前，在经济形势不景气的大环境下，债务人进入破产程序便是需要重点关注的情形。

第8问　作为担保债权人，超出担保物价值的债权应该怎么处理？

根据《企业破产法》规定可知，担保债权人行使优先受偿权未能完全受偿的，其未受偿的债权作为普通债权。延伸开来，可从如下方面进行论述。

一、担保债权人行使优先受偿权未能完全受偿的，其未受偿的债权作为普通债权的原因

究其根本，破产程序中设立该种制度是为了尽可能维护债权人权益。对债权人而言，债务人提供的担保仅仅是保障措施，而主债权并不会因此增加或减少，因而在相当程度上，我们可以把担保债权人行使优先受偿权时未能完全受偿的部分理解为“未受偿的主债权”，也应当对其给予与其他普通债权同样程度的保护。

二、担保物价值不足以完全覆盖担保债权的原因

（一）与担保物权设立时相比，担保物市场价值降低

出现上述情况通常有两种原因，一是在设立担保物权之初，担保物价值

即因各种原因被过高评估；二是约定的主债务履行期限过长，担保物因自身的物理属性等发生自然损耗或受到市场价格波动的影响而降低。无论具体出于何种原因，均会使担保物的变现价值远低于预期值。此外，聘请评估机构、拍卖机构等第三方而产生的费用，以及因此增加的管理人报酬、税款等支出，也会影响担保债权人可受偿的金额。同时，这也再次提示担保权人，在签订担保协议时，尽可能全面地将可能影响最终受偿金额的因素考虑在内并就此增加预设条款，要求对债务人提供的担保物进行评估，且评估价必须在主债权金额之上上浮一定比例。

（二）担保债权人受偿顺位在后

该种情形主要系指设立担保物权时，相关担保物上已在先设立了担保物权，这就有可能导致顺位在后的担保债权人最终无法完全获得清偿。以抵押权举例，《民法典》第414条规定："同一财产向两个以上债权人抵押的，拍卖、变卖抵押财产所得的价款依照下列规定清偿：抵押权已经登记的，按照登记的时间先后确定清偿顺序；抵押权已经登记的先于未登记的受偿；抵押权未登记的，按照债权比例清偿。其他可以登记的担保物权，清偿顺序参照适用前款规定。"

三、担保权人可通过哪些途径提高担保物变现价值或减少自身损失

（一）在签订担保协议时设置有利条款

由前述内容可以了解到，在影响担保债权人行使优先受偿权的几种情形中，均存在担保权人不可控制的因素，当然也包含债务人未如实告知或市场行情存在波动。那么对担保权人来讲，如欲最大程度保障自身担保债权的实现，最直接有效的措施即是在债务人提供物的担保同时，增设并行其他担保措施，包括增加担保物的数量、要求债务人股东同时提供保证等。以此保障担保债权人行使优先受偿权而未能完全受偿时，其未受偿的债权仍可作为担保债权获得足额清偿，避免其债权的清偿率被不可控地降低。

（二）提高担保物拍卖、变卖的评估价或保留价

非经担保主体双方主体同意直接以物抵债之外，无论是双方协商拍卖、变卖还是人民法院组织的拍卖、变卖，通常需要聘请评估机构对担保物进行

评估，实践中通常将评估价作为起拍价。因此，对担保权人而言，能够参与评估机构的选择尤为重要，虽然担保权人不能直接干涉评估机构根据专业方式依法进行评估，但其可请求法院在名册中随机指定，或推荐资质较高的专业评估机构，并与其沟通根据担保物的特性确定采用何种评估方式。该措施虽然并不能必然提高担保物评估价，但至少可避免担保物的变现受到该环节的不当影响。

（三）积极协助管理人及法院引进意向竞买人参与竞拍

承接前述问题，在保留价确定的前提下，意向竞买人的竞争程度直接决定了担保物的变现金额，无论是只有唯一竞拍人还是在最终无人竞拍而流拍情况下再行二拍、三拍，都会影响担保物的变现价值。此时，如担保权人能够充分利用行业优势、资源优势，积极引进意向主体参与竞争，则可尽量避免因竞争不足而导致降价的情况出现。同时，申请执行人也可作为竞买人参与竞拍。担保权人也可视具体竞争情况、担保物稀缺程度及对担保物市场走向的判断等因素，作为竞买人直接参与竞拍或者接受以物抵债的方式获得担保物所有权，减少自身可能遭受的损失。

（四）就未受偿部分积极向管理人申报债权

担保债权人行使优先受偿权未能完全受偿的，应积极参与破产程序，及时就其不能受偿的部分向管理人申报债权，行使表决权等权益，以提高清偿率。

破产清算程序周期较长，在此过程中，根据破产企业的不同情况，可能存在多次分配财产的情形。尽管在破产财产最后分配之前债权人均可进行债权申报，但已分配完毕的部分并不会对后续申报的债权人进行补充分配。因此，为避免因实现担保物权周期长而导致迟延申报，从而错过此前的分配，担保债权人可视实际情况，在确定担保物的起拍价、拍卖结果出具之日等阶段向管理人进行申报，即使当时申报的证明材料并不完整，也不要等到“实现担保债权程序”流程全部履行完毕时再联系管理人。因债务人或管理人同样会参与实现担保物权的进程，所以在债权的申报环节，担保权人需与管理人保持有效沟通，积极为自身争取权益。

（五）积极参与破产重整程序，协助管理人引进重整投资人，努力提高担保财产变现价值

在此处特别提到破产重整程序，原因有三：一是在破产重整程序中，担保债权一般会被要求暂停行使，故担保债权可能会因延迟清偿而遭受损失。此时，担保权人应积极主动地参与重整计划草案的制定。担保权人可以在此过程中与管理人、意向投资人进行充分磋商，要求补偿其因延期清偿所受的资金占用利息等损失。二是积极与管理人进行协同合作，寻找意向重整投资人，尽可能推动破产清算程序转入重整程序，或尽量推动破产重整程序的最终实现。担保债权人也可在此过程中利用自身享有的重整计划草案表决权优势与投资人谈判，讨论清偿的比例、期限等，尽量为自身普通债权额争取较高的清偿率并缩短清偿周期。三是担保财产变价方式的选择。近年来“出售式重整”逐渐为人民法院或管理人所推崇，该种重整方式能够提高破产财产的处置效率，提升破产财产处置价值，管理人越来越倾向于将破产财产“打包”进行整体出售。担保债权人可自行进行模拟清偿率测算，视案件具体情况考虑是否向管理人提出申请，将担保财产纳入整体出售范围，尽可能提高担保物变现价值。

第9问　在破产程序中，债务人或管理人在什么情况下可以对外提供担保？

经对《企业破产法》相关规定进行梳理，在破产程序中，债务人或管理人可在以下情况下对外提供担保。

一、管理人决定继续履行在破产申请受理前成立而债务人和对方当事人均未履行完毕的合同

（一）具体情况与要求

《企业破产法》第18条明确规定：“人民法院受理破产申请后，管理人对破产申请受理前成立而债务人和对方当事人均未履行完毕的合同有权决定解除或者继续履行，并通知对方当事人。管理人自破产申请受理之日起二个月内未通知对方当事人，或者自收到对方当事人催告之日起三十日内未答复

的，视为解除合同。管理人决定继续履行合同的，对方当事人应当履行；但是，对方当事人有权要求管理人提供担保。管理人不提供担保的，视为解除合同。”

（二）注意要点

根据《企业破产法》第69条的规定，管理人对外提供担保的，需向债权人委员会报告；未设立债权人委员会的，管理人应当及时报告人民法院。若仅从文义角度考虑，似乎管理人若决定对外提供担保只需报告而无须得到批准，但实践中往往不然。当前我国破产审判的主流趋势是“债权人主义”，因此，大部分重要事项需得到债权人会议表决通过，管理人方可遵照执行。但因无法完全排除债务人出现违约情形，从而导致合同相对方对该担保物享有优先受偿权风险的存在，债权人会议通过该事项时存在较大困难，这就需要管理人出具详细的分析及方案。

二、管理人通过清偿债务或者提供为债权人所接受的担保，取回质物、留置物

该种情形实际上涉及价值的判断与取舍，无论是清偿债务还是重新提供担保，均会减少债务人本身财产总额，即可供全体债权人分配的财产总额减少。该种情况多数发生在破产重整、破产和解程序中，为了维系或增加破产重整、破产和解的资产价值，取回对重整、和解程序有重要影响的资质、知识产权、财产等，需要提供替代担保，以期提高全体债权人的债权清偿率。在质物或者留置物的价值低于被担保的债权额时，以该质物或者留置物当时的市场价值为限。

三、在重整期间债务人或者管理人为继续营业而借款的，可以为该借款设定担保

该情形常见于大型、关联企业集团实质合并重整案件中，尤为知名的如北大方正集团实质合并重整案。该类企业的重整牵一发而动全身，往往有着巨大的社会效应、经济效应。为保证重整期间企业能够继续运营，可能需要进行借款。但通常来讲，在企业已经因资不抵债具备破产原因的情况下，银行等金融机构再次向其进行贷款的意愿极低。此时需要债务人及管理人从两

方面进行推进：一是通过府院联动机制请求相关主管机关进行协调，重点是对债务人进行信用修复；二是在法律技术上进行巧妙的设计甚至是一定的创新或突破，例如，在该种情形下的借款实际上属于《企业破产法》第 42 条第 4 项规定的共益债务，但相关主体为确保借款不会“付诸东流”，往往会要求将其借款排在全部债权（包括法定优先权的债权）之前优先受偿，形成事实上的“超级优先权”，这也是对管理人谈判能力以及技术水平的一次挑战。

四、为执行重整计划或和解计划而提供担保

在企业资不抵债的情况下，若企业能进入破产重整或破产和解程序对企业自身以及全体债权人都具有重要意义。因此，为了重整计划或和解计划能顺利执行，确保中途不会因出资人无法出资等导致执行不能被迫进入破产清算程序，债权人可能会要求债务人或投资人为此提供担保。

（一）为破产重整计划的执行提供担保

在制订重整计划草案的过程中，债权人为保障自身权益的实现，可能会要求投资人或其他第三方为重整计划的执行提供一定的担保，且在重整计划草案中明确约定相应的担保条款。根据《企业破产法》第 93 条之规定，债务人不能执行或者不执行重整计划的，人民法院经管理人或者利害关系人请求，应当裁定终止重整计划的执行，并宣告债务人破产，此时为重整计划的执行提供的担保继续有效。人民法院裁定终止重整计划执行的，债权人在重整计划中作出的债权调整的承诺失去效力。债权人因执行重整计划所受的清偿仍然有效，债权未受清偿的部分作为破产债权。

（二）为破产和解协议的执行提供担保

同样的，在破产和解程序中制定和解协议时，债权人也可以要求债务人在和解协议草案中设定担保条款。根据《企业破产法》第 104 条第 1 款的规定，债务人不能执行或者不执行和解协议的，人民法院经和解债权人请求，应当裁定终止和解协议的执行，并宣告债务人破产，此时为和解协议的执行提供的担保继续有效。根据该条第 2 款的规定，人民法院裁定终止和解协议执行的，和解债权人在和解协议中作出的债权调整的承诺失去效力。和解债权人因执行和解协议所受的清偿仍然有效，和解债权未受清偿的部分作为破

产债权。

由此可以看出，如何设置担保条款对债权人及担保人都至关重要。

五、担保权人如何提高担保债权的实现可能

根据前述四种情形，为最大限度保障担保权人权益，可考虑从以下三方面入手。

（一）在债务人或管理人提供担保时，要求其提供债权人会议通过相关方案的表决文件

管理人要求继续履行双方均未履行完毕的合同时，合同相对方可要求其提供相应的担保。为确保债务人或管理人提供担保的合法性及有效性，可要求其提供债权人会议对于担保方案的决议文件，以减少后续实现担保债权时可能存在的障碍。

（二）在接受债务人或管理人提供的担保时，尽量提高担保债权在破产程序债权中的优先级

债务人进入破产程序，在很大程度上意味着其清偿能力极为有限，此时再行作为其新债权人的风险系数相对较高。有鉴于此，有担保权人通过谈判将该担保债权设置为“超级优先级”，因该种情形在一定程度上突破了《企业破产法》中债权清偿顺位的规定，故司法实务中对该种做法略有争议而尚无明确定论。较为稳妥的做法则是要求债务人或管理人出具承诺函，声明担保债权优先于其他所有类型债权受偿，并将债权人会议表决通过的材料作为附件。

（三）对替代担保物进行评估或扩大担保范围

《企业破产法》第 37 条规定：“人民法院受理破产申请后，管理人可以通过清偿债务或者提供为债权人接受的担保，取回质物、留置物。前款规定的债务清偿或者替代担保，在质物或者留置物的价值低于被担保的债权额时，以该质物或者留置物当时的市场价值为限。”

因此，担保权人在接受债务人的替换担保时，对替代担保物进行评估，提高替代担保物的担保率，有利于减少自身可能遭受的损失。

在债权人会议要求第三人或债务人为重整方案或和解协议的执行提供担

保时，为减少债务人不能执行或者不执行重整方案、和解协议而给债权人造成的损失，债权人可尽量要求扩大担保范围，尽可能地减少损失。

第10问　在破产程序中，是否存在优先级比担保债权还高的债权类型？

根据《企业破产法》及相关司法解释规定，担保债权已经优先于其他债权获得清偿，这也是担保制度的应有之义。但受破产企业的行业性质等因素影响，司法实践中确实也存在比担保债权更为优先的债权。相关内容在“作为施工方，工程款是否可以申请优先受偿”部分已有涉及，此处在前述基础上做进一步论述。

（一）建设工程价款优先受偿权

《民法典》第807条规定：“发包人未按照约定支付价款的，承包人可以催告发包人在合理期限内支付价款。发包人逾期不支付的，除根据建设工程的性质不宜折价、拍卖外，承包人可以与发包人协议将该工程折价，也可以请求人民法院将该工程依法拍卖。建设工程的价款就该工程折价或者拍卖的价款优先受偿。”理论界及司法机关主流观点普遍认为其立法目的是保障农民工等建筑工人的权益。

作为法定优先权，其行使需着重注意三点：一是行使权利的主体。根据目前法律规定，承包人可对其所承建工程主张优先受偿权是毋庸置疑的，承包人也即为与发包方签订了有效合同而未获得工程价款的主体。至于实践中存在的违法分包、转包、借用资质等情况能否确认尚有争议。二是优先权的范围。最高人民法院《关于审理建设工程施工合同纠纷案件适用法律问题的解释（一）》第40条第2款规定：“承包人就逾期支付建设工程价款的利息、违约金、损害赔偿金等主张优先受偿的，人民法院不予支持。”此处的“利息、违约金、损害赔偿金”属于承包人的期待利益，因而并不属于建设工程价款优先受偿权的范围。三是承包方行使权利的截止时间为“应当给付建设工程价款之日”，根据具体情况不同，可包括竣工之日、完成结算之日、未验收而实际使用日、法院判令之日等情况。

因此，如在同一物上分别存在借款人等担保债权、建设工程价款优先受偿权时，为最大程度保障自身权益不受损害，担保权人应重点核查前述三点。

（二）商品房消费者价款返还优先权

在破产程序中，由于营业执照过期或尚未竣工等原因可能导致购房人无法取得不动产权证，但此时购房人往往已经支付全部或大部分购房款。在该种情形下，将购房人的债权列为普通债权与其他类型债权人处于同一顺位受偿，对购房人来讲极为不公，不符合破产程序平衡债权人利益的价值目标，甚至容易引发不良的社会效应。

最高人民法院《关于人民法院办理执行异议和复议案件若干问题的规定》第29条对消费性购房人的构成要件作出了详细规定；最高人民法院《关于商品房消费者权利保护问题的批复》中，首次明确商品房消费者在以居住为目的购买房屋并已支付全部价款的情况下，主张其房屋交付请求权优先于建设工程价款优先受偿权、抵押权以及其他债权的，且在房屋不能交付且无实际交付可能的情况下，其主张价款返还请求权优先于前述债权的，人民法院应予以支持。因消费性购房人对房屋的权利以生存权为基础，法律赋予其凌驾于建设工程价款优先受偿权、抵押权之上的权利，足见对消费性购房人权益的重视。

对此，担保权人可根据上述法律规定监督管理人是否严格依照法律规定审核并认定消费性购房人的身份，尽量向管理人争取于自身有益的财产处置方案。

（三）划拨土地使用权出让金的优先受偿权

根据《城镇国有土地使用权出让和转让暂行条例》第45条第1款第4项的规定，签订土地使用权出让合同，向当地市、县人民政府补交土地使用权出让金，或以转让、出租、抵押所获收益抵交土地使用权出让金。划拨土地使用权出让金因与国家及社会公众利益密切相关，原本国家在进行划拨时并未收取出让金，但如若以划拨土地进行设定担保物权的，则改变了非营利之性质。《北京市高级人民法院企业破产案件审理规程》第254条便规定了国家对划拨土地使用权出让金的优先受偿权，即以划拨方式取得的国有土地使用权及其地上建筑物设定抵押的，就该抵押物拍卖的价款，应优先缴纳国家收取的土地使用权出让金。

实践中常有担保权人认为这一权利突破了《企业破产法》规定的清偿顺位而不予认可，但若非如此则抵押物的出让程序可能无法完成，从而影响担保物的变现。这也提示担保权人，在接受债务人担保时，务必提前对担保土地出让方式进行核查。

（四）破产人在《企业破产法》公布之日前所欠的职工债权

我国《企业破产法》施行后，破产企业在本法公布之日前所欠职工的工资和医疗、伤残补助、抚恤费用，所欠的应当划入职工个人账户的基本养老保险、基本医疗保险费用，以及法律、行政法规规定应当支付给职工的补偿金，依照该法规定清偿后不足以清偿的部分，以债务人特定财产优先于对该特定财产享有担保权的权利人受偿。

为了保障职工的生存权，该权利在一定程度上也突破了清偿顺序。因此，为避免己方优先权受损，担保人可要求管理人提供相关证明材料，核查相关债权的真实性。

（五）共益债务事实上的“超级优先权”

此处主要是指在破产重整程序中，债务人或者管理人为继续营业而借款的，可以为该借款设定担保，而出借人为减少自身可能存在的损失，要求债务人、管理人及债权人会议作出议案进行表决或出具说明，承诺相关共益担保债权优先于其他各类债权，形成事实上的“超级优先权”。虽然当前尚无统一定论，但确实存在该种处理方式，即全体债权人为了争取更多的预期利益而自愿让渡部分权益。

（六）刑事罚款

在单位犯罪情况下，若被告人进入破产程序，刑事追缴与退赔对应何种清偿顺位，我国《企业破产法》及相应司法解释对此尚无明确规定。但根据最高人民法院《关于刑事裁判涉财产部分执行的若干规定》第 13 条第 1 款的规定，被执行人在执行中同时承担刑事责任、民事责任，其财产不足以支付的，“退赔被害人的损失”优先于“其他民事债务”，可看出“先刑后民”也是一种司法倾向。

因此在破产程序中，如债务人涉及刑事案件而被刑事查封、扣押，则担保债权人可能暂时难以实现担保债权；如最终查明确认担保物应被退赃、退赔或在被罚没的财产之列，则担保权人的优先受偿可能会被架空。

（七）税款债权

在实现担保债权过程中，通常会因拍卖、变卖等变现方式产生金额较大的税款，此时，如何对担保债权与税款债权进行利益平衡是一个难题。若优先缴纳税款，将直接影响到担保债权的清偿；但如允许先行偿还担保债权，则在后续办理担保物变更产权登记手续时可能会因欠缴税款而无法办理。对此，目前并未有明确的法律规定，一般有赖于管理人、担保人、税务机关依法协商解决。

（八）租赁权或居住权

租赁权尤其是长期租赁权或居住权，虽然不会直接优先于担保债权，但该两种权利的存在，将会给担保物的变现造成一定影响。有鉴于此，在签订担保协议时，可考虑要求债务人协调租赁人或居住权人同步签署相关承诺，同意当即或在担保权人实现担保权时解除租赁或居住关系，尽可能地减少后续可能存在的行权障碍。

因法律规定或现实因素等存在着上述种种优先权，担保权人在接受债务人提供的担保物时，需尽量核查是否存在相关负担，并预先采取对应措施或设定合理条款，尽量将自身损失降到最低。

第五篇

重整投资人篇

第 1 问　与其他形式的投资相比，重整投资的优势是什么？

一、投资的基本分类

投资行为类型多样，根据性质的不同，可分为债务投资与股权投资；根据投资目的与期限的不同，可分为财务投资与战略投资。而破产重整投资中常见的是债权投资与股权投资，两者的本质区别在于：前者指的是重整投资人主要以借款形式进行投入或者以较低的价格收购重整企业债权人的债权，按照未来重整计划或者破产清算受偿，以期获得清偿差价；后者是投资人通过投资取得重整企业股权的投资方式。

二、重整投资的现状

因单一的债权投资并不多见，因而本处论述的重整投资优势主要是破产重整中的股权投资优势。

随着我国新常态经济形势的出现，破产重整案件数量呈现出爆发式增长，经在全国企业破产重整案件信息网检索“重整”等关键词，2020 年后案件公告数量约 29,519 件。

三、重整投资的优势

根据对法律规定及实践经验的总结，破产重整投资相关优势主要体现在如下四方面。

（一）在企业破产重整状态下，投资人有机会获得在企业正常经营状态下无法获取的稀缺资源

破产企业具有重整价值是能够进入破产重整的前提之一，而重整价值往往是指其具有稀缺甚至不可复制、再生的核心资产。通常可能为医药、矿产等特殊行业的经营许可证、经营渠道、市场占有率或企业品牌等。在企业正常经营状态下，上述核心资产均属于“非卖品”，本企业之外的人很难有机会介入该特定行业、市场。同时，上述特殊资质或许可均与破产企业这一特定主体绑定在一起，即便重整投资人坐拥充足资金或者具备投资相关资产的契机，却也受困于自身不具备资质而无法以新的主体身份在市场上占有一席之地。但在破产重整程序中，债务人或管理人为提高重整概率以及效率，可

能会不同程度地降低投资人资格要求，即便管理人不做调整，投资人亦可采取联合投标的方式进行投资。

以北大方正集团有限公司为例，其核心资源是其所持有的证券、医药等特许行业资质与业务及其品牌价值。我国基本已不再新批证券营业资质，其属于稀有的存量资源。相关投资人若要经营证券业务，基本只能投资目前已有的且为数不多的证券公司。然而除非企业进入破产程序，否则证券公司很难接收外部投资者。

（二）就同一投资标的而言，破产重整投资成本更低

成本低也是重整投资人介入破产程序最直接、最主要的动力，该种优势具体表现在以下三个方面。

一是重整投资人所要支付的股权对价款远低于企业正常经营时的股权转让价格。在债务人企业正常经营状态下，投资人受让股权的对价以债务人净资产计算，往往需要较大的支出。与此同时，还要考虑原有股东是否有意愿优先购买等因素。而在破产重整程序中，因债务人已资不抵债，故其所有者权益通常为零甚至是负数，此时投资人出资收购债务人股权所要支付的对价更低，收购更具有性价比。

二是重整投资人的支付方式及期限较为灵活。破产重整清偿方式多样化，投资人可根据自身财务情况制订有利的清偿方案。具体而言，重整投资人可选择的债务清偿方式包括现金清偿、债转股清偿、留债展期清偿、应收账款清偿等。因而投资人可将对价款分摊至重整后企业的经营之中，从而直接或间接减少成本。

三是沟通成本低。涉及大型标的的投资并购，前期沟通所需投入的人力、时间成本等往往较大。破产重整投资则不然，管理人往往已经先行介入，进行了大量的债权债务核查、资产情况调查等工作，为投资人分担了不少前期工作。同时，管理人可作为居中的第三方，协调解决债务人、债权人、投资人之间的矛盾与问题，避免在此过程中因几方谈判陷入僵局而额外增加成本。

（三）破产重整更容易获得政策支持，办理周期短、交割阻碍少

破产程序给公众的印象是周期长、效率低。但破产重整程序则不然，当

在全国有重大影响力或员工人数较多的企业进入破产程序时，不仅会产生重大的经济影响，而且会产生一定的社会影响。同时，在当前加大营造良好营商环境建设力度的大背景下，为全面贯彻党中央、国务院关于社会信用体系建设的决策部署，深入落实商务部关于推进商务信用建设的各项举措，各级政府不断健全商务信用制度体系，弘扬商务领域诚信文化，发展商务信用经济，助力改善营商环境，从税收、社保、市场监督管理、产权过户、发展改革、司法措施、贷款及信用修复等各环节进行支持，不断加大府院联动的力度，为推进破产重整提供全方位的保障。对以股权并购方式进行重整的投资人而言，更是可以在人民法院裁定批准重整计划后，凭借法院出具的执行裁定书直接办理股权过户，省去了诸多烦琐的工商变更环节。

类似北大方正集团实质合并重整案，如果任由企业进行破产清算，不仅会冲击众多的金融债权人的利益，更会导致整个集团几十万员工失业，给社会稳定造成一定影响。在推进该项目的过程中，府院联动机制的高效运行为管理人及投资人解决了不少难题。也正因此，包含几百家成员企业在内的北大方正集团实质合并重整案件，从法院受理到程序终结仅两年，重整投资人介入的时间更是短暂，差不多一年，并不比常规投资所需的时间长，甚至短于常规投资所需周期。

（四）破产重整投资遗留问题少，重整投资人可尽快将企业带入正常经营轨道

即使是企业正常运营中的股权投资，投资人也可约定以“新老划断”的方式要求出让股东承担股权交割之前目标企业全部的债权债务等事宜。但对企业债权人尤其是担保人来讲，其仍可以依照《公司法》的一般规定向投资人主张权利。

而破产重整投资则不然，无论是破产清算程序还是破产重整程序，均意在一次性处理破产企业的债权债务。在重整程序终结后，担保人不可再向重整后的企业进行追偿，这也免去了投资人的后顾之忧。这也是越来越多的投资人愿意在破产重整程序中寻找商机的原因，更解释了为何全国有影响力的集团公司甚至金融企业能够进入破产重整程序。

第2问　在没有其他主体申请的情况下，投资人如何启动对债务人企业的重整程序？

由《企业破产法》及相关规定可知，债权人、债务人及其股东可在人民法院受理破产申请后、宣告债务人破产前向人民法院申请对债务人进行破产重整。

因此在没有其他主体申请的情况下，投资人可通过与上述主体沟通向法院申请破产重整，或使自己成为债权人、股东直接向法院提起申请。

一、投资人如何有效说服债权人、债务人、股东

该问题的核心是精准定位各方主体的利益需求，帮助各方主体分析债务人进入破产程序的益处。对债权人而言，尤其是普通债权人，因排在其前面的有超级优先权、法定优先权、税款债权、职工债权等，按照清偿顺序其清偿率极低甚至可能为零，而进入破产重整程序则可使普通债权人在这场较量中“扳回一局”。普通债权人关系民生根本，常见于自然人、小微企业等且往往人数众多，人民法院对其在破产重整中的清偿率也尤为看重。对债务人而言，企业进入重整程序则意味着可获得新生；对法定代表人或高级管理人员来讲，可依法申请解除强制执行措施；对股东来讲，可通过让渡出资权益减轻经济负担，避免继续向债务人进行“输血”的局面。

二、投资人如何成为债权人提起重整申请

虽然投资人可说服有权主体向法院提起破产重整申请，但实际操作中存在一定难度。常见的做法是投资人通过低价收购债权成为债权人，以适格主体向法院提起申请。经总结经验与相关规定，笔者认为投资人若想提高该种方式的成功率，需重点注意如下三点。

（一）保持对债务人经营情况的持续关注，对其重整价值有一定了解

通常而言，投资人主动出资启动破产重整程序，是因为其与破产企业同属一个行业，或投资人本身即为特定行业投资机构，能够掌握相关资源，对破产企业及其所在行业的经营情况、运营模式等有所了解，能够准确判断债务人是否具有重整价值以及如何发挥债务人优势令其获得“重生”。

（二）规范办理债权转让手续

投资人收购债权的，需注意如下三点：其一，关注诉讼时效，并尽量选择已经人民法院、仲裁机构裁决确认的债权，其真实性更容易被确认；其二，与债权人签署债权转让协议后，务必及时书面通知债务人，以达到债权转让的成立及生效条件；其三，在受让债权后及时要求债务人履行并留存催收证据，以收集债务人拒绝或者不予履行的证明。

（三）备齐申请材料

企业破产重整事关当地的经济与社会稳定，尤其是在地方或全国有重大影响的企业。因此，各地法院对待重整申请较为谨慎，要求提交的材料较多，并尤为看中破产企业的重整价值及重整可行性。各个地区的人民法院对债权人申请破产重整需提交的材料要求不尽相同，但通常均包含下列材料：

（1）破产重整申请书，并应当列明申请人和被申请人基本情况、申请重整的事实和理由等；

（2）申请人和被申请人的主体资格证明；

（3）债权发生的事实，以及债权性质、数额、有无担保的证据；

（4）债务人不能清偿到期债务的证据；

（5）债务人具有重整价值和重整可能的说明材料；

（6）申请上市公司重整的，还应当提交关于上市公司具有重整可能的报告、上市公司住所地省级人民政府向证券监督管理部门的通报情况材料及证券监督管理部门的意见、上市公司住所地人民政府出具的维稳预案等材料，以及债权人已将申请事项告知上市公司的有关证据。

三、投资人如何通过购买股权申请重整

（一）债务人股东申请破产重整需要具备的主要条件

首先，以《企业破产法》第 70 条第 2 款之规定为例，债权人申请对债务人进行破产清算的，在人民法院受理破产申请后、宣告债务人破产前，债务人或者出资额占债务人注册资本 1/10 以上的出资人，可以向人民法院申请重整。

与收购债权相比，通过收购股权成为股东略有一定难度。收购价格并不容易确定，价格过高则有悖于在重整程序中以较高性价比获得股权的目的；价格过低则可能无法与原股东达成一致，导致原股东不愿让渡出资权益。与此同时，债务人为有限责任公司的，其他股东依法享有优先购买权，这也需要投资人与原有股东进行协商。

基于上述因素，通过购买债务人股权方式启动债务人破产重整的操作并不多见，如确定采取该方式，需综合考虑投入产出的性价比问题。

（二）债务人股东提起破产重整申请时，需提交的材料

各地对于材料的要求并不完全相同，在此以北京、上海为例。根据《北京破产法庭破产重整案件办理规范（试行）》第11条规定，债务人的出资人申请重整的，参照债务人申请重整的情形向人民法院提交材料：

（1）破产重整申请书，并应当列明申请人基本情况、申请重整的事实和理由等。

（2）债务人主体资格证明，以及最近一个年度的企业年度报告材料。

（3）债务人股东会或股东大会等权力机构同意申请重整的文件。债务人为外商投资企业的，可依照法律法规及企业章程的规定提交董事会等同意申请重整的文件。债务人为国有独资企业、国有独资公司的，还应当提交对债务人履行出资人职责的机构同意申请重整的文件。

（4）债务人的法定代表人或者主要负责人名单、联系方式，以及债务人董事、监事、高级管理人员和其他管理部门负责人名单、联系方式。

（5）财产状况说明。

（6）债务清册，并应当列明相应债权人名称、住所、联系方式、债务数额、债务性质、债务成立时间和被催讨情况。

（7）债权清册，并应当列明相应债务人名称、住所、联系方式、债权数额、债权性质、债权成立时间和催讨情况。

（8）有关财务会计报告。

（9）有关诉讼、仲裁、执行情况。

（10）企业职工情况和职工安置预案，并应当列明债务人解除职工劳动关系后依法对职工的补偿方案。债务人为国家出资企业的，职工安置预案应列明拟安置职工基本情况、安置障碍及主要解决方案等，并提交职工安置预

案报对债务人履行出资人职责的机构备案的材料。

（11）企业职工、高级管理人员工资的支付和社会保险费用、住房公积金的缴纳情况。

（12）具有重整价值和重整可能的证明材料。

（13）上市公司申请重整的，还应当提交关于上市公司具有重整可能的报告、上市公司住所地省级人民政府向证券监督管理部门的通报情况材料以及证券监督管理部门的意见、上市公司住所地人民政府出具的维稳预案等材料。

（14）其他与申请事实、理由有关的材料。

而根据上海破产法庭制定的《申请重整指南》的规定，债务人的出资人申请对债务人重整应当提交下列材料：

（1）重整申请书。应载明申请人的基本信息、申请事项、申请的事实和理由。

（2）出资人的出资证明和主体资格证明文件。

（3）债务人具有重整价值的证据材料。

（4）债务人重整的可行性分析报告或重整方案。

（5）法院认为应当提交的其他材料。

四、在中国境内发起申请存在困难时，投资人其他合法途径

审理法院可能考虑到社会影响、示范效应等多种因素，没有作出裁定同意债务人进入破产重整程序。此时，对投资人或债权人来讲，如债务人在境外存有债务，可考虑通过在与我国有相关司法互助条约或安排的相关境外或特定法域法院提起破产重整申请，但该操作在实际中确实存在较大的难度。

第3问　重整投资人是否有权选择管理人？

截至目前，我国《企业破产法》及相关司法解释并未对此作出明确规定，管理人通常依照高级人民法院制定的管理人名册通过随机摇号方式选出。对于影响较大的案件，可以通过公开招募的方式竞选管理人。近年来，也渐有允许申请人即债务人、主要债权人等主体向法院推荐管理人的趋势。但重

整投资人是否有权选择管理人，法律并未作出明确规定，但请求赋予重整投资人向法院推荐管理人的权利的呼声越来越高。

一、我国目前主要的管理人选择方式

根据最高人民法院《关于审理企业破产案件指定管理人的规定》第1条与第2条第1款的规定，人民法院审理企业破产案件应当指定管理人。除《企业破产法》和本规定另有规定外，管理人应当从管理人名册中指定。且高级人民法院应当根据本辖区律师事务所、会计师事务所、破产清算事务所等社会中介机构及专职从业人员数量和企业破产案件数量，确定法院编制管理人名册。

司法实践中各地法院逐渐建立了本地管理人名册，包括律师事务所、会计师事务所、清算事务所等。对于法律关系较为简单、资产较少、社会影响较小的破产项目，人民法院通常通过摇号随机指定；对于商业银行、证券公司、保险公司等金融机构以及在地区或全国范围内有重大影响、法律关系复杂、债务人财产分散的企业破产案件，法院通过组织本地甚至全国范围内的管理人进行投标竞选，确定最终管理人。

二、我国债权人推荐管理人的具体实践

各地为积极落实国家营造良好营商环境的要求，不断在破产案件办理做法上进行创新，其中，由债权人向受理法院推荐管理人的做法已得到不少地方法院的认可。在此以北京、上海为例，列举相关规定。

1.《北京破产法庭接受债权人推荐指定管理人的工作办法（试行）》。

第四条　【推荐条件】符合下列情形之一的破产案件受理前，债务人的主要债权人协商一致，可以以一家或者多家债权人的名义，在北京市企业破产案件管理人名册中向本院推荐一家中介机构或者两家中介机构联合担任该破产案件的管理人：

（一）债务人经过庭外重组或者预重整的；

（二）关联企业合并破产的；

（三）已经依照有关规定成立金融机构债权人委员会的；

（四）涉及利害关系人人数众多，在本地有重大影响的。

债权人按照前款规定向本院推荐重整管理人或者预重整临时管理人的，还应当与债务人协商一致。

债权人向本院推荐管理人后、本院作出指定决定前，其他债权人亦可按照本条第一款的规定另行推荐，是否接受推荐亦由本院决定。

第五条　【主要债权人】本办法所称“主要债权人”，系指债权人向本院推荐管理人时，按照债务人财务会计报告、债务清册、财产状况说明等文书资料，以及生效法律文书等有效债权凭证，合计代表的债权额占已知总债权额二分之一以上的债权人。债权人的债权属于连带债权的，不得重复计算。申请实质合并破产的案件，关联企业成员之间的债权不得计算；关联企业成员互为连带债务人的，债权人的债权不得重复计算。

2.《上海市浦东新区完善市场化法治化企业破产制度若干规定》。

第十七条　破产案件管理人由人民法院指定。债权人或者债务人提出破产申请的，可以向人民法院书面提名一名管理人人选。被提名人选符合任职条件并事先作出相关书面承诺的，人民法院应当指定其担任破产案件管理人。

……

3.《关于办理破产适用浦东新区法规的实施规则（三）》。

1. 债权人或者债务人可以在提出破产申请时或者破产申请审查阶段向该院书面提出一名管理人人选。

申请人提出管理人人选时，应当提交提名申请书、接受提名确认书、承诺书等材料。

2. 申请人应当在上海市企业破产案件管理人名册中提出管理人人选，且被提名人应当具有与案件复杂程度相匹配的资质和履职能力。

符合上海市高级人民法院指定管理人相关规定的破产案件，申请人可以在与破产案件有较强连接点的外省市管理人名册中提出具有省级一级资质的机构作为管理人人选。经指定的外省市管理人应当与本市管理人共同履职。

近三年因办理破产、清算、诉讼业务受到人民法院、行政机关、监管机构、行业自律组织惩戒，以及在该院个案履职评价中最近两个年度被评为不称职或者最近一个年度被评为基本称职的机构和人员，不得被提名。

3. 提名申请书应当载明下列事项：

（1）申请人的基本情况；

（2）被提名人的基本情况；

（3）提名理由。

被提名人的主体资格材料、资质证明材料、联系方式及提名理由相关的证明材料等，应作为附件一并提交。

4. 接受提名确认书应当载明被提名人完全知悉提名事宜且自愿接受提名，由被提名人签署盖章。

5. 承诺书应当载明被提名人承诺下列事项，由被提名人签署盖章：

（1）具备本规则第2条所规定的相关资质条件；

（2）不存在《企业破产法》第二十四条第三款规定的情形；

（3）不存在《指定管理人规定》第九条规定的情形；

（4）不存在《指定管理人规定》第二十三条、第二十四条规定的利害关系；

（5）被提名人及其派出人员不存在其他法律法规规定的禁止性行为；

（6）不存在提交虚假材料、虚假陈述、隐瞒事实及与申请人等利害关系人恶意串通损害他人利益等行为；

（7）保证勤勉尽责，忠实执行职务。

被提名人在债务人进入破产程序前，仅为债务人提供过庭外重组、预重整等与企业拯救有关的中介服务，可以不认定为上述第（4）项中的利害关系，但应当在承诺书中如实说明。被提名人未以自己名义提供服务，但其所属人员曾参与中介服务的，亦应当说明。

6. 该院收到申请人的书面提名申请后，认为申请材料不符合本规则要求的，应当及时告知申请人。申请人应当在七日内补齐相关材料。逾期未提交的，视为撤回提名申请。

该院可以根据案件实际情况，要求申请人或者被提名人补充提交其他必要的相关材料。

7. 提名审查采取听证审查等方式。组织听证审查的，由申请人、被提名人、债务人、主要债权人以及其他利害关系人参加。

申请人无正当理由不参加听证的，视为其撤回提名申请。被提名人无正当理由不参加听证的，视为不接受提名。提名审查听证可以与受理审查听证合并进行。

8. 申请人可以在该院出具指定管理人决定书前撤回提名申请，申请人撤回提名申请后不得再次提名管理人。

9. 该院经审查认为申请人提出的管理人人选符合规定的，应当指定该人选担任管理人。指定管理人决定书应当载明管理人由提名方式产生。

该院经审查认为被提名人不符合指定条件的，依法另行指定管理人，不再接受申请人提名。

10. 数名债权人同时提出破产申请，或者债权人、债务人同时提出破产申请的，可以同时提名管理人。该院在立案审查破产申请时一并审查。

数名申请人提出的管理人人选不一致的，经全体申请人协商一致的人选经该院审查后，指定该人选担任管理人。协商不成的，可以通过下列方式指定管理人：

（1）先行审查被提名人指定条件，对均符合条件的被提名人以抽签方式指定管理人；

（2）综合考察符合条件的被提名人的资质、业务能力、个案履职评价、报酬报价等因素，以竞争方式择优指定管理人；

（3）根据案件实际情况在符合条件的人选中指定数名管理人担任联合管理人；

（4）直接通过随机摇号方式指定管理人。

三、有关我国投资人推荐管理人的构想

（一）重整投资人推荐管理人的动力

由投资人推荐管理人可以直接激发其主动、积极参与重整程序的积极性，同时能够降低重整成本、加快重整进程、保障重整顺利推进。投资人与其推荐的管理人以信任为基础，双方的沟通将更为顺畅，更容易达成合意。因此尽职调查的开展、重整计划草案的制定将更为顺畅。

（二）重整投资人推荐管理人的主要阻力

根据最高人民法院《关于审理企业破产案件指定管理人的规定》第25

条的规定可知，社会中介机构不得担任管理人的情形之一便是“与本案有利害关系”，如投资人推荐管理人，难免不会被债权人及股东认定为“利害相关方”，存在降低债权清偿率及“清零”既有股东权益的风险。

至于何为“利害关系”，根据最高人民法院《关于审理企业破产案件指定管理人的规定》第23条之规定：“社会中介机构、清算组成员有下列情形之一，可能影响其忠实履行管理人职责的，人民法院可以认定为企业破产法第二十四条第三款第三项规定的利害关系：（一）与债务人、债权人有未了结的债权债务关系；（二）在人民法院受理破产申请前三年内，曾为债务人提供相对固定的中介服务；（三）现在是或者在人民法院受理破产申请前三年内曾经是债务人、债权人的控股股东或者实际控制人；（四）现在担任或者在人民法院受理破产申请前三年内曾经担任债务人、债权人的财务顾问、法律顾问；（五）人民法院认为可能影响其忠实履行管理人职责的其他情形。”

而由投资人推荐管理人很有可能被归入上述第5项情形，从而面临债权人及债务人股东的反对。

（三）如何有效构建投资人推荐管理人相关制度

1. 目前我国已有的相关规定

国务院《关于开展营商环境创新试点工作的意见》重点任务明确指出：“推行破产预重整制度，建立健全企业破产重整信用修复机制，允许债权人等推荐选任破产管理人。建立健全司法重整的府院联动机制，提高市场重组、出清的质量和效率。”

《北京破产法庭破产重整案件办理规范（试行）》第35条第1款规定：“在人民法院通过随机方式或竞争方式指定临时管理人前，债务人、主要债权人和重整投资人协商一致，推荐北京市企业破产案件管理人名册中的中介机构担任临时管理人，不违反企业破产法第二十四条的规定的，人民法院可以指定被推荐的中介机构担任临时管理人。”

虽然目前我国法律并未明确规定允许投资人推荐管理人，但亦未对此作出禁止性规定，破产程序本身具有的魅力便在于其实际操作的创新性。

2. 重整投资人推荐管理人需要考虑的重点因素有哪些?

构建重整投资人推荐管理人机制并非易事，而是一系列的制度体系，牵一发而动全身。不仅需要针对该情形出台专门规定，更是需要对最高人民法院《关于审理企业破产案件指定管理人的规定》等现有条款进行调整或修正。同时需要对投资人推荐的阶段、资格审定等环节进一步完善。从目前各地规定及实践来看，无论由何种主体进行推荐，被推荐人均须是已经入选当地或其他地区法院管理人机构名册。

第 4 问　投资人参与重整的方式有哪些?

从不同的角度着手，投资人参与破产重整的方式分类也不同。如根据参与主体是否单一，可分为单独投资、联合投资；根据投资目的不同，亦可分为股权投资、债权投资、资产购买、混合方式；根据具体清偿期限的不同，分为一次性清偿投资、留债展期清偿投资等。具体介绍如下。

一、单独投资与联合投资

破产管理人通常会在发布招募意向重整投资人的公告时，列明投资人主体的身份要求，即在公告中明确提出是否接受投资人以联合主体身份竞选。若未对该项作出要求，则意向投资人可根据自身具体情形，即运营情况、资金情况等与管理人提前沟通，是否能够以联合主体身份进行投标。但采取该种方式应当预设好退出机制，与联合主体协商后续资产、股权等划分。

二、股权投资、债权投资、资产购买、混合方式

笔者将在此处对实践中常用的破产重整投资方式分别进行解释，供投资人参考。

（一）股权投资

股权投资是较为常见的也是大多数重整投资人倾向于选择的一种形式。绝大多数重整投资人愿意出资清偿破产企业的对外债权，目的在于以此受让原股东的股权。在破产情况下，投资人能够以非常优惠的价格收购企业的股权，以最低的成本撬动最大的收益。在理想状态下，甚至可以将出资人权益直接调整为零，即以零对价的方式受让全部股权。当然，在以磋商、谈判为

主导的破产重整阶段，有理想状态，也存在着现实的风险。若企业原有股东不愿让渡权益甚至以此作为谈判的筹码以谋得更高的收益，对重整投资草案持反对意见。面对此种情况，重整投资人可要求管理人请求受理法院强制裁定通过。

（二）债权投资

该种方式可以理解为破产重整程序中的共益债投资，主要是指投资人向破产企业发放专项借款，以便企业继续运营开展商业经营活动或者继续完成开发建设项目。由于该笔借款能够更好地保障全体债权人的利益，具有共益属性，在经债权人会议或法院许可等法定程序认定后，将其列为优先的清偿顺位。根据最高人民法院《关于适用〈中华人民共和国企业破产法〉若干问题的规定（三）》第2条第1款的规定，“为债务人继续营业而借款”可以参照适用《企业破产法》第42条第4项对共益债务的相关规定，即享有优先于普通破产债权的清偿顺位。

虽然可以将其列为共益债务而随时并优先于普通债权清偿，但根据企业类型不同，排在其前面的可能还有消费性购房债权、建设工程价款优先债权等。此时投资人为自身利益计，可与破产管理人沟通或通过其与债权人达成一致，将该笔借款排在事实上的第一顺位。该种做法有一定的突破性及创新性，应当结合企业性质及具体状况，并及时与债权人会议及法官充分交流。

因该笔借款对破产企业而言系巨额债务，一旦重整失败，破产企业将因此增加一笔负债，那么债权人清偿率将再次降低，故债权人对该种方式持审慎态度。

（三）资产购买

资产式投资较为简单，投资人无须关注重整企业整体的债权债务情况，只需关注该资产本身的价值、是否存在瑕疵等，今后该企业是否重整成功也与投资人无关，无须承担企业最终走向破产清算的风险。而且，由于企业已进入破产重整程序，资产价值往往被低估，参与竞争的人也较少，投资人很可能以极其优惠的价格取得资产。但是，资产式投资也有弊端，最主要的是投资人无法获得重整企业的壳资源优势。

在该种方式下，债务人通过出售核心资产获得现金流，从而对债权进行清偿。投资人出资购买债务人核心资产，主要包括固定资产、知识产权等，而特许经营资质、商誉等无形资产则相对较少，一方面是由于前述资质类无形资产必须依附于债务人而存在，另一方面也是因为其转让是否具有合法性以及转让价值有待商榷。采用该种方式进行重整，对于管理人而言是一项技术挑战，其需考虑如何对该资质进行定价，该定价不得有损债务人利益，同时也需完善招募公告、重整投资协议，避免在此过程中使自身陷入风险。对投资人而言，需提前做好预案，若正式成为投资人是否继续以原债务人为主体进行经营，若希望变更主体又该如何操作。

若投资人采取该种投资方式，需重点关注两个问题：其一，核心资产转让所涉及的纳税问题，包括但不限于由谁承担、缴纳比例、能否在留抵退税额度中抵扣等；其二，若核心资产系某种资质，应确定该特许资质是否在有效期内，是否能在有效期内顺利进行股权变更。

（四）混合方式

顾名思义，混合方式即是前述三种方式的结合，最具有标杆意义的是北大方正集团实质合并重整案，其采用了复杂且具有创新意义的重整方案。

在该重整项目中，偿债资金来源包括投资人投入的现金以及新方正集团的股权、留债额度，可由债权人根据实际情况自主选择清偿方案：对于担保债权人，在担保财产评估价值范围内优先全额现金清偿；对于普通债权人，提供“全现金”“现金＋以股抵债”“现金＋留债”三种清偿方案供其选择。同时，未分配的预留偿债资源和信托计划持有的待处置资产，都将在条件成就时进行补充分配，以最大限度维护债权人权益。而因北大方正集团的债权人多元、清偿诉求差异较大，为最大限度保护债权人权益，管理人结合债权人的反馈与建议，与投资人进行多轮协商，最终形成了债权充分保障、方式灵活搭配的清偿方案。

中国政法大学教授王卫国对此表示：“与其他大型集团重整项目相比，方正集团真正做到了以充分保护债权人利益为首要原则，既保障了较高的现金清偿，又通过多种方式切实提升整体清偿，是近年来大型重整项目中现金清偿安排最高的案例。给予了债权人现金、留债、转股多种方式组合的充分选择权，并对转股债权人提供了现金溢价回购的退出方式。这在大型集团重整案例中尚属首例，在充分保护重整债权人利益方面做出了非常积极的探索。”

三、一次性清偿投资、留债展期清偿投资

一次性清偿通常是指重整投资人根据重整投资协议及重整计划向管理人账户一次性支付现金作为偿债资金，由管理人向债权人进行清偿；同时，投资人受让债务人的股权。

留债展期清偿是重整项目中常见的一种债权清偿安排，通常会将原有的具有特殊性的合同性债务安排统一转换为新的共同性、类型化的债务清偿安排，实现债务置换。在此情况下，原债权债务项下约定的权利义务不再继续履行，通过留债安排设定新的权利义务，通过延长还款期限、降低利率等方式进行清偿安排，通过给予企业以恢复和发展的时间和空间，提升对债权人的清偿能力。

第 5 问　如何有效降低投资成本？

关于降低投资人成本的问题，笔者已在其他部分进行了阐述，现从其他角度对相关内容进行系统整合。

一、重整投资的成本具体有哪些

在破产重整项目中，投资成本是投资人在不同阶段所负担的成本的层层累加。例如，在申请阶段，投资人聘请律师、审计机构、评估机构等对企业进行分析从而向法院申请破产重整；在招募意向投资人阶段，为开展尽职调查而聘请第三方机构以及缴纳报名保证金；在制定重整计划草案、重整投资协议阶段，与多方主体进行斡旋；在正式成为投资人阶段，支付投资款。此外，若重整失败，已支付的保证金及投资款是否能退回以及此期间的资金成本等。

二、哪些成本可以避免开支

在前一部分提到的投资成本中，报名保证金、履约保证金（若有）、投资款以及为了企业恢复生产运营等支付的费用是重整投资人无法避免的支出。但视案件具体情况，以及投资人退出的原因，报名保证金、履约保证金（若有）等可能会无息退还给投资人，这也需要在重整投资协议中作出限制。

三、重整投资人可通过哪些方式降低成本

降低投资成本是一项系统工程，需要综合各种因素，详细阐述如下。

（一）审慎考虑介入债务人破产重整的必要性

相较于企业正常运营下的常规投资，破产重整程序中的投资可能存在一定劣势，主要由于重整程序存在诸多不确定性。重整主要依赖于债权人会议表决通过的决定，其可能产生的投资成本并不能提前预设。在制订重整计划草案的清偿方案时，根据破产企业的实际债权债务情况，若存在已知却并未申报的债权人，即便已经通知到位，也不能因其未来申报而视为不存在，通常会将该部分列入或有债权，根据可能产生的债权性质按同比例清偿的金额进行提存。这也导致即便投资人愿意付出较多的偿债资金，但经裁定确认的债权人却不能获得较高的清偿率，导致表决无法通过。

（二）尽量提前介入债务人破产重整程序

首先，若投资人已关注某一企业，应持续保持对企业经营情况、资产负债情况、面临诉讼、案件执行情况的关注。

其次，尽可能地通过启动债务人预重整程序成为预重整投资人。此时可以在前期沟通过程中，尽量获得尽职调查所需的材料与信息，减少后续可能发生的成本。

（三）确定合理的投资方式

其一，确定投资的方式。投资人应当根据自身资金情况、风险承受能力、期望目标等，在与管理人充分、及时沟通的基础上，综合考虑选择投资方式。

其二，合理设置清偿方案。主要目的自然是通过最低的成本获得重整计划草案表决通过所需的债权人及所代表的债权金额。根据《企业破产法》对重整计划草案的表决规则，投资人不但需要考虑大额债权人的清偿，亦需保证表决通过的人数占比，此时小额债权人便是需要争取的“最佳盟友”。

其三，采取联合投标的方式以降低投资成本。在资金压力较大的情况下，投资人可以考虑联合行业内其他主体共同投标以分担相关责任与风险。但投资人需要特别注意管理人发布的《意向重整投资人招募公告》对于主体条件

的要求，即是否允许联合主体投标。

（四）妥善处理债务人职工问题

职工安置问题涉及社会稳定，是法院非常重视的部分。若重整投资人对债务人企业有明确的、完整的运营计划，同时对职工可以进行续聘、返聘或其他妥善安置，这对于重整程序后续推进也是一个有利因素。投资人应当提前告知管理人，理想状态下，这一问题能够一并在重整程序中妥善解决，尽量避免在重整计划执行或执行完毕后再行处理。这样一来，不但可以直接减少裁减职工所需的成本，也可以避免对重整完毕后债务人的运营产生不利影响。

（五）适时地退出重整程序

与经济学强调的“沉没成本”一脉相承，若在能预见重整可能性不高的情况下及时止损，也是重要的举措。重整投资人选择的退出阶段不同，所承担的损失也有所不同。若重整投资人在尽职调查后发现问题选择退出，管理人通常会将其已缴纳的报名保证金原路无息退回。也正因如此，若经过尽职调查，重整投资人认为债务人条件不符合自身预期，则需向管理人明确表示放弃参与投资人竞选，并要求退还保证金。

（六）尽最大可能推动破产重整程序的推进

破产重整项目推进的效率越高，则投资人的资金等成本将会越低，快速稳健推进重整项目，也可避免节外生枝。然而，随着市场经济的平稳发展，企业的准入及退出机制愈渐完善，我国各地法院受理的破产类案件数量不断增多，管理人面临的办理压力也随之增大。而破产清算类案件周期长，有很多僵尸企业并无资产，管理人不仅面临着执行职务成本的压力，而且还要办理多个破产项目，这都难免造成重整案件的迟滞。

因而重整投资人助管理人一臂之力，为其提供力所能及的协助，对推动重整项目进程而言将大有裨益。例如，在管理人协调、监督下，安排具有一定财务、审计知识的人员协助管理人进行报税、查账；在债务人暂无可流动的资产以负担破产费用或共益债务的情况下，优先进行垫付。这也再次印证了，破产类案件更需要相关参与主体具有较强沟通、协调与平衡的能力。当然，具体的方案细节需要投资人与管理人、主要债权人根据案件具体情况巧妙制定。

第6问　如何提高重整计划草案的通过概率?

本书其他部分对此内容已有涉及，现仅就相关建议阐述如下。

一、保持与参与各方的积极沟通

破产程序具有很强的实务操作性，属于“摸着石头过河”的代表性领域，法律也允许不违反禁止性规定前提下的创新做法，因此，投资人需要具有较强的沟通与谈判能力。

具体而言，在破产重整程序推进的过程中，尤其是在制订重整计划草案阶段，重整投资人应当与管理人、债务人、债权人、债务人股东等利害关系人充分协商，并充分听取债务人原管理人员、实际控制人、职工代表或工会等的意见。在必要时，甚至可以邀请有关单位，或者委托第三方专业机构、人员对特定事项发表意见或出具意见书，以期在重整计划草案形成之前与债权人、债务人股东等表决主体充分交换意见。

为提高重整的成功率，在正式召开债权人会议对重整计划草案进行表决之前，管理人往往会先行与债权金额较大、不同类型和组别的债权人一一进行沟通，详细讲解重整计划草案的内容。此时，投资人也可根据项目进展积极参与其中，协助管理人介绍重整计划草案的优势，以及与其他主体进行谈判。

二、要求管理人合理设置表决期限

法律对于重整计划草案的表决并无明确、统一的规定，通常系由管理人根据项目具体情形合理设置表决期限。若具有表决权的主体，如债权人、债务人股东系国有企业、金融企业或上市企业，那么根据其内部章程或规定的不同，为作出有效的表决结果需要经过内部有权机构的表决及公示程序，期限无法一概而论。因此，若给定的表决期限过短，其可能无法形成有效表决意见，而因重整计划草案意义重大。为维护全体债权人的合法权益以及确保表决结果的有效性、合法性，逾期未表决往往会被视为“弃权”而非“同意”或“不同意”，进而无法被统计到通过票中。因此，投资人应提前充分了解案件债权人、债务人股东的性质或是否有特殊要求，并向管理人建议，设置合理的表决期限，避免出现弃权票。

三、合理设置清偿率或方案

该建议主要指的是根据债权人具体数量及债权金额情况，设定最为合理的清偿率或清偿方案。

债权人数量，是指在普通债权组中，如果在普通债权人的债权金额较大但债权人人数较少的情形下对重整计划草案的内容有异议，重整投资人可通过管理人或直接与其进行协商。例如，在重整计划草案中为普通债权中的小额债权部分单独进行分组并视情况提高清偿率，或者在重整计划草案中约定对全部普通债权根据债权额按不同比例分段清偿，以尽量争取中、小额债权人的表决票，提高重整计划草案的通过率。

债权金额，是指在确需重整投资人加大资金投入才可通过重整计划草案之时，为了缓解投资人的资金压力，可考虑采取延期清偿、债转股、仅受让债务人“保留资产”等方式减少总投资成本。

四、联合其他重整投资人

若重整投资人不能完全承担投资成本但又决定继续参与，可考虑引入联合投资人，尤其是有高度利害关系的一致行动人，从整体上提高重整计划清偿率，从而使得重整计划草案获得最终通过。

五、把握好介入破产重整的时机

对大部分债权人来说，重整计划草案如何调整股权分配比例、偿债资金来源、唯一主体还是联合主体等均非重要因素，最为重要的便是自己的清偿率以及清偿期限。这便涉及对于破产重整和破产清算状态下的模拟清偿率测算、不同的意向投资人重整方案之间清偿率的比较等。具体来讲，若债权人已在先进行了预重整且通过了预重整方案，那么在进入正式的破产重整程序后，意向投资人可在预重整投资人清偿方案的基础上适当提升，争取成为最终投资人；或者在债务人进入破产清算程序且管理人已完成清偿核资的情况下，直接提供高于破产清算清偿率的方案，从而有效推动重整计划草案表决通过。

六、积极寻求破产重整参与主体上级单位的帮助与支持

在实际办理破产重整案件的过程中，不同意重整计划草案的主体多为大额债权人或债务人股东，而该两类主体大多是金融机构、国有企业、集团公司，其反对的原因也多是不愿意承担国有利益、集团利益流失带来的风险。

重整投资人可尝试与该两类主体的股东或其上级主管单位进行沟通，向其展示自身在行业内的优势，陈述破产企业重新恢复运营所产生的积极效应，响应国家营造良好营商环境、积极促进就业、维持民生的政策方向，尽最大可能获得相关主管单位的理解与支持，合力推动债务人“重生”。

七、在先受让债权，提升重整计划草案的通过率

如重整投资人此前便对破产企业充分关注，对其债权债务的组成及内部利益关系有所了解，则可以考虑在表决前，先行受让可能投下反对票的相关债权，为重整计划草案的表决扫清障碍。

八、通过采取“重整程序外合作”提高反对票的转变意愿

所谓“知己知彼，百战不殆”。重整投资人首先应了解债权人反对重整计划草案的真实原因，是不愿承担风险与责任，是部分条款存在文字表述的歧义导致不认可，是认为清偿方案不公平，还是希望以此作为与投资人或管理人谈判的筹码以提高己方清偿率？在破产重整案件中，重整投资人、债务人、债权人很大可能属于同一行业或者产业链条，彼此之间很有可能形成上下游的商业合作或竞争关系。因此，不妨尝试与债权人进行深入交流，以达成真实、合法的长期商业合作的方式获取反对者的理解，以长远利益说服反对者。

九、努力寻求受理法院的强制裁定通过

实践中，债权人组表决通过但出资人组反对的案例不在少数。此时，如果其他组别的债权人表决通过率足够高，将更有助于说服法官。因此，在无法通过表决程序的情况下，重整投资人务必尽可能地要求管理人积极向法院争取强制裁定批准重整计划的机会。

第7问　重整计划未通过，破产企业是否可以再重新招募投资人？

根据《企业破产法》第88条的规定："重整计划草案未获得通过且未依照本法第八十七条的规定获得批准，或者已通过的重整计划未获得批准的，人民法院应当裁定终止重整程序，并宣告债务人破产。"因此，如重整计划草案未获表决或未获法院强制裁定批准通过，通常情况下不得再重新招募投资人。

但正如笔者多次强调的，《企业破产法》具有一定的框架性以及滞后性，因而鼓励合乎规定的创新是破产重整程序的主要特征之一，在一定情况下，依然有可能再次招募重整投资人。在司法实践中，也确实不乏重新招募重整投资人的案例，但具体做法并不完全统一，现将部分情况列明如下。

一、目前我国有关重新招募破产重整投资人司法实践的具体情况

截至2023年10月26日，经在全国企业破产重整案件信息网检索"重新招募重整投资人"关键字，与此相关的记录为102条，其中，招募投资人公告数量为76条，法院裁判文书数量为6条。相关内容均或多或少地提及重新招募重整投资人的情况，亦可见该做法在实际操作中得到了越来越多的应用，也越来越得到重整参与主体的认可。

二、在目前我国案件中，重新招募破产重整投资人主要发生在哪些阶段

从理论上讲，重新招募破产重整投资人可根据重整投资人招募与遴选公告之规定，发生于重整投资人介入案件后任何阶段，介绍如下。

（一）重整投资方案提交阶段

通常情况下，管理人会在发布《意向重整投资人招募公告》之时即明确告知，要求意向重整投资人在尽职调查完成后的数日内提交重整投资方案。逾期提交的，根据招募公告的具体条款设置，管理人可能会没收其报名保证金或履约保证金，取消中标资格，并视情况决定是否重新招募重整投资人。该情况主要发生于债务人的重整需求较为急迫，可能涉及某些特许经营资质

的期限等原因。

（二）重整投资协议签署阶段

在该阶段，重新招募重整投资人的主要情况是，经磋商与遴选，管理人将综合考虑意向投资人的报价与制作的投资方案，确定最为合适的重整投资人，并向其发送《中标通知书》《中选确认书》等进行身份确认。若管理人已确认其最终投资人身份后，第一顺位的投资人因自身原因拒绝与债务人签署重整投资协议的，管理人为保证破产企业及全体债权人的利益，有权没收其已缴纳的保证金并追究其违约责任，同时视情况决定是否重新启动投资人招募程序。

（三）在意向投资人被确定为正式重整投资人后的阶段

在重整计划草案被债权人会议表决通过且经人民法院裁定批准后，意向投资人成为正式重整投资人，而此时已经人民法院裁定批准的重整计划，对债务人和全体债权人均有约束力，但对重整投资人没有绝对的强制执行力。

在重整计划执行阶段，因投资人无法支付相应资金而导致重整计划无法顺利执行，在此阶段决定退出或已发生实质违约，管理人将没收其已缴纳的全部保证金，并视情况决定是否重新启动投资人招募程序。在此种情形下，重整投资人违约的情形主要有两种：一是未按要求为重整计划的执行提供担保或缴纳履约保证金，二是未按重整计划约定及时支付投资款，经管理人要求，仍拒绝履行。

重整计划执行阶段，系管理人重新启动投资人招募程序的主要阶段，这也是由于经过此前的努力，多方终于达成一致，若能招募到具有强大资金能力的意向出资人，则可继续履行此前已通过的重整计划，系最为便捷、快速的方式之一。

三、重整投资人最多可以重新招募几次

如前所述，管理人通常会在《意向重整投资人招募公告》中明确如何启动破产重整投资人招募工作。管理人也可在首次发布的招募公告中增加预设条款，即在招募失败或第一顺位的意向投资人后续执行不能的情况下，是否继续招募新的意向投资人等情况。经检索相关案例发现，可能启动多次招募

程序的企业，多为房地产等关乎国计民生的领域，尤其是在实质合并重整案件中。

根据案件具体情况，经债权人或法院同意，理论上管理人可以多次启动投资人的招募程序。但根据目前经验，管理人启动投资人招募工作的次数通常不会超过三次，虽然进入破产重整程序相较于破产清算而言有更好的社会示范效应，但招募失败次数过多，也从侧面反映该企业的重整价值、重整可能性存疑。而从法院视角来看，虽然有权裁定批准延长管理人或债务人提交重整计划草案的期限，但最多不能超过受理重整申请之日后的9个月。

四、重新招募重整投资人，需要满足何种条件与程序

《企业破产法》及相关司法解释未对管理人重新招募重整投资人的做法作出明确规定，笔者结合实践经验可以总结出以下几点。

（一）是否所有类型的企业都可以重新启动投资人招募工作?

总结起来，若想再次启动投资人招募工作，企业通常要符合“有需求”“有必要”的条件。其中，“有需求”是指重整企业在当地或全国范围内有着较大的经济、行业与社会影响力，如任由其进入破产清算程序，可能会产生较大的金融、失业等风险，因此无论是政府还是法院，均有意向对重整提供一定的支持或鼓励；“有必要”也称“有可能”，指的是债务人确实存在重整价值及重整可行性，这也是重整启动投资人招募工作多发生于“在意向投资人被确定为正式重整投资人后的阶段”的原因。

（二）债权人会议通过重新招募投资人的方案是前提

在重整案件具体办理过程中，因招募投资人与全体债权人、股东利益密切相关，是破产重整程序中的重要节点，故管理人在起草重整投资人招募与遴选公告后，往往需要提请债权人会议表决或至少在债权人会议上进行告知，并听取债权人的异议。在具体形式上，有在债权人会议上先行提交框架内容，也有在完成或者基本完成清产核资的基础上再行起草公告并就此单独提交债权人会议。

（三）在投资人招募与遴选公告中进行明确告知

为提高招募投资人的成功率，管理人通常会在全国企业破产重整案件信

息网公开发布意向重整投资人的招募公告，同时也会在当地破产管理人协会的微信公众号、破产法庭公众号、管理人微信公众号、破产企业官网等，多渠道尽可能地扩大公告范围；并且会将拟招募的意向重整投资人所必需的核心条件进行重点列明，再次启动重整投资人招募工作的情形便是其中之一。

（四）经过法院裁定批准

在债权人会议表决通过重新启动投资人招募的工作方案后，为谨慎起见，管理人会向受理法院进行报告或申请，在人民法院批准后再次启动招募与遴选相关工作。

第 8 问　如何尽快完成重整程序？

破产重整工作的完成，有赖于全部主体之间的通力协作，因此，重整投资人若想尽快结束破产重整程序以重新开始运营，需从多角度进行考虑。具体来讲，在先行了解破产重整办理时限、办理难点的情况下，有针对性地提供解决方案。

一、破产重整办理时限要求

《企业破产法》对破产重整案件整体的办结时限并没有统一规定，而是以对单个环节单独设定办理期限的形式对相关主体的工作作出了规制，详细内容如下。

（一）提交重整计划草案的期限

《企业破产法》第 79 条规定："债务人或者管理人应当自人民法院裁定债务人重整之日起六个月内，同时向人民法院和债权人会议提交重整计划草案。前款规定的期限届满，经债务人或者管理人请求，有正当理由的，人民法院可以裁定延期三个月。债务人或者管理人未按期提出重整计划草案的，人民法院应当裁定终止重整程序，并宣告债务人破产。"

（二）重整计划草案的表决期限

根据《企业破产法》第 84 条第 1 款的规定，人民法院应当自收到重整计划草案之日起 30 日内召开债权人会议，对重整计划草案进行表决。实践中，在召开债权人会议对《重整计划草案》进行表决时，该会议通常并非第一次债权人会议。而此前的债权人会议应当已经对后续的会议召开方式及表决方式、期限（通常为3~7天）作出了议案，并已经过全体债权人的表决同意。因此，重整计划草案的表决期限应该与前述通过的方案保持一致，或不得超出前述范围。

（三）人民法院裁定批准重整计划最长需要多久

《企业破产法》第86条第2款规定："自重整计划通过之日起十日内，债务人或者管理人应当向人民法院提出批准重整计划的申请。人民法院经审查认为符合本法规定的，应当自收到申请之日起三十日内裁定批准，终止重整程序，并予以公告。"

（四）执行完毕重整计划的期限

法律并未对执行期限作出规定，通常由管理人或债务人与投资人协商，根据案件的复杂程度、未结事项等具体情形在重整计划中进行约定，6~9个月为较为常见的周期。同时，《企业破产法》第91条第3款规定，经管理人申请，人民法院可以裁定延长重整计划执行的监督期限，这也为管理人实际操作保留了一定的空间。

二、可能影响破产重整办理进度的主要因素

影响破产重整案件进程的因素有很多，简要列举主要因素如下。

（一）债务人配合程度

在破产重整程序中，债务人法定代表人、股东权益会受到不同程度的影响或调整，因此其未必有充足的动力配合管理人、投资人工作。主要表现为，访谈过程中的陈述以及对债务人现有资产、重大合同等的移交效率会直接影响管理人清产核资的进度，而在重整计划执行期间的工作进程很大程度上会影响投资人受让股权的效率。

（二）大额债权人、债务人股东的表决意见

投资人为了节约资金、时间成本，往往会采取对担保、社保、税务及小额债权全额清偿但对大额债权提供较低清偿率的措施，同时要求将原出资人（债务人既有股东）权益调整为零，而后股权全部转让至投资人名下。因此，从某种程度上来说，大额债权人及债务人股东对重整计划草案的态度决定了

重整案件的走向。

投资人偏好选择该种清偿方式也是基于自身利益的考量，重整计划草案需要各个组别均进行表决，出席会议的同一表决组的债权人过半数同意重整计划草案，并且其所代表的债权额占该组债权总额的2/3以上，即为该组通过重整计划草案。因此，投资人选择对小额债权人全额清偿也是为了通过最低的成本获得表决通过所需的人数，对大额债权人的清偿率较低并要求将债务人全部股权转移至自身名下，是为降低总体的出资成本。

由于大额债权人以及原有股东清偿力度往往低于小额债权人，且其权益可能会受到损害，故其往往对重整计划草案持反对意见。

（三）管理人履职能力不足

如在“重整投资人是否有权选择管理人”部分所述，目前管理人的选任方式通常是人民法院通过摇号随机选定，该种方式虽然在一定程度上实现了“公平分配”，但管理人名册中的机构履职能力并无保障，工作经验、组成人员、专业素养等参差不齐，因此选中的机构可能与债务人破产重整所需的专业、经验、人力等不匹配，尤其是在面临重大的实质合并重整案件时，这也是拖延重整案件进程的重要因素之一。

三、投资人如何加快推进破产重整案件

对于上述可能迟滞重整进度的因素，提供建议如下。

（一）与债权人、管理人保持良好沟通

对投资人来说，在破产重整程序中，工作量最大或最为重要的即是与多方的沟通与协调。在与管理人沟通过程中尤其需要注意，要求管理人及时将项目推进过程中遇到的突发性的问题告知，毕竟帮管理人解决问题也是在为自身铺平道路。

（二）及早介入债务人债务重组进程，尽可能地成为预重整阶段的重整投资人

严格来讲，预重整并不属于法定程序，但因其可有效化解债务人危机、提高重整案件效率，在司法实践中，诸如重庆、北京、上海等地越来越多的法院针对预重整程序出台了条例进行规范。

《重庆市第五中级人民法院预重整工作指引（试行）》明确指出预重整，是指衔接庭外重组和庭内重整，对债务人与债权人等利害关系人达成的符合本指引规定的庭外重组协议在重整申请受理后予以确认的程序。具有挽救可能，有能力与主要债权人开展自主谈判的企业法人，可以进行预重整。破产申请受理前，庭外商业谈判的期间称为预重整期间；破产申请受理后，可以庭外达成的重组协议为依据拟定重整计划草案。预重整应当遵循市场规律，坚持依法、自治、公开、高效、司法适度介入原则。

《北京破产法庭破产重整案件办理规范（试行）》规定，预重整，是指为了准确识别重整价值和重整可能、降低重整成本、提高重整成功率，人民法院在以“破申”案号立案后、受理重整申请前指定临时管理人履行该规范第36条规定的职责，债务人自愿承担该规范第38条规定的义务，由临时管理人组织债务人、债权人、出资人、重整投资人等利害关系人拟定预重整方案的程序。

《上海破产法庭预重整案件办理规程（试行）》则认为应在重整程序前开展预重整，充分发挥市场主导作用与司法指引功能，尽早挽救困境企业。鼓励陷入困境的尚有重整价值企业及其相关利益主体，依当事人意思自治原则进行协商谈判，提高重整可行性，减少企业直接进入重整程序可能面临的重整失败而转入破产清算的不可逆风险。债务人或债权人可在正式启动重整程序前，向法院提出预重整申请。债务人在专业中介机构引导和辅助下开展各项事务，与相关利益主体开展自主谈判。法院给予相应指导、监督和必要司法协调，推动各相关利益主体积极协商形成重整计划草案，保障庭外重组与重整程序顺利衔接。

由此可知，预重整程序的主要目的在于达成预重整方案。在重整申请被正式受理后，债务人或者管理人一般应当以预重整方案为依据拟定重整计划草案，向人民法院和债权人会议提交，在两方案没有实质变更的情况下，之前表决同意的意见仍然有效，这也就大大缩短了重整案件办理期限。

故此，如投资人能够在预重整阶段介入或积极斡旋使得债务人进入预重整阶段，无疑也能加快破产重整案件的进程。

（三）积极向受理法院寻求支持

这主要体现在两个方面：其一，在重整计划草案表决阶段，若大部分债权人已表决通过但个别债权人或债务人既有股东反对且难以沟通，则可通过管理人向法院申请强制裁定；其二，在重整计划执行阶段，若债务人阻挠或工商等部门不配合的情况下，可及时向法院申请向相关主体出具《协助执行通知书》，尽快实现重整目的。

（四）适时要求法院更换管理人

在确有证据证明管理人无法胜任破产重整案件的工作任务时，投资人可考虑向法院申请更换管理人。但根据《企业破产法》第22条第2款的规定，债权人会议认为管理人不能依法、公正执行职务或者有其他不能胜任职务情形的，可以申请人民法院予以更换。因此，投资人需与债权人先行商议并取得债权人会议的同意。且在司法实践中，考虑到管理人的工作成果、更换管理人后将产生信息差、重新了解案件的成本过高，法院决定更换管理人的案例并不多见。

第9问　能否中途退出重整程序？

《企业破产法》及相关司法解释并未对重整投资人是否可以中途退出重整程序作出允许或禁止性规定，关键在于投资人的招募及遴选公告、重整投资协议及重整计划草案是如何规定的，以及投资人是否愿意承担相应的违约后果。

一、投资人参与破产重整的流程

投资人如欲了解参与重整可能遇到的问题，首先需对破产重整中与自身有关的环节与事项具有一定的认知。具体内容如下。

（一）管理人发布公开招募和遴选重整投资人的公告

管理人对债务人的资产负债核实清楚后，通过全国企业破产重整案件信息网、人民法院网站、管理人协会公众号等多种途径公开发布《意向重整投资人招募公告》，公告内容通常包括债务人基本工商信息、资产负债情况、核心资产价值、经营情况、意向投资人的主体资格、招募及遴选流程等。尤其需要注意的是，为保障意向重整投资人参与竞选的真实性，以及维护重整秩序，管理人一般会要求意向投资人先行提交保证金，保证金金额与债务人核心资产的价值相关；同时，在此环节，意向投资人也有可能被要求提交初步的重整投资方案。

（二）已报名投资人开展尽职调查

管理人收到意向投资人的报名材料后，符合报名条件的意向主体便可按照要求进行尽职调查，调查是自行开展还是委托第三方中介机构，由意向投资人自行决定。与此同时，意向投资人应当提交《保密承诺函》或与管理人签订保密协议，管理人也将尽可能地配合其资产调查。

（三）管理人评定投资方案并与意向投资人展开谈判或磋商

尽职调查结束后，意向投资人应当按照公告要求向管理人提交正式的重整投资方案，管理人将根据各位意向投资人的报价以及方案，择优确定中选投资人。为确保招募程序公平、公正，管理人将对各位意向投资人的报价及方案进行保密，不得互通有无，但投资人可发挥其在行业内的优势尽可能打听潜在对手的优势及劣势，优化自身方案，以增强竞争力。

（四）确定正式投资人并执行重整计划

意向投资人成为最终的重整投资人需要经过如下几个步骤：（1）与管理人签署重整投资协议；（2）与管理人、债权人共同拟定重整计划草案；（3）重整计划草案经表决通过并经法院裁定批准后，投资人将成为正式重整投资人。

二、投资人在哪个阶段退出可能遭受的损失最小

从理论上讲，投资人可在其参与的任何阶段退出，只不过不同阶段需要承担的后果有所不同，而投资人所需承担的后果基本也与保证金制度有关。

（一）在未中选之前，被没收投标保证金的可能较小

此处所指“未中选之前”包括已报名未开展尽职调查阶段、尽职调查阶段、遴选阶段等。如前所述，管理人会在公告中明确要求意向投资人先将保证金汇入管理人账户，在意向投资人未正式中选之前，若意向投资人有正当理由退出，管理人通常会允许其退出并返还已缴纳的保证金。

建议意向投资人仔细阅读招募公告，不排除管理人在公告中直接规定，

“未经管理人允许，在任何阶段退出均不予返还其已缴纳的保证金”。

（二）在成为中选重整投资人之后退出，需要承担投标保证金被没收的后果

招募公告的法律性质相当于要约邀请，双方权利义务会在重整投资协议中进行明确约定，因而意向投资人在未正式入选之前便选择退出通常不会被没收保证金。管理人通常也会在招募公告中表明，本招募方案并非要约文件，不具有要约的法律约束力，中选投资人最终权利义务以双方正式签署的重整投资协议为准。

管理人通常会在招募公告及重整投资协议、重整计划草案中约定，如中选或重整投资人中途退出，管理人将没收其投标保证金，这也是为了确保程序的严肃性和有效性。

（三）在成为正式投资人后退出，可能需要同时承担担保或赔偿责任

在重整程序中，为了给意向投资人一定的压力，以及维护债权人的利益，管理人会根据项目具体情况考虑是否要求重整投资人为重整计划草案的预期执行提供充分保证或者在重整投资协议、重整计划草案中增加预设条款，若因重整投资人自身原因而中途退出或拒绝履行相关义务时，非但已缴纳的保证金、已支付的投资款不予退还，重整投资人还需承担因此给债权人或管理人造成的经济损失。

因此，如重整投资人在重整计划草案被债权人会议表决通过且经法院裁定同意后退出，不仅投标保证金被没收，还要同时承担损失赔偿责任。至于赔偿责任的具体金额，约定中一般很少具体列明，可预见的有债权人或管理人在此期间的实际支出、债务人财产贬值金额等。

如上所述，上述情况为通常情形，具体情况需结合案件具体情况、管理人特定要求而定。

三、重整投资人如何尽量减少自身需要承担的责任

（一）确保遵守保密协议

在意向投资人开展尽职调查之前，管理人将先行与其签署保密协议。为了更好地维护破产企业的利益，保密协议约定的范围一般较为广泛。故投资

人在退出时甚至退出后，均应确保相关人员尤其是委托的第三方严格遵守保密义务，违反保密义务须承担损失。

（二）合理约定退出免责条款

若因投资人自身原因也即投资人存有主观过错而中途退出重整程序，投资人自然应当承担相应责任。故建议投资人提前预设“免责条款”，为自己保留一条合理的退路。例如，可以将“管理人或债务人的故意隐瞒”设置为免责条款，如此一来，在委托的第三方专项审计、评估结果达不到投资人预期要求时，投资人可正式退出。或者在债务人特需资质有效期无法续展时，也可正式退出。当然，这也需要投资人根据案件具体情况与债权人、债务人及既有股东、管理人进行磋商。

（三）设置合理的责任范围

从上述责任形式可以看出，投资人中途退出需要承担的责任是管理人根据项目具体情形以及重整失败的后果进行规制的，其金额及方式均非法律的明文规定。因而投资人可以在为重整计划提供执行担保或在重整投资协议中约定赔偿责任时，预设一个己方可以接受的限额，避免自身需承担的责任被不当扩大或无限扩大。

综上可知，对投资人而言，若决意在破产重整情况下出资，需要秉持审慎、诚信的态度，提前进行风险评估与预判，尽量避免中途退出情形的出现，这也是减少损失的最有效方法。

第 10 问　重整失败时，投资人如何减少自身损失？

一旦发生重整失败的情形，如何减少损失应从收回已经支出的成本及降低预期损失两个角度展开。

一、重整失败的具体情形

（一）债务人具体情况无法满足破产重整所需条件

根据《企业破产法》第 78 条之规定，在重整期间，有下列情形之一的，经管理人或者利害关系人请求，人民法院应当裁定终止重整程序，并宣告债务人破产：（1）债务人的经营状况和财产状况继续恶化，缺乏挽救的可能性；(2) 债务人有欺诈、恶意减少债务人财产或者其他显著不利于债权人的行为；(3) 由于债务人的行为致使管理人无法执行职务。

（二）重整计划草案或重整计划未获通过

《企业破产法》第 87 条第 1、2 款规定：“部分表决组未通过重整计划草案的，债务人或者管理人可以同未通过重整计划草案的表决组协商。该表决组可以在协商后再表决一次。双方协商的结果不得损害其他表决组的利益。未通过重整计划草案的表决组拒绝再次表决或者再次表决仍未通过重整计划草案，但重整计划草案符合下列条件的，债务人或者管理人可以申请人民法院批准重整计划草案：（一）按照重整计划草案，本法第八十二条第一款第一项所列债权就该特定财产将获得全额清偿，其因延期清偿所受的损失将得到公平补偿，并且其担保权未受到实质性损害，或者该表决组已经通过重整计划草案；（二）按照重整计划草案，本法第八十二条第一款第二项、第三项所列债权将获得全额清偿，或者相应表决组已经通过重整计划草案；（三）按照重整计划草案，普通债权所获得的清偿比例，不低于其在重整计划草案被提请批准时依照破产清算程序所能获得的清偿比例，或者该表决组已经通过重整计划草案；（四）重整计划草案对出资人权益的调整公平、公正，或者出资人组已经通过重整计划草案；（五）重整计划草案公平对待同一表决组的成员，并且所规定的债权清偿顺序不违反本法第一百一十三条的规定；（六）债务人的经营方案具有可行性。”

第 88 条规定：“重整计划草案未获得通过且未依照本法第八十七条的规定获得批准，或者已通过的重整计划未获得批准的，人民法院应当裁定终止重整程序，并宣告债务人破产。”

（三）已经法院裁定通过的重整计划未能执行成功

《企业破产法》第 93 条第 1 款规定：“债务人不能执行或者不执行重整计划的，人民法院经管理人或者利害关系人请求，应当裁定终止重整计划的执行，并宣告债务人破产。”

（四）投资人无法履行义务造成重整失败

本项情形并未在《企业破产法》中进行明确规定，但重整计划若无法按期执行完毕，对债权人的清偿、对出资人权益的调整均将受到影响，自然不能视为重整真正完成。

（五）未能按期提出重整计划

《企业破产法》第79条规定："债务人或者管理人应当自人民法院裁定债务人重整之日起六个月内，同时向人民法院和债权人会议提交重整计划草案。前款规定的期限届满，经债务人或者管理人请求，有正当理由的，人民法院可以裁定延期三个月。债务人或者管理人未按期提出重整计划草案的，人民法院应当裁定终止重整程序，并宣告债务人破产。"

二、重整失败时，投资人可能遭受的损失

重整项目中，在不同的阶段失败，投资人的损失可能为：已经向管理人交付的报名保证金、后续的履约保证金、已支付的投资款及聘请评估机构、审计机构等第三方中介机构进行尽职调查的费用、因此错失的商业机会等。

实际操作中，管理人通常会在《意向重整投资人招募公告》中明确，即便非归责于意向投资人的原因而退回已缴纳保证金的，也仅是原路无息返回，而不存在资金占用利息等。意向投资人在招募阶段通常仅需支付报名保证金确定自己参选身份，该报名保证金金额不会过高。在确定最终重整投资人并签订重整投资协议后，以及进入重整计划的执行阶段之时，投资人才需支付主要款项。而在此情况下，若投资人遵守协议进行出资但债务人却拒绝或无法继续履行相关义务的，即便并非投资人的原因，也很难收回已支付款项，以及在此期间的资金占用成本。而聘请中介的费用主要指的是，投资人聘请律师作为顾问与破产管理人全程进行跟进与沟通，详细探讨重整计划草案及重整投资协议的文本条款；聘请评估机构、审计机构等第三方中介机构进行尽职调查，根据掌握的财务、风险状况判断决定是否出资及出资金额。

三、投资人减少损失的方式

在了解可能失败的阶段及将要面临的种种风险后，投资人可尝试从如下方面着手减少损失。

（一）及时要求管理人返还投标保证金

实践中，管理人在招募过程中可能并未明确保证金的返还情形及流程、时间等内容，因此意向投资人在决定报名参加竞选时，应先行与管理人指定

的联系人进行沟通，明确返还机制。由于银行转账限额或是管理人内部财务审批机制等因素影响，退还尚需一定时间，因而投资人越早要求退还，越能降低其资金占用成本。

因此，无论是因债务人因素导致重整失败，还是重整计划草案或重整计划未获通过，投资人第一要务是要求管理人尽快返还已支付的保证金，以减少利息或资金占用损失。

（二）在债务人进入破产清算程序后，及时向管理人申报并要求清偿

该问题并非对全体投资人均适用，主要指的是投资人已与管理人协商一致，在重整计划草案中载明其出资作为向债务人借款，仅用于债务人重整期间的经营、评估、审计等费用，该费用性质为共益债务，理应从债务人财产中随时清偿。因此若后续重整失败，破产企业转入破产清算程序，投资人应及时向管理人要求清偿共益债务。

（三）要求债务人承担赔偿或担保责任

如果重整投资协议、重整计划草案中约定，债务人需就重整计划的执行提供担保或者就其执行违约行为承担责任，那么，在债务人无法执行或者拒绝执行重整计划的情况下，投资人可依约要求债务人承担担保责任或违约赔偿责任。就此，《企业破产法》第93条第4款直接作出了规定："有本条第一款规定情形的，为重整计划的执行提供的担保继续有效"，其中该处所述的"本条第一款"指的便是本问答下重整失败的具体情形（三）。

（四）向联合投资人进行追偿

在招募程序中，管理人会在发布招募公告时明确报名主体是唯一还是可以联合申报，若意向投资人选择了联合申报，则应注意与其他联合主体的内部追偿约定。且如果投资人以联合主体身份报名，管理人一般会要求联合体确定主投标人，进行具体的对接工作，并对外承担对应权利义务。如在出现本部分下重整失败的情形（四）时，在主投标人已经承担相关责任的情况下，可依照投资人之间约定向其他成员进行追偿。

（五）适当提高投资条件或引入联合投资主体

该方案通常适用于本问答重整失败的具体情形第（一）（二）（四）项。

如前所述，在上述情形下，有利害关系人申请的情况下，法院将裁定重整程序终止，并宣告债务人破产，这也就为投资人提供了二次谈判的机会。

具体而言，在重整计划草案经债权人会议表决通过并经人民法院裁定批准前，影响重整成功的关键在于大额债权人、债务人既有股东，因前述主体的权益受影响概率相对较大，故其对重整计划草案的态度会更为审慎甚至会以此为条件化被动为主动与管理人或投资人进行谈判。而在重整计划执行阶段，投资人发生本部分下重整失败的情形之（四）的主要原因是投资能力的减弱。若此时投资人有意愿与大额债权人、既有股东达成协议或者主动引入其他投资者分担资金压力，在债权人不反对的情况下，这也是一种有效途径。重整得以顺利进行，对债权人、投资人而言，也是一种双赢局面。

此外，投资人也应督促管理人或债务人尽快提出重整计划草案，避免出现本部分下重整失败的第五种情形。

（六）追究管理人责任

《企业破产法》第27条规定，管理人应当勤勉尽责，忠实执行职务。第130条又规定，管理人未依照本法规定勤勉尽责，忠实执行职务的，人民法院可以依法处以罚款；给债权人、债务人或者第三人造成损失的，依法承担赔偿责任。

在债权人、债务人、人民法院的多方监督之下，管理人遇有重大事项均需向人民法院进行请示或汇报，因而在司法实践中此种案件并不常见。但在确有证据能够证明的情况下，对投资人来说，追究管理人责任也是止损的合法备选方案。